古典文獻研究輯刊

三四編

潘美月・杜潔祥 主編

第42冊

肩水金關漢簡分類校注
（第五冊）

王錦城 著

國家圖書館出版品預行編目資料

肩水金關漢簡分類校注（第五冊）／王錦城 著 -- 初版 -- 新
北市：花木蘭文化事業有限公司，2022〔民 111〕
目 2+254 面；19×26 公分
（古典文獻研究輯刊 三四編；第 42 冊）
ISBN 978-986-518-897-9（精裝）
1.CST：居延漢簡 2.CST：簡牘文字
011.08　　　　　　　　　　　　　　　　　110022688

ISBN-978-986-518-897-9

9 789865 188979

古典文獻研究輯刊
三四編　第四二冊　　　　ISBN：978-986-518-897-9

肩水金關漢簡分類校注（第五冊）

作　　者　王錦城
主　　編　潘美月、杜潔祥
總 編 輯　杜潔祥
副總編輯　楊嘉樂
編輯主任　許郁翎
編　　輯　張雅淋、潘玟靜、劉子瑄　美術編輯　陳逸婷
出　　版　花木蘭文化事業有限公司
發 行 人　高小娟
聯絡地址　235 新北市中和區中安街七二號十三樓
　　　　　電話：02-2923-1455／傳真：02-2923-1452
網　　址　http://www.huamulan.tw 信箱 service@huamulans.com
印　　刷　普羅文化出版廣告事業
初　　版　2022 年 3 月
定　　價　三四編 51 冊（精裝）台幣 130,000 元

肩水金關漢簡分類校注
（第五冊）

王錦城　著

目

次

第二章　簿籍類

肩水金關 T1

田卒〔1〕平干國〔2〕張〔3〕榆里〔4〕簪褭呂儋〔5〕，年卅二（竹簡）

73EJT1：5

【集注】

〔1〕田卒：陳直（2009，16頁）：居延屯戍，幅員遼闊，工作繁複。戍卒既到戍所以後，因事實需要，名稱亦隨之而轉變。如稱戍卒，則主管烽燧守望。田卒則主治屯田。

尾形勇（1983，279~280頁）：田卒的籍貫僅限於平干國、魏郡、東郡、大河郡、濟陰郡、昌邑國、淮陽郡、汝南郡八個郡國。前三個郡國在黃河以北，後五個郡國位於黃河、淮河之間，這八個郡國都圍繞著陳留郡，彼此鄰接，南北相連。田卒的籍貫即使在內郡，也只限於這個地區，這一點可以說明田卒的性質和他們的籍貫之間的關係……但無論出於哪一種原因，田卒很可能是以他們農耕技術的高低為標準而編成的，結果在田卒的分佈上就表現出籍貫劃一的特點。

邁克爾·魯惟一（2005，91頁）：「田卒」是指被派往農業定居點從事勞動的應徵士卒，他們在官方監督下勞動，而不是執行維持防衛設備和看守烽臺等軍事任務。

黃今言（1993，183頁）：屯田兵，在文獻和簡牘材料中稱之為「田卒」或「戍田卒」，是指「以兵營田」，且耕且守的武裝力量。

張俊民（1996A，69頁）：在以軍屯為主的居延地區，從事屯田的人員其身份是戍卒，即田卒。

裘錫圭（2012B，238～239頁）：田卒為戍卒中主要從事田作之卒……從居延漢簡看，居延和肩水地區的屯田，戍卒和田卒的分工相當明確，管理屯戍和管理田作的官吏明顯地分為兩個系統。

中國簡牘集成編輯委員會（2001F，115頁）：田卒，即屯田卒。主要從事農耕的戍卒。

李天虹（2003，10頁）：所有田卒名籍簡均出於大灣、地灣及金關，並以大灣為主，說明當時的肩水都尉府附近設有屯田區。《漢書》記載漢代為適應邊防事務的需要，曾經在邊塞廣行屯田，屯田機構稱田官，屯田士卒稱田卒。

楊芳（2009，59頁）：田卒，是河西邊塞屯田系統中的主要勞動者……田卒大多來自淮陽郡、大河郡、濟陰郡、昌邑國等農業經濟發達的關東各郡國。與戍卒一樣，田卒也是服役之民……田卒在邊塞主要從事墾田、修渠、建築農舍等工作，但在敵情緊急時也參加防禦工作。

朱紹侯（2012，34頁）：關於屯田的勞動者，軍屯中的正規稱呼叫田卒，這在歷史文獻和漢簡中都有明確記載。漢簡中的田卒，多數都有從一級公士到八級公乘的爵位頭銜，沒爵位的則寫為士伍，說明田卒多出身於編戶齊民。

韓華（2014，377）：關於「田卒」，是「戍田卒」之簡稱，《漢書·西域傳》：「自貳師將軍伐大宛之後，西域震懼，多遣使來貢獻，漢使西域者益得職。於是自敦煌西至鹽澤，往往起亭，而輪臺、渠犁皆有田卒數百人，置使者校尉領護，以給外國使者。」在武帝早期的屯田中田卒就已專門從事屯田而出現，漢簡的記載與傳世典籍相合，說明在漢代田卒和其他戍卒擔負防守、候望的同時，其主要職責就是屯田。

姚磊（2016J，105頁）：一言概之，「戍卒」是一個泛稱，「田卒」是其中一支，職責主要從事農業勞作，具有軍事性質，農戰一體。「田卒」是西漢經營西部邊陲，實行屯田制度的產物。

姚磊（2018E，138頁）：由於邊地張掖郡亦有田卒分布，以往依據舊史料認為「田卒的籍貫都是內郡」的說法，應可更改。

今按，諸說是。「田卒」即進行屯田的戍卒。尾形勇指出田卒的籍貫僅限於平干國、魏郡、東郡、大河郡、濟陰郡、昌邑國、淮陽郡、汝南郡八個郡國。姚磊則指出邊地張掖郡亦有田卒。

〔2〕平干国：周振鶴（2017，88 頁）：武帝元朔元狩間，分巨鹿置廣平郡。征和二年，以廣平郡置平干國，頃王偃以敬肅王小子立。

黃浩波（2011C）：平干國可見於《地理志》。《地理志》廣平國下自注曰：「武帝征和二年置為平干國，宣帝五鳳二年復故。」簡文所見平干國統屬張、廣平、南和皆為《地理志》廣平國屬縣。則所見平干國簡年代在征和二年至五鳳二年之間。

今按，諸說是。《漢書·地理志下》：「廣平國，武帝征和二年置為平干國，宣帝五鳳二年復故。莽曰富昌。屬冀州。」

〔3〕張：據《漢書·地理志》，張縣為廣平國屬縣。

〔4〕榆里：里名，屬張縣。

〔5〕呂儋：人名，為田卒。

河南郡〔1〕雒陽宜歲〔2〕里王富〔3〕　乘騅牡馬〔4〕一匹，輜車一兩，弩一，大丸〔5〕一，矢五十枚，刀劍各一（竹簡）　　　　　　　　73EJT1：6

【校釋】

第一行「歲」字晏昌貴（2012，250 頁）認為原釋文作「茂」，其改釋作「歲」。今按，原釋文即作「歲」，不作「茂」。

【集注】

〔1〕河南郡：《漢書·地理志上》：「河南郡，故秦三川郡，高帝更名。雒陽戶五萬二千八百三十九。莽曰保忠信鄉，屬司隸也。」

〔2〕宜歲：里名，屬雒陽縣。

〔3〕王富：人名。

〔4〕騅牡馬：騅，《說文·馬部》：「騅，馬淺黑色。」牡，《說文·牛部》：「牛，畜父也。」則騅牡馬為淺黑色的公馬。

〔5〕大丸：當即大櫝丸，為盛箭的工具。

□□一
新汲〔1〕令史德里〔2〕孫世〔3〕　　　劍一、刀一、弓一、矢卅二　丿
　　　　　　　馬□□（竹簡）　　　　　　　73EJT1：7

【集注】

〔1〕新汲：漢潁川郡屬縣。《漢書‧地理志上》「新汲」顏師古注曰：「闞駰云本汲鄉也，宣帝神爵三年置。以河內有汲，故加新也。」

〔2〕德里：里名，屬新汲縣。

〔3〕孫世：人名，為令史。

戍卒〔1〕汝南郡〔2〕召陵〔3〕倉里〔4〕宋猜〔5〕　年廿五（竹簡）　73EJT1：8

【校釋】

「倉」字晏昌貴（2012，252頁）謂原釋文作「會」，從張俊民釋文電子本改釋作「倉」。今按，原釋文即作「倉」。

【集注】

〔1〕戍卒：羅振玉、王國維（1993，143～144頁）：漢制天下人皆直戍邊三日，謂之繇戍。如淳曰（《漢書‧昭帝紀》注引）：「天下之人皆直戍邊三日，亦謂之更，律所謂繇戍也。雖丞相子，亦在戍邊之調。不可人人自行三日戍，又行者當自戍三日，不可往便還，因便往一歲。諸不行者，出錢三百入官，以給戍者，是謂過更也。」如是，戍邊之期雖僅三日，然行者常一歲而更，故《史記‧將相名臣表》記高后五年，令戍卒歲更。《漢書‧鼂錯傳》云：「今遠方之卒守塞，一歲而更。」皆言其實也。漢時，人人直戍邊，故敦煌戍卒有河東、上黨、河南、潁川、廣漢各郡人。然漢塞所役，亦不限戍邊之卒。

勞榦（1960，55頁）：漢代兵制凡天下男子皆服役。自二十三起，至五十六免。其兵役之類別凡三，正卒，戍卒，更卒是也。正卒者，天下人皆當為正卒一歲，北邊為騎士，內郡為材官，水處為樓船士，其服役之年，在郡由都尉率領，由太守都尉都試以進退之。一歲罷後，有急仍當徵調也。戍卒者，天下人一生當為戍卒一歲。其在京師，屯戍官衛，宗廟，陵寢，則稱衛士，其為諸侯王守宮衛者亦然，其在邊境屯戍候望者，則稱戍卒。其不願為戍卒者，可雇人代戍，每月三百錢也。更卒者，服役於本縣，凡人率歲一月，其不願為更卒者，則歲以三百錢給官，官以給役者，是為過更。故《漢書‧食貨志》上，董仲舒對武帝云：「月為更卒，已復為正一歲，屯戍一歲，力役三十倍于古。」月為更卒者，言年必有一月為更卒也。正者正卒，言騎士材官之屬，一生為之者一歲，其屯戍者又一歲也……凡田卒戍卒河渠卒多為內郡人，而騎士率為邊郡人；田卒戍卒河渠卒率著年歲，而騎士則率不著年歲。由此二事觀之，內郡

正卒平時不調至邊，其守邊者乃邊郡之正卒及內郡之戍卒，田戍河渠卒亦皆戍卒之力田與治渠者，非別有他役也。

陳直（2009，15頁）：蓋漢代兵役之類別有三：曰更卒，曰正卒，曰戍卒。更卒在本縣服役，每一年有一個月時期。正卒者人民一生，皆當為正卒一歲，其服役之年在本郡，由都尉率領，由太守、都尉會試以進退之，一歲罷後，有急仍當征調。郡兵之充任，應即在正卒範圍之內。戍卒者人民一生，皆當為戍卒一歲，其在京師，屯戍宮衛、宗廟、陵寢，則稱衛士，其為諸侯王守宮衛者亦同。其在邊境屯戍候望者，則稱戍卒。三輔、巴郡、中原各郡人民，除充衛士外，兼可戍邊為戍卒。諸侯王國人，只充國內之衛士，不充戍邊之卒。當戍卒徵調時，因各地區民性的習慣，又多以邊郡人派為騎士，中原地區人派外材官，水鄉人派為樓船士。

中國簡牘集成編輯委員會（2001G，27頁）：被徵發至邊塞戍邊服役的兵士。

今按，諸說多是，唯王國維所說似為更卒而非戍卒。關於戍卒勞榦所述甚詳，天下人一生當為戍卒一歲，在京師為衛士，在邊境屯戍候望則為戍卒。不過漢簡所見，戍卒和田卒等當有所區別，其具體分工不同。又關於戍卒的來源地，勞榦（1987A，36頁）曾謂諸侯王的人民是不向中央繇役的，此繇役當包括衛士及屯戍而言，照漢簡所記，戍卒大部分是關東人，此外還有少數的本郡人。這種說法應當不妥。日比野丈夫（1987，348頁）已指出勞榦關於內地諸侯王國不提供戍卒的推測沒有根據。

〔2〕汝南郡：周振鶴（2017，46頁）：《漢志》汝南郡領三十七縣，逆推之，知武帝元朔五年以前之汝南郡境東、北、西皆循《漢志》汝南郡界，唯南界無弋陽、期思，西北無定陵、長平。

今按，說是。《漢書・地理志上》：「汝南郡，高帝置。莽曰汝汾。分為賞都尉。屬豫州。」

〔3〕召陵：漢汝南郡屬縣。《漢書・地理志上》「召陵」顏師古注曰：「即桓公伐楚次於召陵者也。召讀曰邵。」

〔4〕倉里：里名，屬召陵縣。

〔5〕宋猜：人名，為戍卒。

戍卒梁國己氏〔1〕泗亭〔2〕里□當時〔3〕，年□三　⏋（竹簡）　　73EJT1：9

【校釋】

　　「梁」原作「梁」，任達（2014，2 頁）、黃艷萍（2016B，122 頁）認為當作「梁」。今按，說是，按字形當為「梁」。

　　劉倩倩（2015B，32 頁）認為釋文誤將「已」釋為「己」。今按，該簡縱裂，僅存左半，釋文即作「己」不誤。

【集注】

〔1〕己氏：黃浩波（2011C）：已氏實為己氏明矣。《地理志》寫作已氏，蓋「已」與「己」形近而傳寫訛誤。

　　　　今按，其說當是。己氏即已氏，梁國屬縣。《漢書・地理志下》：「已氏：莽曰已善。」從漢簡作「己氏」來看，《漢書・地理志》或誤。

〔2〕泗亭：里名，屬己氏縣。

〔3〕當時：人名，為戍卒。

觻得騎士萬年〔1〕里李喜〔2〕　　　　　　　　　　　73EJT1：10

【集注】

〔1〕萬年：里名，屬觻得縣。

〔2〕李喜：人名，為騎士。

臨胡呼逐　𠃌〔1〕　　　　　　　　　　　　　　　73EJT1：11

【校釋】

　　「逐」原作「芀一」，何茂活（2014D）、（2016C）釋。

【集注】

〔1〕𠃌：劉釗（2014，358 頁）：「𠃌」是簡牘整理中常用的、與「卩」異形而實同的符號，用來釋寫漢簡中常見的用來表示「已經領取」等含義的一類標記……我們推測此號早期很可能來源於「已」字，但到西漢中後以後的漢簡中是否還完全對應「已」字，猶可存疑。

　　　　今按，說是。「𠃌」為鉤識符號之一種，表示事項已經完結等。至於說其對應某字，似顯依據不足。參簡 73EJT1：90「卩」集注。

故居延尉丞王卿，妻宣君〔1〕、宣君子小女君至〔2〕、吏十四人、私從者

73EJT1：12

【集注】

〔1〕宣君：人名，為王卿妻。

〔2〕君至：人名，為宣君女兒。

田卒趙國襄國〔1〕長宿〔2〕里龐寅〔3〕，年廿六　　ㄗ　　　73EJT1：13

【校釋】

　　「宿」任達（2014，3頁）作「安」。今按，該字作🐾形，從字形來看更近於「宿」字。

【集注】

〔1〕襄國：趙國屬縣。《漢書・地理志下》：「襄國。故邢國。西山，渠水所出，東北至任入澅。又有蓼水、馮水，皆東至朝平入湡。」

〔2〕長宿：里名，屬襄國。

〔3〕龐寅：人名，為田卒。

鄣卒胡少〔1〕　　ㄗ　　　　　　　　　　　　　　　73EJT1：15

【集注】

〔1〕胡少：人名，為鄣卒。

曲河〔1〕卒鄢釘〔2〕　　∫　　　　　　　　　　　　73EJT1：16

【集注】

〔1〕曲河：當為亭隧名。

〔2〕鄢釘：人名，為戍卒。

戍卒趙國邯鄲〔1〕上里〔2〕皮議〔3〕　　車工　　　　73EJT1：19

【集注】

〔1〕邯鄲：鄭威（2015，237頁）：《漢志》趙國邯鄲縣在今河北省邯鄲市市區及西南郊區一帶。

　　　今按，說當是。邯鄲為趙國屬縣，為郡治所在。《漢書・地理志下》：「邯鄲，牛首水所出，東入白渠。趙敬侯自中牟徙此。」

〔2〕上里：里名，屬邯鄲縣。

〔3〕皮議：人名，為戍卒。

出〔1〕鹽一斗七升　四月丙，令拓〔2〕以稟止虜〔3〕隧卒郚賢〔4〕，為張定刑〔5〕
留取三月四月食　　　　　　　　　　　　　　　　　　　　73EJT1：23

【校釋】

「稟」原作「廩」，黃艷萍（2016B，123頁）、（2018，135頁）釋。

【集注】

〔1〕出：李均明（1998C，127頁）：當時最基本的會計記錄符號為「出」「入」二
　　字。「出」表示付出，「入」表示收入。「出」與「入」是一對正、反動詞。與
　　「入」相搭配的通常是「受」字，「入」在帳簿中指收入錢、糧、物等，居主
　　要位置，而「受」常指所收錢、糧、物受自何處何人，居從屬位置，是對前者
　　的說明……與「出」相搭配的動詞則較多，它往往是依據付出物的不同屬性而
　　定。出錢帳「出」字與「給」「付」「賦」搭配；出糧草帳多與「以食」搭配，
　　文末註明平均食量。

　　　　今按，說是。「出」即付出，該簡出鹽，和「以稟」搭配。

〔2〕拓：人名。

〔3〕止虜：隧名。

〔4〕郚賢：人名，為戍卒。

〔5〕張定刑：人名。

司馬　馬一匹，案、勒、鞭各一，劍、大刀各一，櫝丸　　☑
　　　　　　　　　　　　　　　　　　　　　　　　73EJT1：116+24

【校釋】

伊強（2015H）綴。又姚磊（2018D，364頁）將該簡和簡73EJT1：25+284編
連為同一簡冊。今按，兩簡內容相似，或原屬同一簡冊，但兩簡字體筆迹似有差異，
亦或不可編連。

☑司馬從者二人　馬一匹，案、勒、鞭各一，劍、大刀各一，弓櫝丸、矢☑
　　　　　　　　　　　　　　　　　　　　　　　　73EJT1：25+284

【校釋】

伊強（2015H）綴。又姚磊（2018D，364 頁）將該簡和簡 73EJT1：116+24 編連為同一簡冊。今按，兩簡內容相似，或原屬同一簡冊，但兩簡字體筆迹似有差異，亦或不可編連。

☑　車牛一兩　｜｜　劍一　　　　　　　　　　　　73EJT1：26

戍卒鉅鹿〔1〕南蠻〔2〕元里〔3〕郭廣利〔4〕　☑　　　　73EJT1：28

戍卒鉅鹿南蠻延年〔5〕里安都〔6〕　☑　　　　　　73EJT1：154

戍卒鉅鹿曲迎利〔7〕里□☑　　　　　　　　　　　73EJT1：167

【校釋】

「曲」字黃浩波（2011C）疑為「曲周」漏書。今按，說是，當為原簡漏書。

又以上三簡姚磊（2020H，112 頁）認為屬同一簡冊，可編連。今按，說當是，三簡形制、字體筆迹等一致，或原屬同一簡冊。

【集注】

〔1〕鉅鹿：《漢書・地理志上》：「鉅鹿郡，秦置。屬冀州。」

〔2〕南蠻：漢鉅鹿郡屬縣。《漢書・地理志上》：「南蠻，莽曰富平。」

〔3〕元里：里名，屬南蠻縣。

〔4〕郭廣利：人名，為戍卒。

〔5〕延年：里名，屬南蠻縣。

〔6〕安都：人名，為戍卒。

〔7〕迎利：里名，屬曲周縣。

☑□里橋定〔1〕　牛車一兩，凡牛二☑　　　　　73EJT1：30

【集注】

〔1〕橋定：人名。

戍卒淮陽郡城父邑楊里〔3〕□☑　　　　　　　　73EJT1：31

【集注】

〔1〕楊里：里名，屬城父邑。

田卒趙國尉文〔1〕翟里〔2〕韓□☑   73EJT1：32

【集注】

〔1〕尉文：黃浩波（2011C）：尉文為趙國舊邑，《史記·趙世家》《史記·廉頗藺相
　　如列傳》皆載趙以尉文封廉頗為信平君一事，卻不見於《地理志》，亦不見於
　　《郡國志》。然檢《史記·建元已來王子侯者年表》《漢書·王子侯表》可知，
　　武帝元朔二年六月甲午封趙敬肅王子丙為尉文侯，五年薨，是為尉文節侯；元
　　狩元年侯犢嗣，元鼎五年免，國除。另，在宣帝前元朔二年所封敬肅王子八侯
　　國已有六個國除、省並，其中便有尉文。又，諸侯分封之國「別屬漢郡」，而
　　此簡言趙國尉文，可見其屬趙國，而不屬漢郡，則其年代應在尉文侯國國除之
　　後，省並之前，即武帝元鼎五年至宣帝之間。

　　　晏昌貴（2012，254頁）：《王子侯表》有尉文，《漢志》無。

　　　馬孟龍（2012，58頁）：查《漢志》，趙國屬縣，未見尉文縣。但據史
　　籍記載，武帝元朔二年（前127）封置有尉文侯國，為趙王子侯國。《漢書·
　　王子侯表》「尉文節侯丙」條下注「南郡」，表明尉文侯國地處南郡。但是根據
　　西漢王子侯國分封制度，王子侯國皆裂王國地分封，故尉文侯國當在趙國附
　　近，不應遠至南郡。另《史記·趙世家》《史記·廉頗列傳》皆載有「尉文」，
　　為戰國趙將廉頗封邑。清儒全祖望、梁玉繩、錢大昕都以為廉頗所封之尉文邑
　　即西漢尉文侯國所在，其地在趙國，《漢表》注「南郡」有誤。而唐人司馬貞
　　卻有不同見解，他在為《趙世家》「趙以尉文封廉頗為信平君」所做的注釋稱：
　　「《漢書》表有『尉文節侯』，云在南郡。蓋尉，官也；文，名也。謂取尉文所
　　食之邑復以封頗。」司馬貞以為《史記》所載「尉文」為人名，非地名，此「尉
　　文」與尉文侯國無關，不可據此稱尉文侯國必在趙地。肩水金關73EJT1：32
　　簡的發現，為前人的爭論畫上了句號。根據簡文，西漢時期的趙國確實置有尉
　　文縣，此尉文縣應當就是廉頗和趙王子劉丙的封邑，《王子侯表》尉文侯條下
　　注「南郡」有誤，清儒的看法是正確的。

　　　秦進才（2014，307頁）：從南朝徐廣注釋尉文是邑名以來，眾多學者認
　　同了其說法，《索隱》認為尉文是官名與人名組成的食邑者人名，明人董說認
　　為尉文是官名，現在漢簡「趙國尉文翟里」的發現，可以證實尉文的確是地名，
　　或者說是邑名，而不會是《索隱》所言的官名與人名組成的食邑者人名或《七
　　國考》所言的官名，可證其注釋之訛與臆說之誤。

今按，諸說多是。「尉文」為趙國屬縣。

〔2〕翟里：里名，屬尉文縣。

轢得騎士道德〔1〕里阮漢〔2〕　　☑　　73EJT1：33

【集注】

〔1〕道德：里名，屬轢得縣。

〔2〕阮漢：人名，為騎士。

輜車三乘，馬八匹，即日平旦入關，張掖大守卒史☑　　73EJT1：34

石南〔1〕卒驪喜〔2〕里張致子〔3〕　　73EJT1：35

【集注】

〔1〕石南：當為隧名。

〔2〕驪喜：里名。

〔3〕張致子：人名，為戍卒。

張掖郡肩水部肩水當井〔1〕隧戍卒夏非人〔2〕・亡　　□□☑　　73EJT1：36

【集注】

〔1〕當井：隧名。

〔2〕夏非人：人名，為戍卒。

從者望垣〔1〕萬年〔2〕里季利世〔3〕　　弓一，矢十四　　∫　　73EJT1：37

【集注】

〔1〕望垣：漢天水郡屬縣。《漢書・地理志下》：「望垣，莽曰望亭。」

〔2〕萬年：里名，屬望垣縣。

〔3〕季利世：人名，為從者。

石南卒〔1〕單遂〔2〕　　☑　　3EJT1：39

【集注】

〔1〕石南：當為隧名。

〔2〕單遂：人名，為戍卒。

曲河〔1〕卒謝充〔2〕　ㄥ　☒　　　　　　　　　　　73EJT1：40

【校釋】

　　「河」字原未釋，馬智全（2012，107 頁）、黃艷萍（2016B，125 頁）釋。又黃艷萍、張再興（2018，220 頁）則認為其當釋作「沔」，該簡中或為「曲河」的「河」字之譌。今按，其說當是。該字作 形，確和「河」字不類，但據文義來看，「曲河」漢簡屢見，其或為「河」字之訛，此暫釋作「河」。

【集注】

〔1〕曲河：亭隧名。

〔2〕謝充：人名，為戍卒。

日勒丞王勝〔1〕　馬二匹，輜車二乘　小史修□里王奉光〔2〕ㄥ 73EJT1：42

【校釋】

　　未釋字李洪財（2012）釋「勞」，何茂活（2014D）、（2016C）補「飭」。今按，該字圖版作 形，釋「勞」恐非，其左邊部分非「食」字，釋「飭」恐亦不妥，暫從整理者釋。

【集注】

〔1〕王勝：人名，為日勒縣丞。

〔2〕王奉光：人名，為小史。

☒□成里吳疾去〔1〕，冊　ㄥ☒　　　　　　　　　　　73EJT1：43

【集注】

〔1〕吳疾去：人名。

觻得騎士安定〔1〕里☒　　　　　　　　　　　　　　73EJT1：44

【集注】

〔1〕安定：里名，屬觻得縣。

　　牛一，青特
☒　　　　　　　　車☒
　　大車〔1〕一兩　　　　　　　　　　　　　　　　　73EJT1：45

【集注】

〔1〕大車：王貴元（2020，84頁）我們認為「大車」的本來意義應是大型車，指車型寬大的車，「大」乃大小之「大」。載物的牛車相比於大多數日常乘人車而言，車型要大得多，所以牛車也可稱大車，實際上當牛車稱大車時，還是由於其車型大，而不是因為其牛拉還是馬拉。東漢末年以後，由於馬匹的缺乏，人乘牛車開始流行，從魏晉南北朝出土的牛車看，多僅坐一人，車型不大，已不太用「大車」稱謂。所以大車的邏輯詞義應是「大型車，也特指載物的牛車」。

今按，說是。大車即大型車。

☑□賢，年卅二　☑　　　　　　　　　　　　　　73EJT1：46

☑幸幸妻子夫　持牛車一兩　　　　　　　　　　73EJT1：47

☑　刀一　　　　　　　　　　　　　　　　　　73EJT1：49

☑使　同隧卒同郡縣棘里〔1〕吳蓋〔2〕　　　　　　73EJT1：50+294

【校釋】

姚磊（2017H1）綴。

【集注】

〔1〕棘里：里名。

〔2〕吳蓋：人名。

☑　令史充國□☑　　　　　　　　　　　　　　73EJT1：52

☑□□百□錢　□□□廿二錢　今見錢二百一十五方⺄

☑　　　　　　二斗它二千石，未出

☑　　　　　　二百　其二人錢五千七百付大司農，未出‧七千六百五十□

☑　　　　　　……（削衣）　　　　　　　　　　73EJT1：53

【校釋】

第三行簡首「二百」原作「三百」，李洪財（2020B，432頁）釋。

弘農郡陝〔1〕倉□里蔡青〔2〕　葆養〔3〕車騎馬一匹，騧牡，左剽〔4〕，齒五歲，高五尺八寸半，名曰張中〔5〕　大奴□昌　⺄（竹簡）　　73EJT1：54

【集注】

〔1〕陝：弘農郡屬縣。《漢書・地理志上》：「陝，故虢國。有焦城，故焦國。北虢在大陽，東虢在滎陽，西虢在雍州。莽曰黃眉。」

〔2〕蔡青：人名。

〔3〕葆養：馬智全（2013，58頁）：這枚簡中的「葆」正可解釋為「保」，意為擔保蓄養軍馬。

　　　賈麗英（2014，70頁）：出現在「葆養車騎馬」「葆養傳馬」「葆馬」等語句中的「葆」，有擔保、保養、負責之義。

　　　今按，諸說當是。「葆」字在漢簡中用法多樣，「葆養」即保養，《漢書・王莽傳下》：「令公卿以下至郡縣黃綬皆保養軍馬。」顏師古注：「保者，言不許其有死失。」因此「葆養」的葆有負責、擔保之意。

〔4〕左剽：中國簡牘集成編輯委員會（中2001H，64頁）：以刀削除為剽，或作表識解，即馬的左耳或身左側有刀削缺口標誌。

　　　中國簡牘集成編輯委員會（2001J，185頁）：剽，標誌。左剽，即在馬的左臀部烙上徽記。

　　　胡平生、張德芳（2001，25頁）：剽，標誌。左剽，即在馬的左部烙上徽記。

　　　今按，諸說是。「剽」有標誌義，《集韻・宵韻》：「表，識也。或作剽。」左剽即在左部加以標誌，一般當為打上烙印。

〔5〕張中：邢義田（2012，181頁）：馬而取名，一方面顯示對馬的重視和情感，另一方面或亦與馬匹的管理有關。

　　　今按，說是。張中即為馬名。

肩水□□隧卒陳□　貰賣布襲一領，布綺一兩，并直八百界□☑

73EJT1：55

【校釋】

　　「并」字原作「並」，黃艷萍（2016B，123頁）認為當作「并」。今按，該字作 ⿰形，當作「并」。

☑吏賀將漕卒　　　　　　　　　　　　　　　73EJT1：56

☑湯　以訾家〔1〕為吏迎事礫得　☑　　　　　73EJT1：57

【集注】

〔1〕訾家：中國簡牘集成編輯委員會（2001D，271 頁）：訾家，訾，通貲。有小罪入貲以贖稱貲。或疑為漢入訾拜爵之事。

中國簡牘集成編輯委員會（2001G，107 頁）：訾通資。訾家即有資產的富裕之家。

李天虹（2003，80 頁）：訾，通「資」，錢財。訾家，富有錢財的人家。

于振波（2006，316 頁）：訾家的政治地位不高，屬於普通平民，因此與普通平民一樣，需要繳納賦稅、服徭役；另一方面，訾家在經濟上比較富裕，官府把一部分人確定為訾家的目的，就是為了讓他們承擔更多的經濟負擔。

汪桂海（2010，381 頁）：訾，指資財、資產，政府把編戶齊民按其資產多少分上中下 3 等，中家之產 10 萬……算緡政策主要是針對中家以上，對這部份人家計訾徵賦。漢簡中的訾家應是此類家庭。

邢義田（2012，182 頁）：本簡謂「以訾家為吏」，可知此「訾家」與貲罰無涉，實指有一定訾產之人，其訾產數量符合為吏的基本財產標準。此外，居延簡中多見訾家出車牛為公家運輸。

今按，諸說多是。「訾」通「資」，謂資產錢財。訾家即具有一定資產錢財的人家，家有一定財產是為吏的一個條件。「有小罪入貲以贖稱貲」的說法不妥。

☑　以食臨渠〔1〕卒張誼〔2〕九月十月　☑　　　　　　73EJT1：58

【校釋】

簡末「十月」後魯家亮（2012，777 頁）補「食」字。今按，補釋或可從，但圖版磨滅不可辨識，當從整理者釋。

【集注】

〔1〕臨渠：當為隧名，

〔2〕張誼：人名，為戍卒。

☑□大如□□☑（削衣）　　　　　　　　　　　　　　73EJT1：60

☑□審端，貰賣布復袍〔1〕一領　☑

☑……　☑　　　　　　　　　　　　　　　　　　　73EJT1：61

【校釋】

「審」字劉倩倩（2015B，44頁）釋作「富」。今按，該字圖版作![圖]形，上部殘泐，不能確知，暫從整理者釋。

【集注】

〔1〕布復袍：羅振玉、王國維（1993，182頁）：袍者，衣之有著者，《玉藻》「纊為繭，縕為袍」是也。

　　勞榦（1960，64頁）：今案衣之有著者即今人所稱綿袍是也。然古之絲綿之類別又與今異。今之絲綿皆新絲所成，由繭而製，則今之所謂袍，古之所謂纊也。纊較袍為煖，《左傳》稱「三軍之士，皆如挾纊」者是已。縕則由廢綿所製，故《論語》稱：「衣敝縕袍與衣狐貉者立，而不恥者，其由也歟？」廢綿由舊絮帛漂水為絮以製成，即《莊子》所言之洴澼絖，中國造紙之發明，實亦由此而漸進者也。襲與袍之不同，雖由於無著與有著。蓋襲與袴每連稱，則襲者短衣之謂。王國維之《胡服考》言之已詳。則袍者自是長衣，不論有著與無著，惟有著但稱為袍，無著者稱為複袍而已。袍之單者，則稱為襌衣或襜褕，不稱為袍也……是襲亦有實絮者，糸絮者言用絲為絮，非舊絮，亦非用麻為著也。

　　中國簡牘集成編輯委員會（2001D，235頁）：復袍，袍之一種，有表裏者稱複，或作復。《釋名·釋衣服》：「有裏曰複，無裏曰褌。」

　　今按，諸說是。袍即棉袍，為有夾層，中間著棉絮的長衣。《詩經·秦風·無衣》：「豈曰無衣，與子同袍。」毛亨《傳》：「袍，襺也。」孔穎達《疏》：「純著新綿名為襺，雜用舊絮名為袍。雖著有異名，其制度是一。故云：袍，襺也。」復袍者則當為中不著棉絮的袍子。

鯀得騎士市陽〔1〕里□☑　　　　　　　　　　　　　73EJT1：62

【集注】

〔1〕市陽：里名。

僂巳〔1〕小女盛〔2〕　客☑　　　　　　　　　　　　73EJT1：64

【集注】

〔1〕僂巳：人名。

〔2〕盛：人名，為僂巳之女。

☑車一乘，馬三匹，牛車九兩，兵☑　　　　73EJT1：65

☑　牛車一兩　∫　　　　73EJT1：67

田卒平干國廣平〔1〕澤里〔2〕簪裹，李田利里〔3〕，年廿六　☑（竹簡）
　　　　73EJT1：73

【集注】

〔1〕廣平：據《漢書・地理志》，廣平為廣平國屬縣，廣平國武帝征和二年置為平干國。

〔2〕澤里：里名，屬廣平縣。

〔3〕李田利里：據文例來看，其當為人名，但四字人名較少見，待考。

戍卒梁國己氏☑（竹簡）　　　　73EJT1：74

戍卒梁國己氏官里〔1〕陳可置〔2〕☑（竹簡）　　　　73EJT1：75

【校釋】

「梁」原作「梁」，何茂活（2014D）、（2016C），黃艷萍（2016B，122 頁）、（2018，135 頁）釋。

【集注】

〔1〕官里：里名，屬己氏縣。

〔2〕陳可置：人名，為戍卒。

☑　ノ（竹簡）　　　　73EJT1：76

☑　為田七十五畝（竹簡）　　　　73EJT1：77

【校釋】

「畝」劉倩倩（2015B，45 頁）釋作「每」，通「畝」。今按，該字圖版作形，當為「畝」字不誤。

日勒騎士延壽〔1〕里張定☑（竹簡）　　　　73EJT1：78

【集注】

〔1〕延壽：里名，屬日勒縣。

秋華〔1〕里房槺〔2〕（竹簡）　　　　　　　　　　　　　　　73EJT1：79

【集注】

〔1〕秋華：里名。

〔2〕房槺：人名。

戍卒粱國睢陽秩里〔1〕不更丁姓〔2〕，年廿四　庸〔3〕同縣駝詔〔4〕里不更廖亡
生〔5〕，年廿四▨　　　　　　　　　　　　　　　　　　　　73EJT1：81

【校釋】

　　「粱」原作「梁」，黃艷萍（2016B，122 頁）、（2018，135 頁）釋。

　　又姚磊（2020H，111 頁）認為該簡和簡 73EJT1：137、3EJT1：149、3EJT1：
150、3EJT1：182 共五枚簡屬同一冊書，可編連。今按，其說或是，但由於簡牘殘
斷，五枚簡在內容上相關性不足，暫不編連作一冊。

【集注】

〔1〕秩里：里名，屬睢陽縣。

〔2〕丁姓：人名，為戍卒。

〔3〕庸：陳直（2009，98 頁）：兩漢人民，傭工稱庸，店鋪工稱保，顧工與傲人，
　　　皆為臨時之工。其分別為顧工僅出勞動力，傲人則兼利用其工具，並出公資。
　　　作庸保傲人者，其身份皆為自由民，庸工有民爵，是其明證。庸工皆為同縣人，
　　　蓋其初以私從隨至戍所者。

　　　　謝桂華（1989，93 頁）：前一節所列舉敦煌和居延簡文中的「庸」，顯然
　　　非指一般的「僱工」「僱傭」或「傭工」，它的確切含義，應指取庸代戍，即被
　　　僱者代僱主戍邊。

　　　　饒宗頤、李均明（1995A，38 頁）：僱庸與被僱庸者必須屬於同一郡縣，
　　　里則可不一，或當時朝廷以縣為單位分配屯戍徵兵名額，故本縣內可僱庸代
　　　換。較多的簡文表明，庸與被庸者爵位必須相當，如以公乘替公乘，以大夫換
　　　大夫之類，或因不同爵級待遇不同而致。

　　　　朱紹侯（2005，194～195 頁）：居延、敦煌漢簡中所記載的庸，實際是代
　　　役人，就是秦漢徭戍制度中的「踐更」者和「過更」者。他們的就庸是替人服
　　　役，並沒有和僱傭他們的人發生剝削與被剝削關係……漢簡上所記「某某人庸
　　　某某人」，並不是在敦煌或居延服現役的某戍卒僱用某人為他勞動，而是應服
　　　役的某某人，在家鄉僱用某某人替他服役。

中國簡牘集成編輯委員會（2001C，20 頁）：替人服役戍邊收取報酬為庸。

韓華（2014，377）：被僱傭的人。後作「傭」。

張麗萍、張顯成（2019，3 頁）：「庸」在屯戍簡中主要指戍庸。他們有爵位，是登記在戶籍的良民。選擇戍庸會受三個方面的條件限制：一是，戍庸的年齡在五十歲以下；二是，戍庸的爵位一般與本應服役者的相當；三是，戍庸與本應服役者的籍貫相近，往往屬於同一個縣。本應服役者交錢給官府，再由官府雇人戍邊，並組織發放費用。戍庸不是本應服役者所雇，兩者之間沒有形成勞動雇傭關係，也就是說本應服役者不是戍庸的雇主，真正的雇主是官府。

今按，諸說多是。「庸」即僱傭，漢簡所見當如謝桂華所說為取庸代戍，即僱主僱傭同縣人替其服役戍邊。這種被僱傭服役戍邊的人員也稱為「庸」。

〔4〕駝詔：里名。

〔5〕廖亡生：人名。

當陽〔1〕卒郭玉柠〔2〕　　六石具弩一，稾矢五十　　☒　　　　　　　73EJT1：82

【集注】

〔1〕當陽：當為隧名。

〔2〕郭玉柠：人名，為戍卒。

☒長送　☒　　　　　　　　　　　　　　　　　　　　　　　　73EJT1：89

【校釋】

「送」原作「止一」，何茂活（2014D）、（2016C）釋。

☒上小畜〔1〕簿☒（削衣）　　　　　　　　　　　　　　　73EJT1：91

【集注】

〔1〕小畜：陳邦懷（1980，92 頁）：漢人於雞曰小畜，於狗曰小畜，小畜云者，蓋別於馬牛羊為大畜也。

中國簡牘集成編輯委員會（2001G，5 頁）：小的牲畜，指豬、羊、狗之類。

今按，諸說是。《漢書・五行志中之上》：「雞者小畜，主司時，起居人，小臣執事為攺之象也。」

登山〔1〕卒莊歐〔2〕　☑（削衣）　　　　　　　　　73EJT1：92

【集注】

〔1〕登山：當為隧名。

〔2〕莊歐：人名，為戍卒。

☑☑☑　☑

☑□小女偃王　☑

☑子小女女足　☑（削衣）　　　　　　　　　73EJT1：95

☑　張□☑　　　　　　　　　　　　　　　73EJT1：98

☑　蘭〔1〕廿二　靳□☑

☑　冠十七　　　靳幡〔2〕☑

☑　服〔3〕十七　□□☑（削衣）　　　　　　73EJT1：99

【集注】

〔1〕蘭：羅振玉、王國維（1993，178～179 頁）：「蘭」本作「籣」。《說文》：「籣。
　　　所以盛弩矢，人所負也。」《漢書·韓延壽傳》「抱弩負籣」，師古曰：「籣，盛
　　　弩矢者也，其形似木桶。」字或作「鞲」。《史記·信陵君列傳》「平原君負鞲
　　　矢為公子先引」，《集解》引呂忱《字林》亦作「鞲」。蓋其物以竹革為之，故
　　　或從「竹」，或從「革」也。唯《西京賦》「武庫禁兵，設在蘭錡」，與前簡同。
　　　則漢人此字亦從「草」作矣。

　　　　謝桂華、李均明（1982，144 頁）：「蘭」，兵器名，盛弩矢者也，其形如
　　　木桶。

　　　　張小鋒（1998，106 頁）：蘭是盛矢器，狀如木桶，人所負也，一般盛矢
　　　五十。蘭與服同是盛矢器，但二者是為二物，應有區別。蘭乃竹木所做。居延
　　　新簡中，凡是記有蘭一以上者，是指某烽燧中所有的蘭器數目而言；凡是記有
　　　蘭一者，則是戍卒單人所具有的蘭器數目。

　　　　李天虹（2003，95 頁）：蘭，通籣，字又作鞲，是背在身上的盛矢容器。

　　　　王貴元（2020，27 頁）：簡牘中箭有兩種槀矢和䇲矢，蘭是裝槀矢的，也
　　　就是弩用的箭是槀矢。

　　　　今按，諸說多是。「蘭」通「籣」，為盛弩矢的木桶形器具。「蘭」有蓋，
　　　簡文稱作「蘭冠」或「冠」。

〔2〕靳幡：李學勤（1978，42～43頁）：桀信，《說文》稱為綮，說：「綮……一曰微（徽）幟信也。」「綮」「桀」通用字，因桀信用帛製，所以也寫作從「系」的「綮」。徽幟，古語，有些書中叫徽號，據《周禮・司常》注，是「旌旗之細也」。徽幟，也就是旛（幡）。魏張揖的《廣雅》把徽、幟都釋為幡。因此，作為徽幟信的桀信，也就是幡信，或者叫信幡。《古今注》：「信幡，古之徽號也，所以題表官號，以為符信，故謂為信幡也。」據此，第一，桀信即信幡，是古之徽號，即一種旌旗。第二，信幡上題有官號。第三，信幡的作用是作為符信。這三點，都與張掖都尉桀信相合。蟠，是一種特定形制的旗類，它的特點是旗幅的下垂。《說文》：「旛，幅胡也。」北宋徐鉉等解釋說：「胡，幅之下垂者也。」清代段玉裁《說文解字注》指出徽幟應以絳帛製成；《周禮》九旗之帛皆用絳，則其細亦皆用絳可知也。」肩水金關遺址所出桀信，正是紅色帛質，從上邊的系看，懸在竿上是下垂的。這更可證明，桀信就是信幡或幡信……在肩水金關遺址發現的張掖都尉桀信也具有類似的功用，即用來傳令啟閉關門。

于豪亮（1981B，44～45頁）：靳干就是旂干，靳與旂古同為文部字……幡讀為旛……居延漢簡常常把靳干、幡、胡放在一起敘述，表明這三者是一件器物的三個組成部分，其形狀在西周的金文中還可以看到。《金文編》中西周金文中的旅字和斿字，像人舉大旗之形，豎立的是靳干，靳干上飄起的部分是幡，幡的下面窄而長的部分便是胡，胡的形狀同牛頸下的垂肉和戈、戟的胡頗為相似，這就是它所以被稱為胡的緣故。

中國簡牘集成編輯委員會（2001F，3頁）：靳干、幡，即靳干和靳幡，猶旗竿和旗幡。靳幡，信號類旗。

李天虹（2003，95頁）：靳通旂，幡通旛。旂干即旗杆，旂旛即旗幟。

李均明（2009，268頁）：「靳」即「旗」，軍長旌旗，《左傳・僖公五年》：「均服振振，取虢方旗。」杜預注：「旗，軍之旌旗。」「幡」為旗面，則「干」為旗杆。

初昉、世賓（2013，249頁）：按靳干、幡二者一杆、一布旗，為戍卒迹候時所用信號旗，一般是一對，即《墨子・號令》《雜守》諸篇之「迹表」「斥表」。

今按，諸說多是。「靳」當通「旂」，「旂」即「旗」。《左傳・桓公二年》：「三辰旂旗，昭其明也。」孔穎達《疏》：「旂旗是九旗之總名。」「幡」即「旛」，

為旗幟。《漢書‧陳湯傳》：「望見單于城上立五采幡織，數百人披甲乘城。」「旛」《說文‧㫃部》：「旛，幅胡也。」段玉裁《注》：「謂旗幅之下垂者。」則旛為長幅下垂的旗。但漢簡常見「靳幡」「胡」並列一起，則「靳幡」應非下垂之旗幟，而是如同于豪亮所說為旗杆上橫著飄起的部分。又肩水金關出土有「張掖都尉棨信」，為懸在竿上下垂的旗幟。李學勤指出其即是信幡。因此「幡」或為旗幟統稱，不論橫著飄起還是垂掛的旗幅，其下面均懸有窄長條帶狀的胡。

〔4〕服：羅振玉、王國維（1993，179頁）：服者，矢箙。《詩》小雅、大雅之「魚服」，皆借「服」字為之。蘭為盛弩矢者，服則盛矢器之通稱。然據上簡，凡言蘭者矢皆五十，言服者矢至六百，則蘭與服或又有大小之別歟？

　　賀昌群（2003A，112頁）：《漢書‧司馬相如傳》（上）《遊獵賦》：左烏號之雕弓，右夏服之勁箭。伏儼曰：服，盛箭器也。師古曰：箭服即今步義。《初學記》（卷二十二）云：步義人所帶，以箭義於其中。

　　勞榦（1960，50頁）：大凡服以獸皮或竹為之，與蘭不同。凡經籍之蘭，皆負於背者，而象弭魚服，則應為佩帶之飾，非負者也。其在簡牘所記，蘭有蘭冠，而服則無服冠，亦二者不同。今據明人《武備志》，箭箙凡有二種，其一有蓋，乃背負者；其一無蓋，乃腰佩者。此二種箭箙人分，殆即古人服與蘭之遺制歟？

　　李天虹（2003，95頁）：簡文所見盛箭矢的器具還有箙，均借服字為之……後文兵器類簿籍有數簡提到「蚩矢服」，但不見「槀矢服」之稱，或許蘭多用以盛槀矢，箙則用以盛蚩矢，疑未能定。

　　王貴元（2020，30頁）：西北漢簡中箭有槀矢和蚩矢兩種，單裝箭的器具有蘭和服兩種，此前我們已經論證過蘭是裝槀矢的，那麼服當是裝蚩矢的。

　　今按，諸說多是。「服」通「箙」，《說文‧竹部》：「箙，弩矢箙也。」《周禮‧夏官‧司弓矢》：「中春獻弓弩，中秋獻矢箙。」鄭玄《注》：「箙，盛矢器也，以獸皮為之。」則箙為盛箭矢之器，以竹或獸皮製作。

戍卒淮陽郡陽夏〔1〕高里〔2〕鄧□　☐　　（削衣）　　　73EJT1：100

【集注】

〔1〕陽夏：據《漢書‧地理志》，陽夏為淮陽國屬縣。

〔2〕高里：里名，屬陽夏縣。

☑左　☑（削衣）　　　　　　　　　　　　　　　73EJT1：102

☑車一兩　☑（削衣）　　　　　　　　　　　　73EJT1：103

☑鄣卒陳傳〔1〕　☑☑（削衣）　　　　　　　　73EJT1：105

【集注】

〔1〕陳傳：人名，為鄣卒。

鄣卒審定〔2〕　☑（削衣）　　　　　　　　　　73EJT1：106

【集注】

〔1〕審定：人名，為鄣卒。

·肩部☑（削衣）　　　　　　　　　　　　　　73EJT1：108

唯□□☑（削衣）　　　　　　　　　　　　　　73EJT1：109

☑長□言　·出錢九十，糴麥二石，石卅五☑　73EJT1：110

☑□合昌　☑（削衣）　　　　　　　　　　　　73EJT1：112

河內〔1〕西平〔2〕里不更王安〔3〕　　☑　　73EJT1：114

〔1〕河內：晏昌貴（2012，250頁）：王莽改河內郡懷縣為河內。

胡永鵬（2016A，637頁）：屬於「郡名+里名」的情況，均為西漢簡。

今按，作縣名的河內，為王莽時對河內郡懷縣的稱謂，其為河內郡郡治。

《漢書·地理志上》：「懷，有工官。莽曰河內。」但該簡「河內」似當如胡永

鵬所言為郡名。

〔2〕西平：里名，屬河內縣。

〔3〕王安：人名。

河南郡雒東史〔1〕里龐偶☑　　　　　　　　73EJT1：115

【校釋】

「雒」字下晏昌貴（2012，250頁）認為原簡脫「陽」字。今按，說是，當為

原簡書漏。

【集注】

〔1〕東史：里名。

☑　入穀簿〔1〕　☑　　　　　　　　　　　　　　　73EJT1：117

【集注】

〔1〕入穀簿：李均明（2009，285 頁）：穀簿為有關糧食的賬簿。含出入簿及單出、
單入簿。

今按，說是。「入穀簿」即收入穀物的賬冊。

田卒趙國襄國下廣〔1〕里張從〔2〕　　☑　　　　　　　73EJT1：118

【集注】

〔1〕下廣：里名，屬襄國。

〔2〕張從：人名，為田卒。

☑謁者〔1〕里范壽〔2〕　　☑　　　　　　　　　　　73EJT1：119

【集注】

〔1〕謁者：里名。

〔2〕范壽：人名。

☑子大常陽陵□☑　　　　　　　　　　　　　　　　73EJT1：120

☑北巷〔1〕里蘇廣志〔2〕・牛車☑　　　　　　　　73EJT1：121

【集注】

〔1〕北巷：里名。

〔2〕蘇廣志：人名。

☑匹，大車十三兩，牛　　　　　　　　　　　　　　73EJT1：122

河南郡雒南樂〔1〕里新世〔2〕　　☑　　　　　　　73EJT1：128

【校釋】

「雒」字下黃浩波（2011C）、晏昌貴（2012，250 頁）認為原簡脫漏「陽」字。
今按，說是，當為原簡漏書。

【集注】

〔1〕南樂：里名。

〔2〕新世：人名。

　☑　牛車一兩　☑ 73EJT1：129

戍卒鉅鹿郡曲周〔1〕孝里〔2〕功師卷〔3〕　☑ 73EJT1：130

【集注】

〔1〕曲周：晏昌貴（2012，253 頁）：《漢志》屬廣平國。

　　　　今按，其說是。《漢書·地理志下》：「曲周，武帝建元四年置。莽曰直周。」據此簡則曲周曾屬鉅鹿郡。

〔2〕孝里：里名，屬曲周縣。

〔3〕功師卷：張再興、黃艷萍（2017，76 頁）：「功師」當讀作「工師」，漢複姓。漢印有複姓「江師」，趙平安先生認為應即「工師」，並引《漢印徵》「工師長孫」「工師印」。《漢書·高惠高后文功臣表》有「工師喜」。

　　　　今按，說是。《漢印徵》有「江師成印」，趙平安（2012，135 頁）指出「江師」應即「工師」。該簡「功師」亦即「工師」，功師卷為戍卒名。

河南雒陽大里〔1〕大女張□☑ 73EJT1：131

【集注】

〔1〕大里：里名。

登從史鑾弘☑ 73EJT1：133

田卒梁國睢陽平居〔1〕里☑ 73EJT1：134

【校釋】

　　「梁」原作「梁」，何茂活（2014D）、（2016C），黃艷萍（2016B，122 頁）、（2018，135 頁）釋。

【集注】

〔1〕平居：里名，屬睢陽縣。

戍卒梁國睢陽丞筐〔1〕里☑   73EJT1：135

【校釋】

　　「梁」原作「梁」，何茂活（2014D）、（2016C），黃艷萍（2016B，122 頁）、（2018，135 頁）釋。

【集注】

〔1〕丞筐：里名，屬睢陽縣。

田卒趙國柏人南蒲〔1〕里蘇堨〔2〕　☑   73EJT1：136+163

【校釋】

　　伊強（2016E，115 頁）綴。

【集注】

〔1〕南蒲：里名，屬柏人縣。

〔2〕蘇堨：人名，為田卒。

戍卒梁國睢陽中丘〔1〕里不更李☑   73EJT1：137

【校釋】

　　「梁」原作「梁」，何茂活（2014D）、（2016C），黃艷萍（2016B，122 頁）、（2018，135 頁）釋。

【集注】

〔1〕中丘：里名，屬睢陽縣。

居延都尉客雍男子藋賓名定，一名☑   73EJT1：140
☑　小斤一　小椎一
☑　小斧一　櫼二
☑　小棰一   73EJT1：142A
☑　伏地   73EJT1：142B
☑　弓二　☑
☑　矢冊一　☑   73EJT1：143

☑里宋當〔1〕　☑   73EJT1：146

【集注】

〔1〕宋當：人名。

☑　弩一，矢廿四枚，☐☑　　　　　　　　　　　　73EJT1：148

☑☐陽東昌〔1〕里不更☑　　　　　　　　　　　　　73EJT1：149

【集注】

〔1〕東昌：里名。

☑士夏奉世〔1〕年廿八，今睢陵〔2〕里不更張德〔3〕，年廿六　一亅

73EJT1：150

【校釋】

　　「一亅」原作「丁」，姚磊（2017H5）釋。又「士」字姚磊（2017H5）認為可能是「里」字殘存筆畫，此處存疑不釋為宜。今按，據文義來看，當是「里」字殘筆，但不能確知，暫從整理者釋。

【集注】

〔1〕夏奉世：人名。

〔2〕睢陵：里名。

〔3〕張德：人名。

☑　三石具弩　稾矢五十，蛊矢百五十　　　　　　　73EJT1：152

☑　劍一，刀一，九月甲子封☑　　　　　　　　　　73EJT1：153

弩一　☑

河內溫東郭〔1〕里不更王賢〔2〕

矢廿枚　☑　　　　　　73EJT1：155

【集注】

〔1〕東郭：里名，屬溫縣。

〔2〕王賢：人名。

戍卒魏郡梁期來趙〔1〕里王相〔2〕，年☑　　　　　73EJT1：157

【校釋】

　　「趙」字晏昌貴（2012，252頁）從張俊民釋文電子本改釋作「趣」。任達（2014，15頁）亦作「趣」。今按，原釋不誤，當為「趙」。又「梁」原作「渠」，黃艷萍（2016B，122頁）、（2018，135頁）釋。

【集注】

〔1〕來趙：里名，屬梁期縣。

〔2〕王相：人名，為戍卒。

　　☑所將胡騎秦騎〔1〕名籍　　☑　　　　　　　　　　73EJT1：158

【集注】

〔1〕胡騎秦騎：邢義田（2011A，79頁）：秦人如果是指在胡地，已胡化的漢人，疑秦胡也是指這一類的漢人。因胡化，善騎射，由他們組成的騎兵，也就叫秦騎。

　　邢義田（2012，182頁）：較可說的是「胡騎秦騎」都有名籍而分列，又有駐在長安宣曲觀的「宣曲胡騎」第一次出現在簡牘中，所謂胡騎在當時必特指非漢之外族騎兵，不同於秦騎。我的一個猜測是所謂秦騎，或指由「秦胡」組成之騎兵，而秦胡或指胡化的漢人而非漢化的胡人。過去我曾試圖論證漢世之胡漢觀念，是以文化區別胡漢。在居延這樣的邊地，胡人入漢而漢化，漢人入胡而胡化都是常事。凡漢化者即被視同漢人，胡化者即目為胡人。胡化的漢人被視為胡，卻因不是真正的胡，特名為秦胡，而與胡騎並列各有名籍。

　　李燁（2012，66頁）：「胡」在兩漢當是對以匈奴為主的北方和西域民族泛稱，「屬國胡騎」也應是由多部族所組成的，除了匈奴外，還雜有羌、月氏等諸多北方和西域民族。史籍中的「秦人」應該是指秦時亡入匈奴的華夏遺民，而「秦人」是有可能隨著匈奴等胡族的歸附而繼續生活於「屬國」之中。秦人和胡人一道被編入屬國的騎兵部隊，自然就成了「秦騎」和「胡騎」。

　　今按，諸說多是。「胡騎」指外族胡人騎兵，這點沒有問題。「秦騎」當指秦人騎兵，但秦人為漢化胡人還是胡化漢人則存爭議。邢義田認為秦人為胡化的漢人，而「秦胡」也指這一類的漢人，秦騎即「秦胡」組成的騎兵。其看法應當是正確的。

☑ 牛車一兩 ☑ 73EJT1：159

累山〔1〕卒富充☑ 73EJT1：160

【校釋】

「充」原未釋，姚磊（2017D3）釋。

【集注】

〔1〕累山：當為隧名。

戍卒梁睢陽宜安〔2〕☑ 73EJT1：161

【校釋】

「梁」原作「梁」，黃艷萍（2016B，122 頁）、（2018，135 頁）釋。「安」原未釋，姚磊（2017J3）、（2018E，205 頁）釋。

【集注】

〔1〕宜安：里名，屬睢陽縣。

☑□安定〔1〕里刑定〔2〕，年卅五☑ 73EJT1：162

【集注】

〔1〕安定：里名。
〔2〕刑定：人名。

☑柘里蘇通〔1〕 ☑ 73EJT1：164

【集注】

〔1〕蘇通：人名。

襄國汜里〔1〕☑ 73EJT1：165

【校釋】

「汜」晏昌貴（2012，254 頁）謂原釋文作「泛」，其改釋作「汜」。今按，原釋文即作「汜」。

【集注】

〔1〕汜里：里名，屬襄國。

☑庸同縣屠馬〔1〕里不☑　　　　　　　　　　73EJT1：169

【集注】

〔1〕屠馬：里名。

☑　牛車一兩　☑　　　　　　　　　　　　73EJT1：170

驪喜〔1〕卒耿充☑　　　　　　　　　　　73EJT1：171

【集注】

〔1〕驪喜：當為隧名。

☑□將訾家車廣都☑　　　　　　　　　　　73EJT1：173

☑縣徐里〔1〕不更董毋傷〔2〕，年☑　　　　73EJT1：175

【集注】

〔1〕徐里：里名。

〔2〕董毋傷：人名。

司馬丞從者觻得萬年〔1〕里□□☑　　　　　73EJT1：177

【集注】

〔1〕萬年：里名，屬觻得縣。

橐他鄣卒程亭☑　　　　　　　　　　　　　73EJT1：179

☑□不更蔡野〔1〕，年廿四　□　Ｊ　　　　73EJT1：182

【校釋】

　　後一個未釋字姚磊（2017H5）認為是符號「一」。今按，補釋可從，該未釋字作 形，當為一種符號。

【集注】

〔1〕蔡野：人名。

收降〔1〕隧卒李定〔2〕　☑　　　　　　　73EJT1：183

【集注】

〔1〕收降：隧名。

〔2〕李定：人名，為戍卒。

☑劍一　☑

☑刀一　☑ 73EJT1：184

☑□一兩　∫ 73EJT1：185

☑劍一 73EJT1：186

☑驛駒〔1〕里尹貴〔2〕，年冊七　☑ 73EJT1：188

【集注】

〔1〕驛駒：當為里名。

〔2〕尹貴：人名。

☑□酒　☑

☑四少五　□五百☑（削衣） 73EJT1：193

☑□□南陽里張黜☑（削衣） 73EJT1：194

☑出同□☑ 73EJT1：195

☑□□□☑（削衣） 73EJT1：196

☑□□□☑（削衣） 73EJT1：197

☑□尚易　☑（削衣） 73EJT1：198

□□☑（削衣） 73EJT1：200

☑□□卒□路人　☑（削衣） 73EJT1：201

☑□□□☑（削衣） 73EJT1：202

☑二百五　☑（削衣） 73EJT1：205

☑□二□三百，少冊，又責長孫大母□☑（削衣） 73EJT1：208

錢百六十五□☑（削衣） 73EJT1：209

☑□□□□☑（削衣） 73EJT1：210

□　☑（削衣） 73EJT1：215

☑　匹

☑　匹

☑　匹

　　☑　匹

　　☑　☑☑☑　　　　　　　　　　　　　　　73EJT1：219

　　☑錢五十　☑　　　　　　　　　　　　　　73EJT1：220

　　☑水☑　　　　　　　　　　　　　　　　　73EJT1：221

　　☑☑☑　　　　　　　　　　　　　　　　　73EJT1：225

　　（圖畫）　　　　　　　　　　　　　　　　73EJT1：226

　　☑（圖畫）　　　　　　　　　　　　　　　73EJT1：227A

　　☑……　　　　　　　　　　　　　　　　　73EJT1：227B

　　☑一　丿　　　　　　　　　　　　　　　　73EJT1：228

　　☑又　☑　　　　　　　　　　　　　　　　73EJT1：229

　　（圖畫）　　　　　　　　　　　　　　　　73EJT1：232

出錢廿八買絳　　☑

出錢卅八買復☑卩　　☑（削衣）　　　　　　73EJT1：233

□□郡□□陽石〔1〕里不更□朝，年廿六☑　　73EJT1：234

【校釋】

　　「石」原作「河」，張俊民（2011B）釋。又「朝」前一字張俊民（2011B）補
「馮」。今按，補釋或可從，但該字圖版殘泐，不能辨識，當從整理者釋。

【集注】

〔1〕陽石：里名。

　　☑□□　☑　　　　　　　　　　　　　　　73EJT1：236

　　☑ㄋ☑　　　　　　　　　　　　　　　　　73EJT1：237

日勒騎士□德里魯客〔1〕　　☑　　　　　　73EJT1：240

【集注】

〔1〕魯客：人名，為騎士。

　　☑□□□□大辟　　　　　　　　　　　　　73EJT1：241

□□□重光〔1〕里奴　　☑　　　　　　　73EJT1：243+273

【校釋】

尉侯凱（2016C）、（2017B，348 頁）綴，綴合後釋「里」字。

【集注】

〔1〕重光：里名。

☑□□□□☑	73EJT1：245
☑　□	73EJT1：248

遠望〔1〕隧□□□□□□□□□□　☑　　73EJT1：249

【校釋】

侯曉旭（2019）補釋作「遠望隧戍卒穎川傿陵步里□年」。今按，補釋或是，但該簡縱裂，僅存左半，字多殘缺不能辨識，暫從整理者釋。

【集注】

〔1〕遠望：隧名。

☑□□□□☑	73EJT1：250
☑□□□□□□□　五百九十五人□□	
☑□□□百一人□□　積作五百一十八丈八尺五寸	73EJT1：251
☑　□□	73EJT1：253

辟之〔1〕卒陳害☑　　73EJT1：254

【集注】

〔1〕辟之：當為隧名。

臨陳〔1〕卒耿泄□　☑　　73EJT1：256

【集注】

〔1〕臨陳：洪德榮（2018，615 頁）：簡文中的「陳」應通讀為「陣」……「臨陳（陣）卒」或即軍隊編制中負責前鋒臨陣的士卒。

今按，其說或是。「臨陳」當為隧名，說其戍卒為負責前鋒臨陣的士卒，則恐不妥。

☑□一☑   73EJT1：259

☑□□☑   73EJT1：260

☑（圖畫）☑   73EJT1：261

復起〔1〕隧卒邯□□   ☑   73EJT1：262

【集注】

〔1〕復起：隧名。

☑□□   ☑   73EJT1：263

剽□隧卒陳市〔1〕   ☑   73EJT1：264

【集注】

〔1〕陳市：人名，為戍卒。

☑十四   ☑   73EJT1：266

☑ S   ☑   73EJT1：269

☑ □□

☑ 小鑷

☑ 小□   73EJT1：271

【校釋】

「鑷」原作「錪」，邢義田（2015，197頁）釋。

☑入小☑   73EJT1：272

☑□賢 牛車一兩☑   73EJT1：274

☑杏陽里□□□   ☑   73EJT1：275

☑ 厚 ☑   73EJT1：276

☑憙 劍一 ☑   73EJT1：283

☑ 軺車一乘、馬一匹☑   73EJT1：285

☑ 人   73EJT1：286

☑霸□入□☑   73EJT1：288

☑ □ ☑   73EJT1：290

☑□　　☑　　　　　　　　　　　　　　　73EJT1：291

・七月戊午，關佐則〔1〕所食過客簿　　☑　　　73EJT1：295

【集注】

〔1〕則：人名，為關佐。

☑候長代杜襄☑　　　　　　　　　　　　　73EJT1：296

☑一匹　　☑　　　　　　　　　　　　　　73EJT1：300

日勒騎士便護〔1〕里王通賢〔2〕，今☑　　　73EJT1：301

【集注】

〔1〕便護：里名，屬日勒縣。

〔2〕王通賢：人名，為騎士。

☑□入　　☑　　　　　　　　　　　　　　73EJT1：302

☑　　□□□□五月己未出　　　　　　　　73EJT1：305

☑　　一　　丿　　　　　　　　　　　　　73EJT1：306

☑　　一　　☑　　　　　　　　　　　　　73EJT1：307

令史鄭充☑　　　　　　　　　　　　　　　73EJT1：308

戍卒梁國己氏□☑　　　　　　　　　　　　73EJT1：309

☑一　　☑　　　　　　　　　　　　　　　73EJT1：310

戍卒魏郡武安宜里〔1〕☑　　　　　　　　　73EJT1：311

【集注】

〔1〕宜里：里名，屬武安縣。

☑不更陳贛〔1〕，年卅四☑　　　　　　　　73EJT1：312

【集注】

〔1〕陳贛：人名。

☑從方李□　　　　　　　　　　　　　　　73EJT1：313

【校釋】

未釋字姚磊（2019G1）作「火」。今按，該字作 ⚞ 形，殘斷不可知，暫從整理者釋。

☑☐☐者☑   73EJT1：314

☑樂昭年☑   73EJT1：315

肩水金關 T2

淮陽郡新郪〔1〕多積〔2〕里陳廣〔3〕　☑   73EJT2：2

【集注】

〔1〕新郪：漢汝南郡屬縣。《漢書‧地理志上》：「新郪，莽曰新延。」顏師古注引應劭曰：「秦伐魏，取郪丘。漢興為新郪。章帝封殷後，更名宋。」引臣瓚曰：「光武既封殷後於宋，又封新郪。」顏師古曰：「封於新郪，號為宋國耳。瓚說非。」據此簡則新郪曾屬淮陽郡。

〔2〕多積：里名，屬新郪縣。

〔3〕陳廣：人名。

田卒魏郡犂陽南利〔1〕里大夫丘漢〔2〕，年廿三　長七尺二寸，黑色〔3〕　J
　　　　　　　　　　　　　　　　　　　　　　　　　　73EJT2：3

【集注】

〔1〕南利：里名，屬犂陽縣。

〔2〕丘漢：人名，為田卒。

〔3〕黑色：陳槃（2009，260～261頁）：即在今日，國人膚色，不過大同小異。然而描寫人物文字，白黑青黃之形如詞，猶隨時可以發現。古今一也。由是言之，則古代出入關符契之書記膚色，謂與種族問題無甚關涉，似未償不可。

楊希枚（1969，322頁）：居延漢簡及《易林》所載見的黑色、深目且嗜欲異於一般漢族的人或即來自異域的部分特殊種族的僑民；尤可能是來自西域的僑民。

中國簡牘集成編輯委員會（2001F，245頁）：黑色，非今日所謂人種膚色之意。實為漢時歷風雨日曬形成的膚色。

　　曾磊（2012，126頁～128頁）：有些華夏族成員確實膚色偏黑，因此，不能以膚色黯黑作為鑒定人種的標準……也許漢代人眼中常人的膚色是偏白的，他們不會認為自己的皮膚是黃色的，不然，簡牘中也不會出現「黃色」皮膚的記錄。而膚色偏黑的人儘管不會如今天黑種人一樣純黑，也很容易被認為是「黑色」人。

　　汪受寬（2014，139～141頁）：「黑色」係指膚色，即這個羣體的膚色較一般華夏人為黑，個別甚至極黑而稱之為「墨色」，至少這兩位墨色者，可以斷定為非華夏種的黑色種人……統計金關「黑色」人之有姓名者，除去奴和女性，為七十三人。七十三人中有四十人擁有自第二級上造到第八級公乘的爵位，全部是民爵，其中公乘者二十二人，占有爵者總數的55%，說明金關「黑色」人羣體在吏民中的地位相對比較高……「黑色」人有身高記錄者占68.55%，說明金關人中，黑色人羣體比其他河西簡牘人的身高要高許多。肩水金關「黑色」人的身高資料，與現代非洲純正黑色人種的身高資料頗為接近，說明金關「黑色」人羣體至少有部分係黑色人種。

　　姚磊（2018C，115頁）：肩水金關漢簡中的「黑色」戍卒，只是對一些膚色偏「黑」的戍卒進行的正常標註。

　　今按，關於漢簡中用以描述人膚色的「黑色」一詞，有一種觀點認為其涉及到不同種族的問題，這種「黑色」人群體中，有一部分是來自黑色人種。這種觀點是沒有根據的。如汪受寬分別從生活的年代、籍貫、姓名和性別、身份和爵位、年齡和身高等方面對「黑色」人群體進行了詳細的分析。其中關鍵性的身高方面，汪受寬（2014，140頁）認為漢簡中一般只有個子較高的人才記其身高的說法本身就不正確，其在此基礎上根據「黑色」人有身高記錄者占比較高，又認為黑色人群體比其他人身高要高很多，這種看法顯然也不妥當。又其統計黑色人群體的身高，最高者也不過七尺五寸，即1.733米左右，而大部分為七尺二寸左右。這個身高數據和漢簡中所記普通人身高沒有大的區別。因此我們認為漢簡中記錄人膚色的「黑色」一詞當如陳槃等人所說，與種族問題無甚關涉，其為歷經風吹日曬所形成的膚色。

戍卒南陽博望邑〔1〕徐孤〔2〕里蔡超〔3〕，年卅八 ＼ ☑　　　　73EJT2：4

【集注】

〔1〕博望邑：鄭威（2015，225 頁）：《漢志》仍稱博望侯國，地在今河南方城縣博
　　　望鎮老街一帶。博望邑的設置當不在博望侯國時期。

　　　　　　今按，其說當是。《漢書‧地理志上》：「博望，侯國。莽曰宜樂。」據此
　　　簡則博望亦曾為邑。

〔2〕徐孤：里名，屬博望邑。

〔3〕蔡超：人名，為戍卒。

☑□東閈〔1〕里簪褭米侵〔2〕，年卅七　　　　73EJT2：5

【集注】

〔1〕東閈：里名。

〔2〕米侵：人名。

☑□樂，年卅一　　☑　　　　73EJT2：6A
☑　　□☑　　　　73EJT2：6B

【校釋】

A 面「樂」原作「來」，何茂活（2014D）、（2016C）釋。

☑……里李弘〔1〕　牛車一兩　弩一、矢卅、劍一、大刀一　　　73EJT2：7

【集注】

〔1〕李弘：人名。

☑成漢〔1〕里公乘章嚴〔2〕年十九‧葆〔3〕姑臧〔4〕休神〔5〕里任昌〔6〕，年卅
五，字幼☑

　　　　　　　　　　　　　　　　　　　73EJT2：10A

☑頭頭頭頭☑　　　　73EJT2：10B

【集注】

〔1〕成漢：里名，屬觻得縣。

〔2〕章嚴：人名。

〔3〕葆：陳直（2009，65頁）：觀於收葆男子，及妻子葆處居等詞句，知確係指質
保而言，非指庸保之事。蓋吏卒妻子有居葆宮歲月既久者，其子又承襲為戍
卒，此等兵士，雖分屬各縣，在名籍上加葆字以別之。

　　甘肅省文物考古研究所（1991，87頁）：「私從者」不與「葆」並且，凡
「私從者」與奴婢並列者，不見「葆」，反之，凡「葆」與「奴婢」並列者，
不見「私從者」。由此推知，「私從者」與「葆」當為同一身份，即具有依附身
份的自由民。

　　裘錫圭（1992，618頁）：在漢代以及少數可能稍早於漢代的史料裏，可
以看到身分與「庸」相近的稱作「保」的一種人……居延簡的「葆」無疑應該
讀為庸保之「保」……保應該是由於為人所收養保護而得名的，至少其初義應
該是這樣。保的具體情況大概比較複雜。大多數保的實際情況顯然跟傭客沒有
多少區別。

　　李均明（1994，54頁）：與「葆」有關的人員顯然是流動的，不可能是在
押人質。「葆」通「保」，擔保、保證、承保……簡例所見「葆」字指出入關擔
保而言，與今世所見出入境擔保相類……其它內容的簡文所見「葆」字或有它
義，但與出入關有關的簡文所見當如以上所述。

　　王愛清（2007，18頁）：漢代的「葆」（保）是個特定的身份階層，他們
在身份上既與戰國和秦代的「葆子」不同，也與「庸」存在一定的差別，而是
一個身份受到較強限制的依附階層。

　　楊芳（2009，64頁）：漢簡所見的「葆子」，是漢代在河西邊塞地區受官
府保護或質押的一種有特殊身份的人。

　　馬智全（2013，55頁）：總體來看，肩水金關漢簡中的「葆」，包括吏對
民的擔保、吏對官奴的擔保、民對民的擔保以及家庭成員間的擔保，因為被擔
保人員身份的獨特，還有專門以「葆」為限定的身份特徵。肩水金關漢簡中的
「葆」，主要是一種為通關而進行的擔保以及由此產生的身份特徵。

　　沈剛（2013，130頁）：從邊塞管理角度，私從者和葆一樣，皆表示漢代
邊塞地區對出入關隘或其他目的而對相關人員確定連帶責任的身份名詞。但
二者並不同時出現，並非意味著其含義相同，我們也可以理解為兩種不同形式
的被擔保人。前一節中「葆」的身份和這組簡私從者的身份相對比，私從者更
偏重於奴婢這些似有屬性，葆雖然也有妻、婢這類私有關係，但更多的被葆者
看不出和葆者之間的關係，顯示出它更偏重公的一面。

賈麗英（2014，71～74頁）：首先，葆具有自由身份，與屯戍吏卒一樣是漢代普通庶民……其次，從性別上看，男女均可為葆……保，是一種與庸相近的僱傭身份……「葆」是私從者的一部分，應該是妥當的。其工作性質應與私人隨從相類似……「葆」不僅本人長期受僱，家人也可能同時為僱主及其家庭勞作服務。當然，這種關係與其說是人身束縛或人身依附，不如說是需求與被需求之間的僱傭經濟關係。

張麗萍、張顯成（2019，6頁）：「葆」義雇工，因有人擔保確定守信而得名。可見，「葆」與一般意義上的「庸」不同，特指有人擔保以確定守信的雇傭勞動。

今按，諸說多是。但陳直、楊芳等認為「葆」為質保不確。又賈麗英等認為葆是僱傭身份，為私從者的一部份，亦恐不妥。「葆」在漢簡中的用法多樣，此簡中這種「葆」當還是「擔保」的意思，被擔保的人也被稱作「葆」。

〔4〕姑臧：據《漢書·地理志》，姑臧為武威郡屬縣，為郡治所在。

〔5〕休神：里名，屬姑臧縣。

〔6〕任昌：人名。

☐卒李子孫〔1〕　＼　丿　丿　　　　　　　　　　　　73EJT2：12

【集注】

〔1〕李子孫：人名，為卒。

日勒騎士富昌〔1〕里☐賢（竹簡）　　　　　　　　　73EJT2：13

【集注】

〔1〕富昌：里名，屬日勒縣。

田卒平干國南和〔1〕☐里公士李未〔2〕，年卅六（竹簡）　　73EJT2：14

【校釋】

「六」原作「二」，李燁、張顯成（2015），何茂活（2014C）、（2016A）釋。

【集注】

〔1〕南和：據《漢書·地理志》，南和為廣平國屬縣。廣平國武帝征和二年置為平干國。

〔2〕李未：人名，為田卒。

……富貴〔1〕里□□　　∫　　∫　　　　　　　　　　73EJT2：15

【集注】

〔1〕富貴：邢義田（2011B，98 頁）：簡牘見「昌宜侯王富貴」（EPT59：340A）。
　　　另「富貴里」見於「屋蘭」（14・25）、䅵得（45・7B、77・2）、氐池（51・3、
　　　562・22）。在其餘郡縣，名富貴之里，相必還有不少。

　　　　今按，其說是。《急就篇》可見人名「曹富貴」，顏師古注：「富貴，言滿
　　　而不溢，高而不危也。」又常作里名，該簡即是。

護眾〔1〕子男霸成〔2〕　　☑　　　　　　　　　　　　　73EJT2：17

【集注】

〔1〕護眾：人名。

〔2〕霸成：人名，為護眾兒子。

☑□　輺車一乘、馬二匹　　　　　　　　　　　　　　　73EJT2：19

出茭千束，付從吏丁富〔1〕
凡出茭五千二百束
今餘茭廿五萬四百卅束
其十一萬束，積〔2〕故□□□　　　　　　　　　　　73EJT2：26A
……　　　　　　　　　　　　　　　　　　　　　　　73EJT2：26B

【集注】

〔1〕丁富：人名。

〔2〕積：李天虹（2003，88 頁）：積，本義是堆，這裏是存貯茭草的單位，茭積別
　　　簿即記錄各積所存茭草的文書。

　　　　中國簡牘集成編輯委員會（2001E，253 頁）：貯放茭的單位，猶言堆。

　　　　今按，諸說是。「積」有堆積義，《荀子・勸學》：「積土成山，風雨興焉；
　　　積水成淵，蛟龍生焉。」故常作茭草等的量詞，一堆為一積。

	取牛寬一，直卅五	酒一斗，付廣地卒	治□廿
□□子□□□計	麥五斗，直卅五	酒二斗，飲內中	飯錢六
	……中	糒一斗，十三	薙束〔1〕六

錢廿七（上）

錢卅	又糒一斗十三
又取錢卅予沙頭卒	布單衣廿
又冊取堂上	又冊七（下）

73EJT2：27A

……子丑　　　　　　　　　　　　　　　　　　　　　　73EJT2：27B

【集注】

〔1〕薤束：「薤」為蔬菜，指蒜頭。《玉篇·艸部》：「薤，菜似韭，亦作韰。」《漢書·循吏傳·龔遂》：「勸民務農桑，令口種一樹榆、百本薤、五十本葱、一畦韭。」

□有方〔1〕一　　　　　　　　　　　　　　　　　　　　73EJT2：28

【集注】

〔1〕有方：羅振玉、王國維（1993，179 頁）：有方亦兵器也。《墨子·備水篇》：「二十船為一隊，選材士有力者三人共船，其二十人擅有方，十人擅苗。」（畢沅校云：「苗，同矛。」）上文又云：「臨三十人，人擅弩。」矛與弩皆兵器，則有方亦兵器矣。《韓非子·八說篇》：「摺笇干戚，不適（「敵」之假借）有方鐵銛。」亦其證也。唯其形制，則不可考矣。

勞榦（1960，51 頁）：今按古兵器之類屬，略可分為長兵及短兵；短兵為刀劍，而長兵為矛戟也。簡牘中有方與刀劍並記，則有方應非刀劍。又據《墨子》，有方與長兵之矛同用於戰船，則有方應亦為長兵矛戟之屬。有方之應用於舟師者，蓋與水上之便利有關。有方一器應為特適於水上之用者……有方者，即矛刃上之鐵橫方，亦即是矛頭之戟。其鐵橫方即戟之鐵刃也。

連劭名（1987B，1009 頁）：有方應是帶有橫出利刃的一種兵器，確切地說，就是戟。《釋名·釋兵》云：「戟，格也。旁有枝格也。」

中國簡牘集成編輯委員會（2001C，12 頁）：兵器名，戟類長兵器，旁支伸出有上翹尖刺，增強了前刺功能而喪失傳統長戟之後鈎功效。

張小鋒（2006，305 頁）：有方是指側出小枝近乎硬折向上的戟，是戟發展演變過程中出現的一個新種類，它至遲出現在西漢中後期，從而修正了人們通常認為側出小枝近乎硬折向上的戟出現於東漢以後的看法。這種兵器比起以前適用於車戰的既可鉤斫又可直刺式的戟，其前刺功能更為突出，從而更適用於騎兵作戰。

李均明（2009，266～267頁）：有方，戟類長兵，旁枝伸出又上翹為鉤刺，戟刺與旁枝及上翹之枝刺之間折成近似方形的兩個直角，故稱「有方」……戟與有方雖為同類，其旁枝之功能卻異，戟枝利勾拉與橫擊，而有方利前刺及叉擊。其演變有循序漸進的過程：漢初的有方橫枝上翹還不明顯，東漢乃至魏晉則上翹的枝刺加長，叉擊的作用得以強化。

今按，諸說多是。「有方」當為戟的一種，旁枝伸出又上翹為鉤刺，利前刺及叉擊。

出錢六百……受士吏□□☑	73EJT2：30
☑□□部候史橐矢九十一☑	73EJT2：31
候泠□　☑	73EJT2：32
☑匹	73EJT2：33
☑傳出　牛車一兩　劍一　☑	73EJT2：34
弘農郡陝縣楊舒〔1〕里孟毋傷〔2〕　牛車一兩　☑	73EJT2：35

【集注】

〔1〕楊舒：里名。屬陝縣。

〔2〕孟毋傷：人名。

☑　葆同縣安定〔1〕里公乘張忠〔2〕，年卅五，長七尺　　　73EJT2：36

【集注】

〔1〕安定：里名。

〔2〕張忠：人名。

☑□□隧士吏，前部右曲後官〔1〕□☑　　　73EJT2：37

【集注】

〔1〕前部右曲後官：汪桂海（2015，145～146頁）：當時的軍隊編制確實是五曲（左右前後中）為部……從各方面的材料來看，漢代部曲編制基本上以五五制為主，在個別地方輔以二二制。《續漢書・百官志》記載的東漢四級軍事編制單位應是五五制。上孫家寨漢簡反映的西漢軍事編制也大致如此，例如簡文中的伍是軍隊最基層編制單位，五人為伍；簡文中另有五什為隊，五曲為部，五部

為校。這個序列中，目前只有多少隊為官、多少官為曲還不是很清楚……五隊為官，隊與官這兩級編制單位之間可能是五五制。而鑒於簡文的殘缺，不能排除官與曲之間也同樣遵循五五制（即五官為曲）的可能。

今按，其說當是。關於漢代軍隊的編制，《後漢書・百官志》曰：「其領軍皆有部曲。大將軍營五部，部校尉一人，比二千石；軍司馬一人，比千石。部下有曲，曲有軍候一人，比六百石。曲下有屯，屯長一人，比二百石。」但據此簡來看，曲下為官。又青海大通縣上孫家寨 115 號漢墓木簡亦可見此種編制，如簡 342 作「右部前曲右官相會于前左右」。因此，應當存在部、曲、官這樣的編制，其間的關係應當如汪桂海所說為五五制。

☑……又入正月二月奉千七百☑　　　　　　　　73EJT2：38A

☑　□十七□□　茭三束直□☑　　　　　　　　73EJT2：38B

☑□□□隧卒樂壽〔1〕　　☑　　　　　　　　73EJT2：39

【集注】

〔1〕樂壽：人名，為戍卒。

☑曹卒卅八人　　☑　　　　　　　　　　　　73EJT2：40

王□卿取豆二斗　　伏伏☑　　　　　　　　　73EJT2：41

河南雒陽督都〔1〕里路安〔2〕　　☑　　　　　73EJT2：42

【集注】

〔1〕督都：里名，屬雒陽縣。

〔2〕路安：人名。

戍卒粱國睢陽曲陽〔1〕里不更李終人〔2〕，年廿四　　☑　　73EJT2：43

【校釋】

「粱」原作「梁」，黃艷萍（2016B，122 頁）、（2018，135 頁）釋。

【集注】

〔1〕曲陽：里名，屬睢陽縣。

〔2〕李終人：人名，為戍卒。

戍卒魏郡内黃〔1〕光都〔2〕里李通〔3〕，年廿六　　☑　　　　　73EJT2：45

【集注】

〔1〕内黃：據《漢書‧地理志》，内黃為魏郡屬縣。

〔2〕光都：里名，屬内黃縣。

〔3〕李通：人名，為戍卒。

☑出，六月癸酉入　　　　　　　　　　　　　　　　　　　73EJT2：47

☑沙上〔1〕卒武強〔2〕　　☑　　　　　　　　　　　　　73EJT2：48

【集注】

〔1〕沙上：當為隧名。

〔2〕武強：人名，為戍卒。

居延佐張齋〔1〕　　☑　　　　　　　　　　　　　　　　　73EJT2：49

【集注】

〔1〕張齋：人名，為居延佐。

☑□平里魯年子〔1〕　　☑　　　　　　　　　　　　　　　73EJT2：50

【集注】

〔1〕魯年子：當為人名。

☑將轉輺重車百　廿☑　　　　　　　　　　　　　　　　　73EJT2：51

☑候長宋萬元〔1〕功勞〔2〕　　　　　　　　　　　　　　73EJT2：52

【集注】

〔1〕宋萬元：人名，為候長。

〔2〕功勞：大庭脩（1987B，334頁）：勞主要是按照勤務日數來給予的，根據勤務
　　狀況，勞有增也有減，而勞的多少則是表明官吏成績。但是，什麼是功呢？雖
　　然功沒有勞那樣能夠明確考證的材料，但是一個人在戰場上斬取敵首，或是平
　　時能捕盜賊，大概可以認為是別人所沒有的特殊功勞。因此，功人概是能夠一
　　件一件地數出來的具體的事情，就像簡（5）和簡（6）那樣寫著功一、功五。

　　　　蔣非非（1997，63頁）：功指軍功，勞指軍功之外一切為政府的服務。軍功有其嚴格的計量標準，勞則是以累積時間來計算的，二者不可混通。

　　　　中國簡牘集成編輯委員會（2001C，27頁）：漢時計算政績的名稱與單位。一功，指四年之勞。勞則是以每日為計算單位。

　　　　劉光華（2004，206頁）：漢簡中的「勞」，是戍邊官吏任職視事所積下的工作日；但漢簡中的「功」，既非「攻城野戰，有斬將搴旗之功」的軍功、武功，也非「上功曰寂，下功曰殿」的考課中的「寂」，它是十分具體的，簡文中有「功」「功二」「功五」，是具體的事功。功與勞一樣，勞有「勞」「中勞」之分，功也有「功」與「中功」之分。不過，這種區分我們目前尚無法搞清楚。

　　　　今按，諸說多是。功勞為計算官吏政績的單位，勞主要按照出勤天數來給予，功的認定尚有爭議。詳參簡73EJT30：29集注。

　　　　馬一匹，白駹〔2〕牡，齒☐
☐楊放〔1〕
　　　　馬一匹，駣駵〔3〕牡，齒☐　　　　　　　　　　　　　73EJT2：54

【集注】

〔1〕楊放：人名。

〔2〕白駹：「駹」當指馬雜色。《周禮·秋官·犬人》：「凡幾珥沈辜，用駹可也。」賈公彥《疏》：「駹謂雜色牲。」白駹是說雜白色馬。

〔3〕駣駵：蕭旭（2015，189～191頁）：挑、桃、駣，並讀為盜。盜色即竊色，言顏色相雜，即淺色者也……「駵」指馬赤黃色。「駣駵」亦「盜驪」之比。

　　　　今按，其說是。「駣」通「盜」，盜即竊，竊色指淺色。「駵」為馬赤黃色，《詩·魯頌·駉》：「有駵有騜。」毛《傳》：「赤黃曰駵。」孔穎達《疏》：「駵為純赤色。言赤黃者，謂赤而微黃，其色鮮明者也。」則「駣駵」當指淺赤黃色馬。

田卒趙國襄國恩☐　　　　　　　　　　　　　　　　　　　73EJT2：59

☐　黑色　☐　　　　　　　　　　　　　　　　　　　　　73EJT2：60

☐傿陵邑〔1〕東中〔2〕里公乘壽未央〔3〕☐　　　　　　73EJT2：61

【集注】

〔1〕傿陵邑：鄭威（2015，226頁）：傿陵亦曾封侯，為侯國，存續年代為高帝十二年（前195）六月至文帝年（前173），地在今河南鄢陵縣彭店鄉古城村、田崗村一帶。

今按，說是。據《漢書‧地理志》，傿陵為潁川郡屬縣。據此簡則其曾為邑。

〔2〕東中：里名，屬傿陵邑。

〔3〕壽未央：人名。

雒陽廣都〔1〕里雍壽〔2〕　　☐　　　　　　　　　73EJT2：64

【集注】

〔1〕廣都：里名，屬雒陽。

〔2〕雍壽：人名。

二人私從☐　　　　　　　　　　　　　　　　　　73EJT2：65

☐☐☐東陽里公乘☐☐　　　　　　　　　　　　　　73EJT2：68

淮陽新郪陽安〔1〕里卜免〔2〕　　∫　　　　　　73EJT2：71

【集注】

〔1〕陽安：里名，屬新郪縣。

〔2〕卜免：人名。

淮陽郡新郪陰里〔1〕黃得〔2〕　　∫　　　　　　73EJT2：72

【集注】

〔1〕陰里：里名，屬新郪縣。

〔2〕黃得：人名。

淮陽新郪☐里陳橫〔1〕　　∫　　　　　　　　　　73EJT2：73

【校釋】

「☐里」晏昌貴（2012，255頁）從張俊民釋文電子本作「祖☐里」。今按，原簡「郪」和「里」字之間僅有一字，釋「祖」存疑，暫從整理者釋。

【集注】

〔1〕陳橫：人名。

淮陽新郪當市〔1〕里周餘〔2〕　逋〔3〕　∫　　　　　　　73EJT2：74

【集注】

〔1〕當市：里名，屬新郪縣。

〔2〕周餘：人名。

〔3〕逋：《說文・辵部》：「逋，亡也。」即逃亡。該字後書，蓋是補加上去表示戍
　　卒已經逃亡。

……　　　　　　　　　□□　　……
□□直廿出錢　出錢二百六十　出錢百卅為進
……　　　　　　……　　　　　出錢百卅　　　六千直□□　　73EJT2：76

【校釋】

　　第一行「□□」任達（2014，36頁）釋作「□垂」。今按，該兩字右部殘缺，
似為「出錢」二字。

☑魏郡平恩侯國〔1〕平曲〔2〕里大夫石賜〔3〕，年廿五　　☑　　73EJT2：77

【集注】

〔1〕平恩侯國：屬魏郡。《漢書・地理志上》：「平恩，侯國。莽曰延平。」

〔2〕平曲：里名。

〔3〕石賜：人名。

☑　十二月壬☑　　　　　　　　　　　　　　　　　　　73EJT2：81
☑　馬三匹｜　☑　　　　　　　　　　　　　　　　　　73EJT2：84
☑□一乘　☑
☑馬三匹　☑　　　　　　　　　　　　　　　　　　　　73EJT2：85

田卒襄國陳西〔1〕里簪☑　　　　　　　　　　　　　　73EJT2：86

【集注】

〔1〕陳西：里名，屬襄國。

戍卒鉅鹿郡曲周□☑　　　　　　　　　　　　　　　73EJT2：87

☑先登〔1〕隧長成縮〔2〕　　☑　　　　　　　　　73EJT2：92+88

【校釋】

伊強（2015H）綴。

【集注】

〔1〕先登：隧名。

〔2〕成縮：人名，為隧長。

大奴適〔1〕長七尺□☑　　　　　　　　　　　　　　73EJT2：90

【集注】

〔1〕適：人名，為大奴。

☑□年卅二　　☑　　　　　　　　　　　　　　　　73EJT2：91
☑十五歲，長六尺，黑☑　　　　　　　　　　　　　73EJT2：93
・右故官功墨☑　　　　　　　　　　　　　　　　　73EJT2：94
☑出豆　　☑　　　　　　　　　　　　　　　　　　73EJT2：95

☑□里不更杜萬年〔1〕，年十八☑（削衣）　　　　　73EJT2：99

【集注】

〔1〕杜萬年：人名。

大河郡〔1〕東平陸〔2〕倉東〔3〕里□□□☑（削衣）　　73EJT2：100

【集注】

〔1〕大河郡：晏昌貴（2012，255 頁）：《漢志》東平國，武帝元鼎元年為大河郡，
　　宣帝甘露二年為東平國。

　　　周振鶴（2017）：《漢志》東平國有無鹽、東平陸等七縣。宣帝甘露二
　　年之東平國當為此七縣地與五侯國之和。景帝六年至武帝元鼎六年之濟東
　　國封域同此，唯武帝天漢四年至宣帝甘露二年的大河郡需再加上寧陽、瑕
　　丘兩地。

今按，諸說是。《漢書・地理志下》：「東平國，故梁國，景帝中六年別為濟東國，武帝元鼎元年為大河郡，宣帝甘露二年為東平國。莽曰有鹽。屬兗州。」則此簡年屬當在元鼎元年至甘露二年之間。

〔2〕東平陸：據《漢書・地理志》，東平陸為東平國屬縣，東平國武帝元鼎元年為大河郡。

〔3〕倉東：里名，屬東平陸。

☑□石粟☑
☑□穀□☑（削衣）　　　　　　　　　　　　　　73EJT2：101
☑□長安□　☑（削衣）　　　　　　　　　　　73EJT2：102

☑□里不更朱舍人〔1〕，年廿四　庸同縣東陽〔2〕里不☑（削衣）
　　　　　　　　　　　　　　　　　　　　　　　　73EJT2：103

【集注】

〔1〕朱舍人：人名。

〔2〕東陽：里名。

☑□里樊□☑（削衣）　　　　　　　　　　　　73EJT2：106

肩水金關 T3

☑兄昌〔1〕，年卅五　　　昌子男賀〔2〕，年十三☑
☑妻女成〔3〕，年卅五ノ　昌子男嘉〔4〕，年十一☑　　73EJT3：3

【集注】

〔1〕昌：人名。

〔2〕賀：人名，昌的兒子。

〔3〕女成：人名。

〔4〕嘉：人名，昌的兒子。

右前〔1〕騎士闞都〔2〕里☑
右前騎士闞都里王☑
右前騎士白石〔3〕里孟賀〔4〕　　　左前☑

中營右騎士千秋〔5〕里龍昌〔6〕　左前騎士□☑
中營右騎士累山〔7〕里亓襃〔8〕　左前☑　　　　　　　　　　73EJT3：7

【校釋】

　　第一、二行兩「闌」字原均作「關」，張俊民（2014B）釋。

【集注】

〔1〕右前：李天虹（2003，18 頁）：「右前」「中營左」「中營右」都是騎士所隸屬的
　　　編制。

　　　　　　　今按，說是。

〔2〕闌都：里名。

〔3〕白石：里名。

〔4〕孟賀：人名，為騎士。

〔5〕千秋：里名。

〔6〕龍昌：人名，為騎士。

〔7〕累山：里名。

〔8〕亓襃：人名，為騎士。

府庫徒觻得安國〔1〕里馬禹〔2〕，年廿七歲□☑　　　　　　73EJT3：17

【集注】

〔1〕安國：里名，屬觻得縣。

〔2〕馬禹：人名，為府庫徒。

　　　　　　　軺車一乘　用馬一匹，騮駮〔2〕、齒七歲、高五尺八寸
守屬胡長〔1〕
　　　　　　　用馬一匹，驃牡〔3〕、齒五歲、高六尺　　　　73EJT3：31+20

【校釋】

　　張文建（2017F）綴，綴合後據文義補第三行「高」字。今按，兩簡可綴合，但
不能直接拼合，當遙綴，中間所缺為「高」字。

【集注】

〔1〕胡長：人名，為守屬。

〔2〕騮駮：中國簡牘集成編輯委員會（2001J，123 頁）：騮，同騮。黑鬣、黑尾巴
的紅馬。

今按，說是。「騮」又作「騂」「騮」。《說文‧馬部》：「騮，赤馬黑毛尾
也。」又「駮」《說文‧馬部》曰：「馬色不純。」則「騮駮」指紅馬黑鬣黑尾
巴而毛色不純。

〔3〕驃牡：《說文‧馬部》：「驃，黃馬髮白色。一曰白髦尾也。」「牡」為公馬，則
「驃牡」則指黃色有白斑紋或黃色白髦尾的公馬。

壙野〔1〕隧長鄧卿百五十☐　　　　　　　　　　　　73EJT3：28A

……☐　　　　　　　　　　　　　　　　　　　　　73EJT3：28B

【集注】

〔1〕壙野：隧名。

☐千五十，已得八百，少二百　　　　　　　　　　　73EJT3：30

☐莫當〔1〕隧卒頤日食☐　　　　　　　　　　　　　73EJT3：34

【集注】

〔1〕莫當：隧名。

☐阪里杜信〔1〕，年卅七　☐　　　　　　　　　　　73EJT3：35

【集注】

〔1〕杜信：人名。

熒陽□樂李□，年卅八　　☐　　　　　　　　　　　73EJT3：37

【校釋】

「熒陽」原作「滎陽」，任達（2014，42 頁）、趙爾陽（2016B）釋。

其一釜〔1〕□張卿百，敦君五十，丁相君粟錢，李子方魚錢（竹簡）

　　　　　　　　　　　　　　　　　　　　　　　73EJT3：38A

張子方百──府六六五五六六八八九十十（竹簡）　　73EJT3：38B

【校釋】

　　A 面「相」原作「韋」，李洪財（2012）釋。B 面原缺釋一「十」字，何茂活（2014D）、（2016C），黃艷萍（2016B，126 頁）補。

【集注】

〔1〕釜：中國簡牘集成編輯委員會（2001H，252 頁）：古炊器。斂口圓底，或有二耳。置於竈，上置甑以蒸煮，盛行於漢代。

　　　　今按，其說是。釜相當於現在的鍋。《史記·項羽本紀》：「項羽乃悉引兵渡河，皆沈船，破釜甑，燒廬舍，持三日糧，以示士卒必死，無一還心。」

居延闟都〔1〕里公士☐　　　　　　　　　　　　　　　　　73EJT3：39

【校釋】

　　「闟」原作「關」。該字圖版作█，門內並不作「夫」，而是「羽」字的草寫。這個字西北漢簡中十分常見，之前曾常釋作「關」，張俊民（2014B）已指出其誤，並對簡 73EJT3：7、73EJT30：165 中的「關」作了改釋。

【集注】

〔1〕闟都：里名，屬居延縣。

蒙重里〔1〕賞☐　　　　　　　　　　　　　　　　　　　　73EJT3：40

【校釋】

　　「蒙」原作「歲」，何茂活（2014D）、（2016C）釋。

【集注】

〔1〕重里：里名，屬蒙縣。

日勒男子趙子寭〔1〕責☐☐置錢百七十☐四☐十五，凡直☐☐　73EJT3：46

【校釋】

　　「寭」字原作「惠」，該字作█形，下部不從「心」，當為「寭」字。

【集注】

〔1〕趙子寭：人名。

卒南陽杜衍利陽〔1〕里公乘陳副〔2〕，年卅五，長七尺二寸　丿　出

73EJT3：49

【集注】

〔1〕利陽：里名，屬杜衍縣。

〔2〕陳副：人名，為戍卒。

治渠卒〔1〕河東汾陰〔2〕承反〔3〕里公乘孫順〔4〕，年卅三　出　73EJT3：50

【集注】

〔1〕治渠卒：裘錫圭（2012B，238頁）：治渠卒當是戍卒中主要從事水利工作之卒，也許屬於延水一類水官。

韓華（2014，378）：是專門從事水渠的修築和維護人員。

馬智全（2015A）：指修治水渠的戍卒。

孫聞博（2015）：「治渠卒」主要在河西屯田地區從事水渠修築建設與水利工程維護。

今按，諸說是。「治渠卒」即負責修治溝渠的戍卒。

〔2〕汾陰：據《漢書・地理志》，汾陰為河東郡屬縣。

〔3〕承反：里名，屬汾陰。

〔4〕孫順：人名，為治渠卒。

卒南陽山都〔1〕翟里〔2〕公乘扁登〔3〕，年卅六，長七尺二寸　丿　出

73EJT3：51

【集注】

〔1〕山都：據《漢書・地理志》，山都為南陽郡屬縣。

〔2〕翟里：里名，屬山都縣。

〔3〕扁登：人名，為戍卒。

奉明樂陵〔1〕里官護〔2〕，年五十八　字君都　☒　73EJT3：52

【校釋】

「官」字原作「向」，李洪財（2014，149頁）釋。

【集注】

〔1〕樂陵：里名，屬奉明縣。

〔2〕向護：人名。

　　　　故為甲渠守尉，坐以縣官事，歐笞戍卒尚勃〔2〕，讞爵減〔3〕
鬼新蕭登〔1〕
　　　　元延二十一月丁亥〔4〕論〔5〕　　故觻得安漢〔6〕里，正月辛酉入。

　　　　　　　　　　　　　　　　　　　　　　　　　　　73EJT3：53

【校釋】

　　第一行「讞」原作「讞」，張再興、黃艷萍（2017，72 頁）釋。第三行「元延
二」後羅見今、關守義（2013），黃艷萍（2014C，79 頁），胡永鵬（2016A，357 頁）
認為脫「年」字。今按，諸說是，當為原簡書漏。又「正月辛酉入」墨色較淡，當
為後書。

【集注】

〔1〕蕭登：人名，為鬼薪。

〔2〕尚勃：人名，為戍卒。

〔3〕讞爵減：劉倩倩（2015B，64 頁）：爵減，因為有爵位而減罪。

　　　　今按，說或是。「讞」通「讞」，義為審理定罪。《禮記·文王世子》：「獄
　　　　成，有司讞於公。」孔穎達《疏》：「讞，言白也。謂獄斷既平，定其罪狀，有
　　　　司以此辭，言白於公。」又《漢書·薛宣傳》：「明當以賊傷人不直，況與謀者
　　　　皆爵減完為城旦。」顏師古注：「以其身有爵級，故得減罪而為完也。況身及
　　　　同謀之人，皆從此科。」則讞爵減是說定罪時因有爵位而作一定程度減免。

〔4〕元延二十一月丁亥：元延，漢成帝劉驁年號。據徐錫祺（1997，1662 頁），元
　　　　延二年十一月戊午朔，卅日丁亥，為公曆公元前 12 年 1 月 4 日。

〔5〕論：定罪。《後漢書·魯丕傳》：「坐事下獄，司寇論。」李賢注曰：「決罪曰論。」

〔6〕安漢：里名，屬觻得縣。

·居延延水本始四年涇渠延袤〔1〕溉田簿　　☑　　　　　　73EJT3：57

【集注】

〔1〕延袤：《漢書·匈奴列傳》：「秦始皇不忍小恥而輕民力，築長城之固，延袤萬
　　　　里。」顏師古注：「袤，長也。」「延」亦為長，延袤同義連用。

候史觻得博厚〔1〕里孫奉憙〔2〕　　　　　　　　　　73EJT3：59

【集注】

〔1〕博厚：里名，屬觻得縣。

〔2〕孫奉憙：人名，為候史。

☐　十一月戊寅出　　　　　　　　　　　　　　　73EJT3：61

☐要害〔1〕隧長杜護〔2〕五月食☐　　　　　　　　73EJT3：62

【集注】

〔1〕要害：隧名。

〔2〕杜護：人名，為隧長。

　　　　　　　　　　　　　　　　　　　　十月辛丑入

廄佐范惲〔1〕　　用馬一匹，騮牡、齒七歲、高五尺八寸。

　　　　　　　　　　　　　　　　　　　　十一月甲子出

　　　　　　　　　　　　　　　　　　　　　　73EJT3：64

【集注】

〔1〕范惲：人名，為廄佐。

廄佐蘇博〔1〕　十一月甲子出　用馬☐　　　　　73EJT3：68

【集注】

〔1〕蘇博：人名，為廄佐。

皮氏〔1〕陽里〔2〕靳於〔3〕，年廿八　　☐　　　　73EJT3：69

【集注】

〔1〕皮氏：據《漢書・地理志》，皮氏為河東郡屬縣。

〔2〕陽里：里名，屬皮氏縣。

〔3〕靳於：人名。

☑穀十五萬六千一百卅二石〔1〕六斗四升少，其四千☑　　　　73EJT3：71

【集注】

〔1〕石：陳夢家（1980，149 頁）：石與斛，此二者本是不同的計數單位，漢以四
鈞為一石，重百廿斤；十斗為一斛……漢簡記廩食，亦往往以石代斛。《說苑‧
辨物篇》：「十斗為一石」。我們以為，官文書上關於秩祿的條文上，「石」和「斛」
是有區別的，「石」稱秩級而「斛」稱俸祿之數。但在通常記量之時，則可以
石代斛。

王忠全（1988，22 頁）：「斛」為容量單位，「石」為重量單位；「斛」容
十斗，「石」重百二十斤（當今約六十市斤左右）；「斛」容小米經折算，其重
量為當時的六十斤，此數恰是「石」之半數，故一石約等於兩斛的小米容量。
依據秦漢時代人們的習慣，有時「石」可做為「斛」理解。但這種理解又是相
對的。它主要限制在「石」下帶有「斗」之量詞的「石」，不過有時也包括「石」
下不帶有「斗」之量詞的「石」。

周國林（1991，88 頁）：「石」作為量制單位與斛的容量相同，在秦漢時
期使用得相當廣泛。

今按，《說文‧斗部》：「斛，十斗也。」但漢簡中一般都是作十斗一石，
石為容量單位。王忠全說似有不妥之處。

‧凡麥萬一千二百卅七石一斗五升少　　☑　　　　73EJT3：72

☑　關嗇夫李欽〔1〕六月食　☑　　　　73EJT3：73

【集注】

〔1〕李欽：人名，為關嗇夫。

☑出粟二石　稟臨田〔1〕隧長宋輔〔2〕七月食　☑　　　　73EJT3：74

【校釋】

「稟」原作「廩」，黃艷萍（2016B，123 頁）、（2018，135 頁）釋。

【集注】

〔1〕臨田：隧名。

〔2〕宋輔：人名，為隧長。

祿福始昌〔1〕里☑   73EJT3：75

【集注】

〔1〕始昌：里名，屬祿福縣。

☑四月乙丑，守亭長良〔1〕出　刂   73EJT3：76

【集注】

〔1〕良：人名，為守亭長。

☑單衣、小頭，字子文，軺車一乘，馬一匹，騂牡、齒八歲、高五☑
                                                      73EJT3：77

☑九月食　自取〔1〕　　☑   73EJT3：79

【集注】

〔1〕自取：中國簡牘集成編輯委員會（2001D，228 頁）：多用在領取衣物、口糧的
　　　文書中，指自己親自領取。

　　　　　　今按，說是。自取即自己領取。

☑□□□年卅，長七尺二寸黑色　軺車一乘、馬一匹　弓一、矢十二枚　六月
癸酉入　刂   73EJT3：80

☑一頭　十一月   73EJT3：81

河內郡蕩邑〔1〕陽里〔2〕公乘藉☑   73EJT3：83

【校釋】

　　　「蕩邑」黃浩波（2011C）認為是蕩陰邑之漏書，晏昌貴（2012，250 頁）認為
原簡或漏寫「陰」字，周波（2013，289 頁）則認為非漏書，而是「蕩陰邑」之省
稱。今按，似為書寫時漏寫。

【集注】

〔1〕蕩邑：即蕩陰邑。據《漢書‧地理志》，蕩陰為河內郡屬縣。

〔2〕陽里：里名，屬蕩陰邑。

　　☑　給候長☑　　　　　　　　　　　　　　　　　　　73EJT3：85

　　☑　三月丙子□☑　　　　　　　　　　　　　　　　　73EJT3：86

☑皮氏𣾷里〔1〕王雷〔2〕，年卌八　　☑　　　　　　　　73EJT3：88

【集注】

〔1〕𣾷里：里名，屬皮氏縣。

〔2〕王雷：人名。

☑□□□□積六十日到官除行道十日不☑　　　　　　　73EJT3：92

■右第廿六車九人（竹簡）　　　　　　　　　　　　　　73EJT3：93

【校釋】

　　「第」黃艷萍（2016B，124頁）、（2018，136頁）作「弟」。今按，該字作 形，據字形當為「弟」。但漢簡中「第」「弟」的使用常存在混同的情況，暫從整理者釋。

■右第十一車十人（竹簡）　　　　　　　　　　　　　　73EJT3：94

【校釋】

　　「第」黃艷萍（2016B，124頁）、（2018，136頁）作「弟」。今按，該字作 形，據字形當為「弟」。但漢簡中「第」「弟」的使用常存在混同的情況，暫從整理者釋。

戍卒潁川郡傿陵邑步里〔1〕公乘舞聖〔2〕，年卅，黑色，長七尺四寸　Ｓ（竹簡）　　　　　　　　　　　　　　　　　　　　　　　73EJT3：95

【校釋】

　　「色」原作「中」，「黑中」汪受寬（2014，125頁）認為指中等程度的黑。姚磊（2017H5）、（2018E，198頁）認為當從張俊民釋文電子本釋為「色」字。今按，姚說是。該字作 形，實為漢簡「色」字一種寫法。

【集注】

〔1〕步里：里名，屬傿陵邑。

〔2〕舞聖：人名，為戍卒。

田卒穎川郡臨穎邑〔1〕鄭里〔2〕不更范後〔3〕，年廿四　☒（竹簡）

73EJT3：96

【集注】

〔1〕臨穎邑：鄭威（2015，227頁）：臨穎即臨潁……《漢志》潁川郡有臨潁縣，地在今河南臨潁縣西。

今按，說是。《漢書‧地理志上》：「臨潁，莽曰監潁。」

〔2〕鄭里：里名，屬臨穎邑。

〔3〕范後：人名，為田卒。

田卒穎川郡長社邑〔1〕穎里〔2〕韓充〔3〕，年廿四　☒（竹簡）　73EJT3：97

【校釋】

「長社」黃浩波（2011C）引作「長杜」，認為是長社之訛誤。今按，引文有誤，原簡即作長社。

【集注】

〔1〕長社邑：鄭威（2015，227頁）：《漢志》長社縣屬潁川郡，地在今河南省長葛市東。

今按，說是。《漢書‧地理志上》「長社」顏師古注引應劭曰：「宋人圍長葛是也。其社中樹暴長，更名長社。」

〔2〕穎里：里名，屬長社邑。

〔3〕韓充：人名，為田卒。

使者一人　　假〔1〕司馬一人　　騎士廿九人　　‧凡卌四人　　傳車二乘　　輺車五乘
吏八人　　　廄御一人　　　　民四人　　　　　官馬卌五匹　　馬七匹　　　候臨〔2〕
（上）

元康二年七月辛未〔3〕，嗇夫成〔4〕、佐通〔5〕內。（下）　　　　　　73EJT3：98

【集注】

〔1〕假：李天虹（2003，2頁）：「假」係代理或副貳之意。《史記‧項羽本紀》「乃相與共立羽為假上將軍」，張守節《正義》：「假，攝也。」《後漢書‧百官志》「將軍」條下云：「又有軍假司馬、假候，皆為副貳。」

今按，說當是。該簡假司馬或指副貳。

〔2〕候臨：郭偉濤（2017A，246頁）：據簡文，似為某使團入關而南，可能事關重
　　　大，故不僅關嗇夫、關佐雙雙在場，「候臨」顯示肩水候亦親臨迎接，以示隆重。
　　　今按，說是。候臨是說肩水候親自到臨。

〔3〕元康二年七月辛未：元康，漢宣帝劉詢年號。據徐錫祺（1997，1556頁），元
　　　康二年七月戊辰朔，四日辛未，為公元前 64 年 7 月 30 日。

〔4〕成：人名，為嗇夫。

〔5〕通：人名，為佐。

出米七斗八升　付北部候長襃〔1〕，食府君行塞，積廿六人，人三升

73EJT3：99

【集注】

〔1〕襃：人名，為北部候長。

■凡出賦錢九十七萬七千三百一十六　丿　　　　　73EJT3：100

子大夫可〔1〕，年十四、長六尺、黑色　　　　　73EJT3：101

【集注】

〔1〕可：人名。

車一乘・囚大男陳路〔1〕等四人・居延始至〔2〕里梁削〔3〕等四人

73EJT3：102

【集注】

〔1〕陳路：人名。

〔2〕始至：里名，屬居延縣。

〔3〕梁削：人名。

肩水戍卒梁國睢陽同廷〔1〕里任輔〔2〕　自言貰賣白布復袍一領，直七百五十，
故要虜〔3〕☑　　　　　　　　　　　　　　　73EJT3：104

【校釋】

　　簡末殘斷處何茂活（2014C）、（2016A）補釋「隧」字。今按，補釋可從，但該
字殘缺，僅存一點墨迹，當從整理者釋。

【集注】

〔1〕同廷：里名，屬睢陽縣。

〔2〕任輔：人名，為戍卒。

〔3〕要虜：何茂活（2014C）、（2016A）：要虜隧屬居延都尉之殄北候官。「要」為古「腰」字，「要虜」意為攔腰斬斷胡虜進犯之路。

今按，其說是。要虜為隧名。

☑縣遮里〔1〕衛覓〔2〕所論在觻得　　　　　　　　　　　　73EJT3：105

【校釋】

張文建（2017F）遙綴 73EJT3：104 和 73EJT3：105 兩簡。今按，兩簡形制、字體筆迹等一致，但不能直接拼合。

【集注】

〔1〕遮里：里名。

〔2〕衛覓：人名。

☑長延壽　　　　　　　　　　　　　　　　　　　　　　　73EJT3：106

☐月　　　　　　　　　　　　　　　　　　　　　　　　　73EJT3：107

　　　　　　　　　☐☐☐一匹，牡騮、齒七歲

☑居延令從史唐☐，年卅二歲　　　　　　　　　七月己巳入

　　　　　　　　　☐☐☐☐☐三歲　　　　　　　　73EJT3：108

【校釋】

「唐」下一字圖版作 ![字], 可釋作「豐」。豐字下部的「豆」旁在金關漢簡中常寫成此形，如 ![字]（73EJT9：128）、 ![字]（73EJT31：64）、 ![字]（73EJF1：73）等，均可參看。該簡中「唐豐」為人名，金關簡中以「豐」為人名者十分常見，如「桓豐」（73EJT6：55）、「張豐」（73EJT24：291）、「綦毋豐」（73EJT37：312）、「李豐」（73EJT37：1105）、「衛豐」（73EJT37：1584）、「王豐」（73EJT37：41）等，亦可證該字可釋為「豐」。

■右鄭子真〔1〕八百☑　　　　　　　　　　　　　　73EJT3：111

【集注】

〔1〕鄭子真：人名。

居延守左部游徼〔1〕田房〔2〕，年卅五歲（上）
輅車乘馬二匹，駁挑，齒五歲，高五尺
三寸（下）　　　　　　　　　　　　　　　　　　73EJT3：115

【校釋】

　　第一行「挑」字原未釋。該字作 挑 形，何茂活（2014C）、（2016A）釋作「姚」，認為是「駣」的異寫。蕭旭（2015，190 頁）釋作「挑」，認為「挑」即「桃」「駣」，指桃華馬。姚磊（2017D4）認為是「桃」字。今按，從字形來看，其左部應當從「手」或「牛」。此從蕭旭作「挑」，「挑」通「駣」。又「駁」字邢義田（2012，184 頁）認為原簡右側不甚清晰，或亦可作「駮」。今按，其說或是，但不能確知，暫從整理者釋。

【集注】

〔1〕游徼：邢義田（2012，184 頁）：此簡居延是指居延縣或居延都尉不明。其下有左部游徼一職，不曾見於他簡。游徼本為鄉官，在鄉嗇夫之下。按以上簡，則居延縣或都尉下可能有左、右部游徼。東漢永興二年李孟初神祠碑有「南部游徼」，可參。

　　郭洪伯（2014，116 頁）：游徼的轄區仍然是「部」，只是游徼的「部」和鄉部的轄區大體等同或重合。因此，游徼和鄉部仍然是兩種稗官。游徼本質上還是「片警」，但治安轄區比亭長的「亭部」大得多，機動性也強於亭長：所謂「游」大概就是反映了這種較高的機動性。

　　今按，諸說多是。《漢書・循吏傳・黃霸》：「始霸少為陽夏游徼，與善相人者共載出。」顏師古注：「游徼，主徼巡盜賊者也。」

〔2〕田房：人名，為游徼。

出麥二百☐☑　　　　　　　　　　　　　　　　　73EJT3：116

☑斤　九月庚了，就人陳君至〔1〕付關佐賞〔2〕　　73EJT3：117

【集注】

〔1〕陳君至：人名，為就人。

〔3〕賞：人名，為關佐。

肩水金關 T4

☑其一斤治書繩　　　　　　　　　　　　　　　　　73EJT4：1

☑……　　塢戶☑
☑驚糒三石毋，毋嬰塢戶☑
☑　　鼓☑　　　　　　　　　　　　　　　　　　　73EJT4：2

【校釋】

首行「塢戶」原缺釋，何茂活（2014C）、（2016A）補釋。

蒙宜成〔1〕里朱昌〔2〕，年廿五☑　　　　　　　　　73EJT4：4

【集注】

〔1〕宜成：里名，屬蒙縣。

〔2〕朱昌：人名。

　　　　　賦錢三千六百　　☑
☑出
　　　　　以給士吏王相〔1〕四月盡六月奉　　☑　　73EJT4：5

【集注】

〔1〕王相：人名，為士吏。

☑年卅
☑年十一
☑年四　　　　　　　　　　　　　　　　　　　　　73EJT4：6

☑河內郡野王〔1〕敬老〔2〕里李偃☑　　　　　　　73EJT4：8

【校釋】

「野」字劉倩倩（2015B，73頁）釋「埜」。今按，該字作　形，為「野」字不誤，釋「埜」非是。

【集注】

〔1〕野王：即埜王，河內郡屬縣。《漢書‧地理志上》：「埜王，太行山在西北。衛元君為秦所奪，自濮陽徙此。莽曰平埜。」

〔2〕敬老：里名，屬野王縣。

☑屋闌騎士滅胡〔1〕里蘇乙〔2〕　　☑　　　　　　　　73EJT4：9

【校釋】

　　「闌」原作「蘭」，何茂活（2014D）、（2016C），黃艷萍（2016B，122 頁）、（2018，135 頁）釋。

【集注】

〔1〕滅胡：里名。

〔2〕蘇乙：人名，為騎士。

出糜〔1〕八斗四升　　☑　　　　　　　　　　　　　　73EJT4：10

【集注】

〔1〕糜：何雙全（1986，254 頁）：糜，簡文寫作糜，也有作糜者，互通。《說文》云：「穄糜也。」《集韻》云：「赤苗嘉穀也。」《爾雅》注云：「赤粱粟。」發掘出土實物，紅色，細粒，比穀子小。

　　　　今按，其說當是。「糜」同「穈」，指穄，不黏的黍。

☑三‧姑臧沙上□☑　　　　　　　　　　　　　　　　73EJT4：11
☑　三月中入　卩　　　　　　　　　　　　　　　　　73EJT4：12
☑　□一兩
☑　二　　　　　　　　　　　　　　　　　　　　　　73EJT4：13

戍卒淮陽郡譙〔1〕西成〔2〕里黃拾〔3〕　金城　☑　73EJT4：15

【集注】

〔1〕譙：據《漢書‧地理志》，譙為沛郡屬縣，此簡顯示其曾屬淮陽郡。

〔2〕西成：里名，屬譙縣。

〔3〕黃拾：人名，為戍卒。

□車一乘，馬一匹，駱牡、齒七□……　　☑　　　　　73EJT4：16

雒陽壽陽〔1〕里董方〔2〕，年卅、字子侯　乘泭〔3〕入　　☑　　73EJT4：17

【集注】

〔1〕壽陽：里名，屬雒陽。

〔2〕董方：人名。

〔3〕泭：竹木筏。《國語·齊語》：「方舟設泭，乘桴濟河。」韋昭注：「編木曰泭，小泭曰桴。」

☑□亭長孫千秋〔1〕，年卅八、長七尺五寸、黑色　軺車一乘、馬一匹，弩一、矢五十　逐命長安舍郡觝〔2〕　吏　　　　73EJT4：111+18

【校釋】

尉侯凱（2016C）、（2017B，349 頁）綴。

【集注】

〔1〕孫千秋：人名，為亭長。

〔2〕郡觝：即郡邸。「觝」通「邸」。

河內郡溫倚林〔1〕里楊眾〔2〕，五十五　　☑　　　　　73EJT4：19

【集注】

〔1〕倚林：里名，屬溫縣。

〔3〕楊眾：人名。

上黨郡〔1〕泫氏〔2〕市□☑　　　　　73EJT4：20

【集注】

〔1〕上黨郡：《漢書·地理志上》：「上黨郡，秦置，屬并州。有上黨關、壺口關、石硏關、天井關。」

〔2〕泫氏：上黨郡屬縣。

箕卅一　　☑　　　　　73EJT4：23A

出瓦箕〔1〕十、科十　　☑　　　　　73EJT4：23B

【集注】

〔1〕瓦箕：初師賓（1984A，185 頁）：顧名思義為陶製簸箕、科勺，應屬操作、投
　　擲前述沙湯炭火等的器具。1973 年在金關遺址 F1 屋內，恰恰各發現一枚，灰
　　陶質而形制甚笨重，器形完整，全新，從未曾使用過。箕、科等以陶製，日常
　　應用甚不便。

　　　　中國簡牘集成編輯委員會（2001F，131 頁）：瓦箕，陶製箕形器。科，長
　　柄杓，盛沸湯之物以灑澆登城敵人。

　　　　今按，諸說是。瓦箕即陶製簸箕形器具，用以防止盛燙沙等物時燙手。

田卒上黨屯留〔1〕☑　　　　　　　　　　　　　　　　　　　73EJT4：24

【校釋】

　　「屯」原作「邨」，馬智全（2012，108 頁）、黃艷萍（2016B，126 頁）釋。

【集注】

〔1〕屯留：上黨郡屬縣。《漢書‧地理志上》：「屯留，喪欽言『絳水出西南，東入
　　海。』」

☑部左後行☑　　　　　　　　　　　　　　　　　　　　　　73EJT4：25

戍卒上黨郡銅鞮〔1〕□☑　　　　　　　　　　　　　　　　　73EJT4：26

【集注】

〔1〕銅鞮：據《漢書‧地理志》，銅鞮為上黨郡屬縣。

■第十一方□☑　　　　　　　　　　　　　　　　　　　　　73EJT4：29
☑□功　十月甲子入　劍一☑　　　　　　　　　　　　　　　73EJT4：31
☑□年三十五　☑　　　　　　　　　　　　　　　　　　　　73EJT4：32
☑五十、劍一　　　　　　　　　　　　　　　　　　　　　　73EJT4：33
☑未受正月食☑　　　　　　　　　　　　　　　　　　　　　73EJT4：34
☑米二石　鹽三斗☑　　　　　　　　　　　　　　　　　　　73EJT4：35
☑□□日壬午出□☑　　　　　　　　　　　　　　　　　　　73EJT4：36
☑黑色　𠂇　☑　　　　　　　　　　　　　　　　　　　　　73EJT4：37

河南郡雒陽□□□西里公乘趙強〔1〕，年廿一　弩一、矢五十枚　卩

73EJT4：38

【校釋】

　　「□□□西」姚磊（2017J3）改釋「緱氏東宛」。今按，「西」字圖版作 形，明顯不為「宛」，未釋字磨滅不可辨識，當從整理者釋。

【集注】

〔1〕趙強：人名。

☑大婢多錢一人　一月食一石三斗　三月至九月食九石一斗積七月　卩

73EJT4：39

戍卒南陽郡魯陽鄧里〔1〕大夫尹我〔2〕，年廿八☑　　73EJT4：40

【集注】

〔1〕鄧里：里名，屬魯陽縣。

〔2〕尹我：人名，為戍卒。

☑　□□　☑
☑　肩水候長甯稚卿〔1〕　☑
☑……　肩水候長□☑
☑……　肩水候☑　　73EJT4：43

【集注】

〔1〕甯稚卿：人名，為候長。

☑　炊帚〔1〕三百枚　☑　　73EJT4：47A
☑……☑　　73EJT4：47B

【集注】

〔1〕炊帚：莊小霞（2017，77～78頁）：炊帚，是一種類似笤帚的廚房工具，具備多種功能，如用於打掃炻臺臺面、清潔廚具等等……居延地區曾出土一種用蘆葦做的小笤帚，考古研究者將其命名為「葦刷」，「以較細的帶穗蘆葦用細麻線紮束而成，長三十六釐米，徑二點八釐米」，考察其形制，應為漢代炊帚實物。今按，說是。炊帚即炊事所用之帚。

河南郡緱氏武平〔1〕里程宗〔2〕，年七尺二寸，黑色　牛二、車一兩　☑

　　　　　　　　　　　　　　　　　　　　　　　73EJT4：52

【集注】

　〔1〕武平：里名，屬緱氏縣。

　〔2〕程宗：人名。

☑奉世，年卅、長七尺五寸、黑色　軺車一乘☑　　73EJT4：53

☑　六月戊寅，北出　　☑

☑□尺八寸一匹，騂駮、齒四歲、高五尺八寸　　☑　73EJT4：54

☑四月癸卯北，食故出　　　　　　　　　　　　73EJT4：55

居延卅井尉史孤山〔1〕里大夫梁☑　　　　　　　73EJT4：57

【集注】

　〔1〕孤山：里名。

☑　下餔時入關　　　　　　　　　　　　　　　73EJT4：58

☑戍卒趙國邯鄲侍里〔1〕公乘宋張利〔2〕，年卅六　☑　73EJT4：59

【集注】

　〔1〕侍里：里名，屬邯鄲縣。

　〔2〕宋張利：人名，為戍卒。

☑頗知律令文，爍得壽貴〔1〕里，家去大守府一里　產爍得縣

☑為吏□歲二月一日　爍得縣人　　　　　　　73EJT4：182+64

【校釋】

　　張顯成、張文建（2017A）、（2017B，335頁）綴，綴合後補釋「歲」字。

【集注】

　〔1〕壽貴：里名，屬爍得縣。

戍卒上黨郡屯留案里〔1〕☑　　　　　　　　　　73EJT4：71

【集注】

　〔1〕案里：里名，屬屯留縣。

☑　車馬一兩　四月八日出　　　　　　　　　　　73EJT4：72
　　　　　　　其一石☑

出麥二石四斗
　　　　　　　　一石四☑　　　　　　　　　　　73EJT4：73

☑殷昌，年廿八　　☑　　　　　　　　　　　　　73EJT4：74

・凡入六十六萬　　☑　　　　　　　　　　　　　73EJT4：75

觻得利成〔1〕里程年〔2〕　　☑　　　　　　　　73EJT4：76

【集注】

〔1〕利成：里名，屬觻得縣。

〔2〕程年：當為人名。

☑各五十枚　　☑　　　　　　　　　　　　　　　73EJT4：78

☑□升九龠　　☑　　　　　　　　　　　　　　　73EJT4：79

☑□年卅，黃色，馬☑　　　　　　　　　　　　　73EJT4：81

刁廣〔1〕大奴記〔2〕，長七尺、黑色　　☑　　　73EJT4：83

【集注】

〔1〕刁廣：當為人名。

〔2〕記：人名，為大奴。

鹿布〔1〕里已齊☑　　　　　　　　　　　　　　73EJT4：87

【集注】

〔1〕鹿布：里名。

充國從者居延□□里簪褭☑　　　　　　　　　　73EJT4：88

關嗇夫居延鉼庭〔1〕里薛安世〔2〕　　☑　　　73EJT4：89

【集注】

〔1〕鉼庭：里名，屬居延縣。

〔2〕薛安世：郭偉濤（2017A，245頁）：關嗇夫薛安世為居延本地人，亦符合邊塞
　　　官吏任職的慣例。

　　　今按，其說是。薛安世為關嗇夫名。

☑牛二，弩一、矢五十枚　　　　　　　　　　　　　　　　73EJT4：90
☑右第卅方四人　　☑　　　　　　　　　　　　　　　　　73EJT4：91

☑付登山〔1〕隧長陽〔2〕　　☑　　　　　　　　　　　　73EJT4：93
【集注】
〔1〕登山：隧名。
〔2〕陽：人名，為隧長。

☑　適千里☑　　　　　　　　　　　　　　　　　　　　　73EJT4：95
☑　七月盡　　　　　　　　　　　　　　　　　　　　　　73EJT4：96
　　　　　　大車一☑
☑□里張廣〔1〕
　　　　　黃犗〔2〕□☑　　　　　　　　　　　　　　　73EJT4：97
【集注】
〔1〕張廣：人名。
〔2〕犗：中國簡牘集成編輯委員會（2001J，167頁）：閹割過的牛。
　　　　今按，說是。《說文・牛部》：「犗，騬牛也。」

　　　　河平二年九月壬子〔2〕，居延庫守丞賀〔3〕為轉　九月☑
☑□王嚴〔1〕
　　　　　上計〔4〕大守府　　☑　　　　　　　　　　　73EJT4：99
【集注】
〔1〕王嚴：人名。
〔2〕河平二年九月壬子：河平，漢成帝劉驁年號。據徐錫祺（1997，1630頁），河
　　　平二年九月壬辰朔，廿一日壬子，為公曆公元前27年10月25日。
〔3〕賀：人名，為居延庫守丞。
〔4〕上計：邢義田（2012，184頁）：傳世文獻提到「計斷九月」，本簡清楚證實西
　　　漢確行九月上計之制。原簡「轉」字左旁不清，或應為「傳」字。居延和懸泉
　　　簡中多有「某某人為傳」文例，金關簡73EJT6：27A亦見「居延令博為傳」。
　　　「為傳」或「當為傳」，意即當取通行憑證——「傳」。
　　　　今按，其說是。另參簡73EJT10：210A「上計」集注。

☑　神爵二年五月乙巳朔甲戌〔1〕，□　士吏吳樂就　☑

☑取四月甲午盡六月奉　☑　　　　　　　　　　　　73EJT4：100

【集注】

〔1〕神爵二年五月乙巳朔甲戌：神爵，漢宣帝劉詢年號。據徐錫祺（1997，1563 頁），
　　神爵二年五月乙巳朔，卅日甲戌，為公曆公元前 60 年 7 月 12 日。

☑淮陽國圉〔1〕□□里公乘孟漢〔2〕，年卅一　庸同縣朝陽〔3〕里公乘朱害〔4〕，

年☑　　　　　　　　　　　　　　　　　　　　　　73EJT4：109

【集注】

〔1〕圉：據《漢書·地理志》，圉為淮陽國屬縣。

〔2〕孟漢：人名。

〔3〕朝陽：里名，屬圉縣。

〔4〕朱害：人名。

刁廣大奴福〔1〕，長七尺、黑色　　☑　　　　　　　73EJT4：112

【集注】

〔1〕福：人名，為大奴。

☑　出九百七十二，四月辛亥付☑

☑　畢☑　　　　　　　　　　　　　　　　　　　　73EJT4：122

☑卒閣錢簿〔1〕　　☑（削衣）　　　　　　　　　　73EJT4：124

【集注】

〔1〕閣錢簿：勞榦（1960，46 頁）：言以卒守邸，邸即邸閣，文獻所見較晚，然據
　　此簡則至晚東西漢間已有之，蓋邊塞之邸惟有邸閣，不得有邸舍之邸也。自三
　　國以後，軍事頻仍，邸閣遂常見於內地……故閣者，樓臺間複道，懸空架木，
　　週迴相望。儲糧之邸略同於閣，故亦曰邸閣矣。

　　　　裘錫圭（1981B，8 頁）：在古代，存放東西的木板架子叫做閣。《禮記·
　　內則》「大夫七十而有閣」，鄭注：「閣，以板為之，庋食物。」大規模的編木
　　而成的棚棧也叫閣……指存物木架和棚棧的「閣」，引申為指儲存東西的建築
　　的「閣」，是極其自然的。勞氏認為儲糧的邸閣由於建築與樓閣、閣道相似而

得名，似嫌迂曲。「邸」和「閣」這兩個名稱，本來是分別指一種供來往人住宿的地方和一種專門存放東西的地方的。但是，住宿的人往往有隨身攜帶的東西需要存放。如果這個人是為公家運送東西的官吏，或帶著大量貨物的商人，存放東西就顯得比住宿更為重要，事實上一定有不少邸是同時起閣的作用的。「邸閣」這個名稱大概就是在這種背景下產生的。

　　楊劍虹（1994，4頁）：所謂「閣」，支木板為閣，是庋藏食物之所，即廚。《禮記‧內則》「大夫七十而有閣。」注：「閣以木板為之，所以庋食物者。」《檀弓》：「始死之奠，其餘閣也與？」注：「庋藏食物。」古代的閣，相當於今日之食品柜，漢代用來藏錢。除了藏吏俸錢外，戍卒的錢也可藏在其中。

　　謝桂華（1998B，143頁）：居延漢簡所見的「閣」，是存放官府和戍卒私人錢物的處所。它和漢魏之間史籍和古印中的「邸閣」，雖亦同屬於軍需重地，但誠如王國維考證所云，「古代儲峙軍糧之所，謂之邸閣」，而居延漢簡所見的「閣」，顯然主要是存放公私錢物的處所。至於儲峙軍糧和兵器，則另外又設置有倉和庫。

　　中國簡牘集成編輯委員會（2001C，73頁）：漢塞有倉、庫、閣，蓋其為官物藏所，閣則為較小之貯物之所，亦有戍卒守護，即為守閣卒。

　　中國簡牘集成編輯委員會（2001G，255頁）：閣為戍卒存放東西的地方。平時，戍卒把暫時用不着的錢和衣物存放在候官治所的閣中，需要時再去取回。守閣即保管看守。

　　李天虹（2003，162頁）：居延簡中的「閣」本是名詞，指存放東西的地方；用作動詞時，是指存放物品在閣中的意思。「卒閣名籍」，即存放物品在閣中的卒的名籍。

　　今按，諸說多是。除「閣」之外，漢簡還常見和其相關的「邸」，如居延漢簡139‧4A：「省卒三人。其一人守邸，一人守閣，一人馬下，一人門」。邸為住宿的地方，而閣是儲存錢物的處所。卒閣錢為戍卒存放在閣中的私錢，卒閣錢簿則是戍卒存放在閣中錢財的登記簿。

☑錢千少廿八自☑☑（削衣）　　　　　　　　　　　　　73EJT4：125

☑從者臨仁〔1〕里☑（削衣）　　　　　　　　　　　　73EJT4：132

【集注】

〔1〕臨仁：里名。

☑☐☐　閣錢二千，出五☐☐（削衣）　　　　　　　　73EJT4：133

☑　閣錢二千，數少卅一〔1〕，就十二〔2〕，見千九百☑（削衣）

　　　　　　　　　　　　　　　　　　　　　　　　　73EJT4：134

☑　閣錢二千，就☐　　☑（削衣）　　　　　　　　73EJT4：135

【校釋】

　　以上三簡黃浩波（2012）認為簡文中均有「閣錢」字樣，且三簡同見的「閣錢二千」，其寫法、筆迹風格與「卒閣錢簿」所見相同，應屬卒閣錢簿簡冊。今按，其說當是，以上三簡應屬同一簡冊，可編連。

【集注】

〔1〕數少卅一：黃浩波（2012）：由 73EJT4：134 簡後面的簡文現有「千九百」有餘來判斷，「數少」意即清數所見較應見少，之後數字則是所少數目；「數少卅一」應是士卒閣錢前所報數目與入閣時數見少了三十一錢。

　　　　今按，其說是。數少卅一是說清點時發現比存入時少了三十一錢。

〔2〕就十二：黃浩波（2012）：在此，「就」應即「僦」；「就」「就人」「就直」「就錢」在新舊漢簡中常見，不勝枚舉……「就十二」，便有可能是指租金十二錢，而不一定與漢簡以往常見「就直」「就錢」含義相同。

　　　　今按，其說當是。該簡「就十二」即戍卒閣錢時所付租金。

☑十九☐☐千七百六☑（削衣）　　　　　　　　　73EJT4：140

十一月十☑（削衣）　　　　　　　　　　　　　　73EJT4：141

☑妻昭武千秋〔1〕里謝☐☑　　　　　　　　　　　73EJT4：146

【集注】

〔1〕千秋：里名，屬昭武縣。

☑☐孔德☑　　　　　　　　　　　　　　　　　　73EJT4：149

☑車一兩

二月☑

☑一、矢五十　　　　　　　　　　　　　　　　　73EJT4：150

☑☐齒十八歲　　☑　　　　　　　　　　　　　　73EJT4：151

☑□仁里□丑，年卅六　　☑　　　　　　　　　　　　　　　　73EJT4：152

　　　　　　　　六石具弩一，完　　☑
☑要虜隧卒梁國載〔1〕秋里〔2〕李游子〔3〕
　　　　　　　　棄矢銅鍭〔4〕五十　　☑
　　　　　　　　　　　　　　　　　　　　　　　　　　　　　73EJT4：153

【校釋】

　　「梁」原作「梁」，何茂活（2014D）、（2016C），黃艷萍（2016B，122 頁）、
（2018，135 頁）釋。

【集注】

〔1〕載：黃浩波（2011C）：載，即《地理志》甾。

　　　　馬孟龍（2012，59 頁）：查《漢志》梁國屬縣無「載縣」。筆者按，此載
縣應與《漢志》梁國甾縣有關。《漢志》甾縣自注「故戴國」……現 73EJT4：
153 簡文表明，《漢志》梁國甾縣於西漢時期書為「載縣」。另《封泥考略》著
錄有「載丞之印」封泥，為西漢官府之物，可資印證。西漢之載縣乃承繼春秋
載國之名……綜合肩水金關漢簡「梁國載縣」，傳世西漢封泥「載丞之印」「載
國大行」，以及漢高帝封置載侯國等情況來看，《漢志》梁國甾縣在西漢時期書
為「載縣」。

　　　　今按，諸說是。該簡所見「載縣」即「甾縣」，《漢書・地理志下》：「甾，
故戴國。莽曰嘉穀。」

〔2〕秋里：里名，屬載縣。

〔3〕李游子：人名，為戍卒。

〔4〕棄矢銅鍭：羅振玉、王國維（1993，175～176 頁）：棄矢，未詳。棄，本箭
幹之稱，不應以之名矢，疑即嚆矢也。《莊子・在宥篇》「焉知曾史之不為桀
跖嚆矢也」，郭象注：「嚆矢，矢之猛者。」《釋文》引向秀注：「嚆矢，矢之
鳴者。」向說是也。字又作「骹」，《唐六典・武庫令》注引《通俗文》：「鳴
箭曰骹。」又作「髐」，《漢書・匈奴傳》「冒頓乃作鳴鏑」，應劭曰：「髐，箭
也。」又作「骻」，《唐書・地理志》「嬀州貢骻矢」，竇苹《釋音》：「骻，鳴
鏑也。」然則曰嚆，曰骹，曰骻，曰棄，皆同音異字也。鍭者，《爾雅》：「矢
金鏃翦羽謂之鍭。」《方言》：「江淮之間謂之鍭。」是以鍭為矢之總名。《考
工記》：「鍭矢三分，一在前，二在後。」《既夕記》：「猴矢一乘，骨鏃短衛。」

《毛詩‧行葦》傳：「鏃，矢參亭。」則又以鏃矢為矢之一種。此於茧矢、稾矢之下，復云銅鏃，則非諸書所謂鏃，而以鏃為鏃也。矢或百或五十者，古者以百矢或五十矢為一束。《書‧文侯之命》：「彤弓一，彤矢百；盧弓一，盧矢百。」《周禮‧司弓矢》「其矢箙皆從其弓」，鄭注：「從弓數也，每弓者一箙百矢。」又，《大司寇》「入束矢於朝」，鄭注：「古者一弓百矢，束矢，其百個歟？」是以百矢為一束也。《荀子‧議兵篇》：「魏氏武卒衣三屬之甲，操十二矢之弩，負矢五十個。」《毛詩‧泮水傳》亦云：「五十矢為束。」《漢書‧匈奴傳》「賜單于矢四發」，服虔曰：「發，十二矢也。」韋昭注同。十二矢為一發。則四發亦五十矢矣。然則古人用矢，皆以百或五十為制，由上簡觀之，則漢時猶然矣。

勞榦（1960，49～50頁）：按《周禮‧夏官》：「稾人中士四人。」注：「鄭司農云，稾讀如鈙稾之稾，箭幹謂之稾，此官主弓弩箭矢，故謂之稾人。」《考工記》云：「燕之角，荊之幹，妢胡之笴，吳粵之金錫，此材之美者也。」注：「荊，荊州也；幹柘也，可以為弓弩之幹；妢胡，胡子之國，在楚旁；笴矢幹也；《禹貢》荊州貢櫄幹栝柏及箘簬楛，故書笴為笴，杜子春曰，笴讀為焚，咸丘之焚，書或為邠，妢胡地名也。笴讀為笴，笴讀為稾，謂箭稾。」由此言之，在弓則柘幹可單稱為幹，在矢則楛笴單稱為笴，笴亦得假為稾，故稾矢應即楛矢矣。蓋茧矢矢之短者，其長僅得長矢之半，故其矢材之限制，宜不若長矢之嚴。至若矢之長者，若矢材不選，較短矢更易屈曲柝呼，故其矢材必取箘簬楛之，因而以稾稱之。稾矢之名，義取於此。

勞榦（1960，52頁）：鏃者，金鏃之重者，鏃重則前重後輕，所以陷堅也。鏃之重者既為鏃，故銅鏑亦稱銅鏃矣。依鄭注，鏃矢之重，以其有鐵，今云銅鏃者，漢世用鏑內鐵而外青銅，鐵取其韌，青銅取其利。今敦煌及居延故塞間，猶往往得之，簡言銅鏃，蓋指此也。

勞榦（1949，243頁）：然鏃之原義，應為矢之金鏑。翦羽乃自小矢鏑而相承之義，而小鏑之義更自金銅鏑義推衍而成。鏃字從金，本不宜以翦羽為初訓；矢之有鐵亦當起自戰國以後尤不得竟有其事於大雅行葦之時。此所以漢簡中以鏃稱銅鏑正得古義，可以理解各家之惑者也。

中國簡牘集成編輯委員會（2001C，83頁）：稾失，箭桿長的箭矢。

張國艷（2002，86～87頁）：「稾矢銅鏃」並列，用一個數量來限定，可知其為一個物體。「稾」《說文‧禾部》：「稈也，從禾高聲。」進而進一步引申

為各種長的直的桿。「橐矢」也就是長程矢，「鏃」《說文·金部》矢金鏃剪羽謂之鏃。班固《兩都賦》：「列刃鑽鏃」，「鏃」即箭頭，「銅鏃」也就是銅製的箭頭。「橐矢銅鏃」也就是以銅為箭頭的長桿箭。

　　李天虹（2003，94頁）：簡文橐失應該是一種形制的箭鏃的稱謂，與箭桿之橐可能無關。

　　今按，王國維以「橐矢」為鳴矢，應當不妥。勞榦認為「橐矢」是以菌簬楛等較為堅硬的材質作為箭桿製成的較長的一種箭矢。張國艷則僅謂「橐矢」為長桿箭。從漢簡「橐矢」和「茧矢」常對舉來看，認為其分別是長箭和短箭應該是沒有問題的。至於說橐矢所用的材質較茧矢為嚴，恐怕也不盡然。又「銅鏃」諸家皆認為是銅鏃即銅箭頭，其說甚是。又李天虹認為橐矢是箭鏃的稱謂，與箭桿之橐可能無關則顯然不妥。

戍卒上黨郡長☑　　　　　　　　　　　　　　　　　　73EJT4：155

【校釋】

　　「長」字晏昌貴（2012，250頁）從張俊民釋文電子本改釋作「壺」，並於「壺」後補「關」字，認為「壺關」里名，屬上黨郡屯留縣。今按，原釋「長」不誤，該簡文不存在「壺關」里名。

李子弘☑　　　　　　　　　　　　　　　　　　　　　73EJT4：156
封亭近十☑　　　　　　　　　　　　　　　　　　　　73EJT4：157
☑盡騂北☑　　　　　　　　　　　　　　　　　　　　73EJT4：158
☑年七月☑　　　　　　　　　　　　　　　　　　　　73EJT4：159
☑丁卯入　　　　　　　　　　　　　　　　　　　　　73EJT4：160

☑敞　　☑　　　　　　　　　　　　　　　　　　　　73EJT4：164

【校釋】

　　「敞」原未釋，且該簡圖版排版誤，當水平翻轉，皆何茂活（2014D）、（2016C）釋。

虜隧☑　　　　　　　　　　　　　　　　　　　　　　73EJT4：165
☑張禹　　　　　　　　　　　　　　　　　　　　　　73EJT4：166
居延守右□☑　　　　　　　　　　　　　　　　　　　73EJT4：167

☑□乃得☑　　　　　　　　　　　　　　　　73EJT4：169

☑卅二　☑　　　　　　　　　　　　　　　　73EJT4：170

☑　逎　☑　　　　　　　　　　　　　　　　73EJT4：172

☑吏一　☑　　　　　　　　　　　　　　　　73EJT4：173

☑充　　　　　　　　　　　　　　　　　　　73EJT4：174

☑　七月盡八月食七石　刀　　　　　　　　　73EJT4：175

【校釋】

　　曹方向（2011）認為「七石」之「七」為「十」，也可能是「七十」合文。今按，其說或是。該字作✝形，中間一豎似較長，確和「十」字形似。又下面部分豎筆處似還有筆畫，亦存合文的可能。不過均不能確知，暫從整理者釋。

☑卅出錢　　　　　　　　　　　　　　　　　73EJT4：176

☑出入金關☑　　　　　　　　　　　　　　　73EJT4：177

☑䠡得成漢〔1〕里公乘馬奉親〔2〕□☑　　73EJT4：183

【集注】

〔1〕成漢：里名，屬䠡得縣。

〔2〕馬奉親：人名。

☑成，年卅四□七尺二寸，黑色　☑　　　　73EJT4：185

長史□☑　　　　　　　　　　　　　　　　　73EJT4：188

鬭都〔1〕亭長安世〔2〕，弓櫝丸直二百卅，案直☑　　73EJT4：189

【校釋】

「鬭」原作「關」，據字形及文義改。

【集注】

〔1〕鬭都：亭名。

〔2〕安世：人名，為鬭都亭長。

☑　出……☑

☑　出三百卅五小麥☑　　　　　　　　　　　73EJT4：190

□□令居〔1〕義陽〔2〕里姚翁忠〔3〕，年卌五，黑色□　　　73EJT4：191A

……□　　　73EJT4：191B

【集注】

〔1〕令居：漢金城郡屬縣。《漢書・地理志下》：「令居，澗水出西北塞外，至縣西
　　南，入鄭伯津。莽曰罕虜。」

〔2〕義陽：里名，屬令居縣。

〔3〕姚翁忠：人名。

戍卒梁國睢陽□□里上造……□　　　73EJT4：194

雒陽□（削衣）　　　73EJT4：202

□　□　□

□□新成邑〔1〕右尉□□（削衣）　　　73EJT4：208

【集注】

〔1〕新成邑：鄭威（2015，230頁）：考《漢志》南陽郡無新成縣，此新成侯國當旋
　　立旋廢，簡文之新成邑應與之無涉。另有簡文曰「河南郡新成當利里乾充字子
　　游」（敦煌漢簡1296A）。依此，新成邑應屬河南郡，地在今河南伊川縣平等鄉
　　北古城村。

　　　今按，說是。新成邑屬河南郡。《漢書・地理志》河南郡有新成縣。

□□里張□□　　（削衣）　　　73EJT4：210

肩水金關 T5

王多△　　□　　　73EJT5：1

■右第六車　十人　　□　　　73EJT5：2

●元康三年六月己卯〔1〕轉車入關名籍　　□　　　73EJT5：3

【集注】

〔1〕元康三年六月己卯：元康為漢宣帝劉詢年號。據徐錫祺（1997，1557頁），元
　　康三年六月壬戌朔，十八日己卯，為公曆公元前63年8月2日。

☑月食　　　　　　　　　　　　　　　　　　　　　73EJT5：4

□取錢　三人　受穀小斛三　　☑　　　　　　　　　73EJT5：6A
□　　☑　　　　　　　　　　　　　　　　　　　　73EJT5：6B

【校釋】

　　B面未釋字李洪財（2012）釋「元」，姚磊（2017E4）認為可能是「完」字。今按，該字圖版作 ☒ 形，上部似作「一」形，當非「元」字，下部又似「疋」形草寫，恐亦非「完」字，暫從整理者釋。

客子左馮翊徐甬☑　　　　　　　　　　　　　　　　73EJT5：9

千奉〔1〕里徐樂〔2〕　　☑　　　　　　　　　　　73EJT5：10

【集注】

　〔1〕千奉：里名。
　〔2〕徐樂：人名。

戍卒鉅鹿郡南䜌朝歌〔1〕里徐樂〔2〕，年☑　　　　73EJT5：11

【集注】

　〔1〕朝歌：里名，屬南䜌縣。
　〔2〕徐樂：人名，為戍卒。

☑　畱車二百廿八兩　　☑
☑　鄉三里卅三　　☑
☑　……　　☑　　　　　　　　　　　　　　　　73EJT5：12

戍卒梁國睢陽華里〔1〕士五袁豹〔2〕，年廿四　　☑　73EJT5：14

【校釋】

　　「梁」原作「梁」，何茂活（2014D）、（2016C），黃艷萍（2016B，122 頁）、（2018，135 頁）釋。

【集注】

　〔1〕華里：里名，屬睢陽縣。
　〔2〕袁豹：人名，為戍卒。

戍卒鉅鹿郡南䜌右陽〔1〕里不更☒　　　　　　　　73EJT5：15

【集注】

〔1〕右陽：里名，屬南䜌縣。

☒大女貴　　☒　　　　　　　　　　　　　　　　73EJT5：17

戍卒魏郡鄴呂廣〔1〕里士伍馮長卿〔2〕，年☒　　　　73EJT5：18

【校釋】

　　「廣」字晏昌貴（2012，252頁）從張俊民釋文電子本改釋作「產」。今按，原釋不誤，當為「廣」。

【集注】

〔1〕呂廣：里名，屬鄴縣。

〔2〕馮長卿：人名，為戍卒。

田卒東郡〔1〕東阿〔2〕增野〔3〕里官大夫騶明〔4〕，年☒　　73EJT5：19

【集注】

〔1〕東郡：《漢書·地理志上》：「東郡，秦置。莽曰治亭。屬兗州。」

〔2〕東阿：東郡屬縣。《漢書·地理志上》：「東阿，都尉治。」顏師古注引應劭曰：
　　　「衛邑也。有西故稱東。」

〔3〕增野：里名，屬東阿縣。

〔4〕騶明：人名，為田卒。

☒十月甲子　　☒　　　　　　　　　　　　　　　　73EJT5：21
☒□□□　　☒
☒麴二斗　　☒
☒肉十斤□　　☒　　　　　　　　　　　　　　　　73EJT5：24
☒□乘馬七☒　　　　　　　　　　　　　　　　　　73EJT5：25

☒白練襦〔1〕布布單衣、白布絝，劍一、弓一、矢廿☒　　73EJT5：26

【集注】

〔1〕白練襦：「襦」為短衣，短襖。《說文·衣部》：「襦，短衣也。」段玉裁《注》：

「襦者，若今襖之短者。」「練」指白色的熟絹。則白練襦為白色熟絹製作的
短衣。

從者居延安樂〔1〕里大夫曹成〔2〕，年☒　　　　　　　　73EJT5：27

【集注】

〔1〕安樂：里名，屬居延縣。

〔2〕曹成：人名，為從者。

戍卒鉅鹿南䜌杏里〔1〕沈聞〔2〕　　☒　　　　　　　73EJT5：34

【集注】

〔1〕杏里：里名，屬南䜌縣。

〔2〕沈聞：人名，為戍卒。

☒里大夫周方〔1〕，年卅三、長七尺二寸、黑色　　☒　　73EJT5：35

【集注】

〔1〕周方：人名。

戍卒淮陽郡譙胡里〔1〕上造喬相〔2〕，年廿六　庸同縣童光〔3〕里☒
　　　　　　　　　　　　　　　　　　　　　　　　　73EJT5：36

【集注】

〔1〕胡里：里名，屬譙縣。

〔2〕喬相：人名，為戍卒。

〔3〕童光：里名，屬譙縣。

☒弓一、矢五十、劍一　　　　　　　　　　　　　　73EJT5：38

戍卒梁國杼秋〔1〕東平〔2〕里士五丁延〔3〕，年卅四　庸同縣敬上〔4〕里大夫朱
定☒☒　　　　　　　　　　　　　　　　　　　　　73EJT5：39

【校釋】

「梁」原作「梁」，何茂活（2014D）、（2016C），黃艷萍（2016B，122 頁）、
（2018，135 頁）釋。

【集注】

〔1〕柘秋：漢梁國屬縣。《漢書・地理志下》：「柘秋，莽曰予秋。」

〔2〕東平：里名，屬柘秋縣。

〔3〕丁延：人名，為戍卒

〔4〕敬上：里名，屬柘秋縣。

☑乘馬二匹　　　　　　　　　　　　　　　　　　　73EJT5：41

☑□牛車一兩，給事令史勝之〔1〕占☑　　　　　　73EJT5：42

【集注】

〔1〕勝之：人名，為給事令史。

☑始里馮田〔1〕，年廿☑　　　　　　　　　　　　73EJT5：43

【集注】

〔1〕馮田：人名

・右□轉穀百九十三石二斗☑　　　　　　　　　　73EJT5：45

【校釋】

　　未釋字劉倩倩（2015B，78頁）釋作「將」。今按，該字圖版作 形，似非「將」字，暫從整理者釋。

☑里趙萬〔1〕　　☑　　　　　　　　　　　　　　73EJT5：46

【集注】

〔1〕趙萬：人名

☑不更蔡已〔1〕，年廿四　　☑　　　　　　　　　73EJT5：47

【集注】

〔1〕蔡已：人名

戍卒鉅鹿郡南䜌蔽里〔1〕張定〔2〕，年廿三　☒　　　　73EJT5：51

【集注】

〔1〕蔽里：里名，屬南䜌縣。

〔2〕張定：人名，為戍卒。

延壽〔1〕里大女許弟卿〔2〕，年卅一　黑色　十月丁酉出　　73EJT5：52

【集注】

〔1〕延壽：里名。

〔2〕許弟卿：人名

戍卒鉅鹿郡南䜌樟里〔1〕雍橋〔2〕，年卅一　丿　　　　73EJT5：53

【集注】

〔1〕樟里：里名，屬南䜌縣。

〔2〕雍橋：人名，為戍卒。

田卒魏郡鄴遇里〔1〕周遂〔2〕，年廿三　丿　☒　　73EJT5：54

【校釋】

「丿」原缺釋，姚磊（2018A1）、（2018E，208 頁）補釋。

【集注】

〔1〕遇里：里名，屬鄴縣。

〔2〕周遂：人名，為田卒。

掾櫟得好仁〔1〕里公乘李利〔2〕，年廿八，長七尺二寸，黑色　73EJT5：55A

□□□□　　　　　　　　　　　　　　　　　　　　73EJT5：55B

【校釋】

第二行末兩字何茂活（2014C）、（2016A）補「丁弘」。今按，補釋或可從，但該行文字多隨意塗寫，不能確知，當從整理者釋。

【集注】

〔1〕好仁：里名，屬櫟得縣。

〔2〕李利：人名，為掾。

今餘河內第十六輩絲絮六十二斤四兩，直四千廿錢八分，率[1]斤六十四錢五
分什分七百分八　　　　　　　　　　　　　　　　　　　　73EJT5：60

【集注】

〔1〕率：漢簡中常用作「平均」義。

大車一兩

大元郡[1]中都縣[2]陰角[3]里陶史[4]

黃犗牛一　　　　　　73EJT5：61

【集注】

〔1〕大元郡：周振鶴（2017，79頁）：《漢志》太原郡領二十一縣。還代八王子侯
　　國及中陽、平周二縣於太原，則元朔三年以前之太原郡當領有三十一縣，恰與
　　漢初封韓王信時相符。太原郡二百年的變化只在西境，漢初其西境至河，北、
　　東、南界則循《漢志》所載。

　　　　黃浩波（2011C）：即太原郡。中都縣前後漢皆為其屬縣。

　　　　邢義田（2012，185頁）：《漢書・地理志》太原郡有中都縣，可知此「大
　　元」即「太原」無疑。

　　　　今按，諸說是。大元郡即太原郡。《漢書・地理志上》：「太原郡，秦置。
　　有鹽官，在晉陽。屬并州。」

〔2〕中都縣：太原郡屬縣。

〔3〕陰角：里名，屬中都縣。

〔4〕陶史：人名。

黑牭[1]二　　　　　　　　　　　　　　　　　　　　　　73EJT5：62

【校釋】

　　「牭」原作「牷」，伊強（2014C）釋。

【集注】

〔1〕牭：伊強（2014C）：當讀為「犉」。《說文・牛部》：「犉，黃牛黑唇也。从牛，
　　臺聲。」

　　　　今按，其說或是。「牭」當通「犉」，為黃毛黑唇的牛。

·右第十一車　　　　　　　　　　　　　　　　　　　73EJT5：63

隧長轉關嗇夫持馬四匹、畜牛〔1〕八、用牛一、輻車一乘、牛車一兩、歸養〔2〕
　　　　　　　　　　　　　　　　　　　　　　　　　73EJT5：64

【集注】

〔1〕畜牛：韓華（2019A，94頁）：其功用就是作為耕作的專用牛，因而稱為「畜
牛」。

　　　今按，說或是。

〔2〕歸養：劉倩倩（2015B，79頁）：歸家贍養，應指兵役結束。

　　　今按，其說當是。歸養即歸家侍養雙親。《後漢書‧何敞傳》：「是以郡中
無怨聲，百姓化其恩禮。其出居者，皆歸養其父母，追行喪服，推財想讓者二
百許人。」

　　　　　　　　　官布復袍一領　　犬絑〔3〕一兩〔4〕　　枲履〔5〕一兩
☑□陵邑富里〔1〕張護〔2〕　　　　　　　　　　　　　　　　　丩
　　　　　　　　　皁布單衣一領　皁布單衣一領　　　73EJT5：65

【校釋】

　　　第一行「絑」字原作「絑」，其當從「末」，據改。

【集注】

〔1〕富里：里名。

〔2〕張護：人名。

〔3〕犬絑：羅振玉、王國維（1993，182頁）：絑與韤同，《淮南子‧說林訓》：「均
之縞也，一端以為冠，一端以為絑。冠則戴致之，絑則躡履。」《續漢書‧禮
儀志》「絳綺絑」，韤皆作「絑」。《釋名》：「襪，末也，在腳末也。」二兩者，
二雙，古人履與韤皆以兩計也。

　　　勞榦（1960，64頁）：絑有稱為犬絑者，不知何意。或是犬皮所作之絑，
塞上苦寒，得此用以保煖，今西北尚有人用「狗皮韤子」或亦與此同類之物也。

　　　陳直（2009，88）：犬絑，余據敦煌簡考為即狗布絑，當為地方特產性之
布匹。

　　　中國簡牘集成編輯委員會（2001I，113頁）：絑即襪，犬絑即用犬皮所作
的襪子。

今按，諸說多是。「絑」同「襪」，即襪子。《後漢書·輿服志下》：「五郊，衣幘絝絑各如其色。」犬襪或當指狗皮襪子。狗布不知為何布，陳直說恐非。

〔4〕一兩：中國簡牘集成編輯委員會（2001F，116頁）：兩，漢代稱一副為兩，如鞋襪，均左右為一副，故稱一兩。

今按，說是。一兩即一雙。

〔5〕枲履：枲為麻，履為鞋。《說文·履部》：「履，足所依也。」則枲履為麻鞋。

右扶風〔1〕虢〔2〕材官〔3〕臨曲〔4〕里王弘〔5〕　□□□十□□（竹簡）

73EJT5：66

【集注】

〔1〕右扶風：漢政區名，為三輔之一。《漢書·地理志上》：「右扶風，故秦內史，高帝元年屬雍國，二年更為中地郡。九年罷，復為內史。武帝建元六年分為右內史，太初元年更名主爵都尉為右扶風。」

〔2〕虢：右扶風屬縣。《漢書·地理志上》：「虢，有黃帝子、周文武祠。虢宮，秦宣太后起也。」

〔3〕材官：勞榦（1987A，29頁）：漢代材官所選，也以發矢張弩為準。《鼂錯傳》，「材官騶發，矢道同的，則匈奴之革笥木薦勿能支也。」《申屠嘉傳》，「梁人也，以材官蹶張從高帝擊項籍，遷為隊率。」注，「如淳曰，材官之多力，能腳踏彊弩張之，故曰蹶張，律有蹶張士。」所以材官和騎士的區別是騎士是騎兵，材官是步兵。騎士所重的是騎術，材官所重的是多力能開彊弩。

邁克爾·魯惟一（2005，90頁）：《漢書》及其他文獻中使用的「材官」一詞指受過訓練的士卒，他們擔任漢朝軍隊中正規和經常的角色，也就是步兵。

高村武幸（2006，462頁）：材官、騎士在身份上也屬於「半官半民」，在財產方面可能也要經過一定的選拔，他們和普通的兵士不同，比起普通庶民他們被任用為正規官吏的機會更多。換言之，眾多的材官、騎士和有資格任官吏層可能是重疊的。這一優惠應該是對材官、騎士軍事負擔的補償。

邢義田（2012，185頁）：這是在居延和敦煌簡中第一次見到材官。過去在青海大通上孫家寨115號漢墓中曾出土和軍事有關的木簡近四百枚，其中有簡提到材官，可見文獻中的材官，確有其事。近年新出里耶秦簡中有材官，山東銀雀山西漢初墓出土可能為戰國著作的《守法守令篇》中也見材官，可見

材官之名自戰國秦、齊已有。東漢印章中有「材官將軍章」材官之制延續既廣且久，而西漢中至東漢中期邊地簡牘文書中不多見，原因何在，待考。

今按，諸說是。材官即步兵。《漢書‧高帝紀下》：「上乃發上郡、北地、隴西車騎，巴蜀材官及中尉卒三萬人為皇太子衛，軍霸上。」顏師古注引應劭曰：「材官，有材力者。」注引張晏曰：「材官、騎士習射御騎馳戰陳，常以八月，太守、都尉、令、長、丞會都試，課殿最。水處則習船，邊郡將萬騎行障塞。光武時省。」

〔4〕臨曲：里名，屬虢縣。

〔5〕王弘：人名，為材官。

樊〔1〕南平〔2〕里翟安知〔3〕，力里孔

陌里皇　　　　　　　　　　　　　　　　　　　73EJT5：69

【集注】

〔1〕樊：于豪亮（1981A，104 頁）：按《漢書‧地理志》山陽郡下無樊縣，樊縣屬東平國。根據居延漢簡，樊縣曾屬昌邑國。

黃浩波（2011C）：《郡國縣邑鄉里表》據《地理志》將其劃歸東平國。然《居延漢簡釋文合校》有一簡曰：昌邑國樊郭東里□。昌邑國，置於武帝天漢四年，昭帝元平元年除為山陽郡。由此可知，樊在武昭時期屬昌邑國，昌邑國除時歸大河郡或大河郡置為東平國時歸東平國。

今按，諸說多是。樊縣《漢書‧地理志》屬東平國。據居延漢簡則其曾屬昌邑國。

〔2〕南平：里名，屬樊縣。

〔3〕翟安知：當為人名。

□□親　軺車一乘、用馬二匹　以十二月壬申復傳□　　73EJT5：79

□□　軺車一乘、馬一匹　□　　　　　　　　　　　　73EJT5：80

□□一刀……　□□二兩刀　□

□單衣一領刀　枲履二兩刀　□　　　　　　　　　　　73EJT5：85

□□南必里大夫□□　　　　　　　　　　　　　　　　73EJT5：86

□六　九　五　十

□□　□　十　七　　　　　　　　　　　　　　　　　73EJT5：87

長壽里□　　　　　　　　　　　　　　　　　　　　　73EJT5：88

☑劍刀各一 　　　　　　　　　　　　　　　　　　　73EJT5：90

☑　牛車一兩　☑ 　　　　　　　　　　　　　　　　73EJT5：92

☑牛車一兩　五月己亥出　卩 　　　　　　　　　　　73EJT5：93

【校釋】

何茂活（2014D）、（2016C）指出該簡紅外圖版倒置，應垂直翻轉。今按，其說是。

責丁氏錢五十☑ 　　　　　　　　　　　　　　　　　73EJT5：98

【校釋】

「丁氏」原未釋，何茂活（2014C）、（2016A）釋。

☑□□奉□□☑ 　　　　　　　　　　　　　　　　　73EJT5：99
☑黃犗、齒十歲，劍一 　　　　　　　　　　　　　73EJT5：100
☑□□二千九百廿一☑ 　　　　　　　　　　　　　73EJT5：102
☑……五…… 　　　　　　　　　　　　　　　　73EJT5：103A
☑……石入卩 　　　　　　　　　　　　　　　　73EJT5：103B
所取昌錢小□計☑（削衣） 　　　　　　　　　　　73EJT5：107
☑……守望□☑（削衣） 　　　　　　　　　　　　73EJT5：110
☑石九斗五升☑（削衣） 　　　　　　　　　　　　73EJT5：111

出麥五石四斗，以食監常樂〔1〕等三人三月食（削衣）　　73EJT5：113

【集注】

〔1〕監常樂：人名。

肩水金關 T6

☑里公乘朱齊〔1〕，年卅六 　　　　　　　　　　73EJT6：15

【集注】

〔1〕朱齊：人名。

☑付廄御張□
□百五十束，付廄御張□

百五十束，付廄御張□

二百五十束，付廄御　　　　　　　　　　　　　　73EJT6：18A

付信外人□

付信外人□二

二百五十束，付□　　　　　　　　　　　　　　　73EJT6：18B

房房房房房

楊游房房（習字）　　　　　　　　　　　　　　　73EJT6：21

東郡博平〔1〕都鄉佐麥里〔2〕公乘李安世〔3〕，年廿四、長七尺四寸、黑☑（竹
簡）　　　　　　　　　　　　　　　　　　　　　73EJT6：28

【集注】

〔1〕博平：漢東郡屬縣。《漢書·地理志上》：「博平，莽曰加睦。」

〔2〕麥里：里名，屬博平縣。

〔3〕李安世：人名，為都鄉佐。

□十三　　以三月戊寅入　　　　　　　　　　　　73EJT6：29

☑　保同縣臨池〔1〕里大夫潘忠〔2〕，年廿三、長七尺二寸　入　73EJT6：31

【集注】

〔1〕臨池：里名。

〔2〕潘忠：人名。

皆五月甲申入　　　　　　　　　　　　　　　　　73EJT6：36

使從者為自輸穀賣肉百□□□直……

賣肚腸腎，直錢百卅六□□□□……

直七百六十，予□□□□□□□……

當得錢二千□□□□□□并直……

六月候長封藏官居延□□□□……　　　　　　　　73EJT6：43

【校釋】

　　第四行「并」黃艷萍（2016B，123頁）指出釋文作「並」，認為其當作「并」。
今按，說是，原紅外線圖版釋文即作「并」。

城官所負食馬過律程穀□□□□□（上）

居延都尉……

……十五石……

計曹□□□負□未償……石收得九千一百……得（下）　　　　　73EJT6：47

戍卒穎川郡長社邑重里〔1〕公乘成朔〔2〕，年廿八　𠂤（竹簡）　73EJT6：48

【校釋】

　　姚磊（2018D，361頁）將該簡和簡73EJT6：49編連為同一簡冊。今按，兩簡字體筆迹完全不同，或不能編連。

【集注】

〔1〕重里：里名，屬長社邑。

〔2〕成朔：人名，為戍卒。

新野〔1〕稷里〔2〕王常〔3〕，年廿一（竹簡）　　　　　73EJT6：49

【校釋】

　　「廿一」兩字姚磊（2017J4）、（2018E，198頁）認為當存疑不釋。今按，說或可從，「廿一」字迹磨滅，不可辨識。

　　又姚磊（2018D，361頁）將該簡和簡73EJT6：48編連為同一簡冊。今按，兩簡字體筆迹完全不同，或不能編連。

【集注】

〔1〕新野：據《漢書・地理志》，新野為南陽郡屬縣。

〔2〕稷里：里名，屬新野縣。

〔3〕王常：人名。

濼涫〔1〕文里〔2〕不更王更士〔3〕，年十九　　▨　　　　73EJT6：50

【集注】

〔1〕濼涫：漢酒泉郡屬縣。《漢書・地理志下》：「樂涫，莽曰樂亭。」

〔2〕文里：里名，屬樂涫縣。

〔3〕王更士：人名。

▨　葆妻鑠得　里孫嚴〔1〕，年十八　　　　　　　73EJT6：51

【集注】

〔1〕孫嚴：人名。

萬歲〔1〕里公乘藉忠〔2〕，年卅八　為姑臧尉徐嚴〔3〕葆，與嚴俱之官　正月
庚午入　Ｊ　　　　　　　　　　　　　　　　　　　73EJT6：52

【集注】

〔1〕萬歲：邢義田（2011B，91頁）：居延簡中，以「萬歲」為人名者僅一見，「居
延都尉萬歲」（276・6）……以萬歲為名的里，在漢代各地應相當的多。如
《漢書・武帝紀》元封元年，注引應劭曰：「嵩高縣有上中下萬歲里。」此
外，漢有「萬歲宮」（《漢書・宣帝紀》），「千秋萬歲殿」（《續漢書・五行志》），
「萬歲苑」（《後漢書・孝安帝紀》），「萬歲亭」（《後漢書・黃瓊傳》）。敦煌簡
中有「萬歲候」（T.XXVⅡ.13、TXXVⅡ.29），「萬歲部」（TXXVⅢ.38）。從
以上千秋、萬歲、益壽、延年取名的普遍，可以反映出漢人一般對現世的眷
戀和期望。

今按，說是。《急就篇》可見人名「鄧萬歲」，顏師古注曰：「萬歲，猶千
秋耳。」該簡萬歲為里名。

〔2〕藉忠：人名。

〔3〕徐嚴：人名，為姑臧尉。

□里王步舒〔1〕，年卅八歲，長七尺二寸，黑，正廣占〔2〕，牛車一兩，弩一、
矢五十、劍一。　　　　　　　　　　　　　　　　　　73EJT6：53

【校釋】

「正廣占」原作「劇食」，劉欣寧（2016）釋。其圖版分別肙、正形，結合文
義來看，應當為「正廣占」。

【集注】

〔1〕王步舒：人名。

〔2〕正廣占：劉欣寧（2016）：「正某人占」通常接續於年齡、身高、膚色之後，暗
示里正所占主為「年長物色」。

今按，其說當是。廣為里正名。

昭武強里〔1〕孟固〔2〕　一石九斗　　　　　　　　　　73EJT6：54

【集注】

〔1〕強里：里名，屬昭武縣。

〔2〕孟固：人名。

出粟二石　稟受降〔1〕隧長桓豐〔2〕七月食　☑　　　　　　　73EJT6：55

【校釋】

「稟」原作「廩」，黃艷萍（2016B，123頁）、（2018，135頁）釋。

【集注】

〔1〕受降：黃艷萍（2016A，119頁）：與卅井候官有同名隧。陳夢家據受降隧簡出
　　　土地點的差別確定其分別屬於「卅井候官」和「肩水候官」。《肩水金關漢簡》
　　　均出土於肩水金關遺址，這批簡中的受降隧應屬肩水候官。

　　　　　今按，其說當是。受降為隧名。

〔2〕桓豐：人名，為受降隧長。

出錢千八百　以給尉史萬定世〔1〕四月盡六月積三月☑　　　　73EJT6：56

【集注】

〔1〕萬定世：人名，為尉史。

出麥……以食吏　☑　　　　　　　　　　　　　　　　　　　73EJT6：57

·右□□十五人　　　　　　　　　　　　　　　　　　　　　73EJT6：58

牛一，黃勞〔1〕犗、齒十二歲、絜〔2〕九尺。其一牛，黑犗、齒八歲　車一兩　☑

　　　　　　　　　　　　　　　　　　　　　　　　　　　　73EJT6：59

【集注】

〔1〕黃勞：鄔文玲（2014，95頁）：當讀作「犖」，意指雜色牛……「黃勞」讀作
　　　「黃犖」，應指牛的顏色並非純黃，而是雜有其他顏色，大約以黃色為主，用
　　　今天的話來說就是「黃花牛」。

　　　　　今按，說是。《說文·牛部》：「犖，駁牛也。」

〔2〕絜：中國簡牘集成編輯委員會（2001F，107頁）：指牛身的腰圍。

　　　　　李大虹（2003，150～151頁）：絜，指牛的腰圍，《說文》段玉裁注「絜」：
　　　「引申之圍度曰絜。」

今按，諸說是。《莊子・人間世》：「匠石之齊，至於曲轅，見櫟社樹，其大蔽數千牛，絜之百圍。」

夷胡〔1〕隧載　高樂〔2〕里畢幸子〔3〕　辛卯盡己亥八日，四百八十束　☒

73EJT6：60

【集注】

〔1〕夷胡：隧名。

〔2〕高樂：里名。

〔3〕畢幸子：當為人名。

　　　　　　　　長利

登山〔1〕隧長司馬駿〔2〕見〔3〕

　　　　　　　　大刀幣（上）

單幣大削幣，德少廿石　卒文異眾〔4〕見（下）　　　73EJT6：63

【校釋】

　　第三行「大刀幣」原作「大刀□幣」，第二行「單幣」原作「單□」，馬智全（2012，108頁）釋。

【集注】

〔1〕登山：隧名。

〔2〕司馬駿：人名，為登山隧長。

〔3〕見：李均明、劉軍（1999，80頁）：見，指見存、見在。今按，說是。

〔4〕文異眾：人名，為戍卒。

出錢六百　就十二　賦臨澤〔1〕隧長王延壽〔2〕　自取　　　73EJT6：65

【集注】

〔1〕臨澤：黃艷萍（2016A，120）：屬肩水候官。今按，說是。臨澤為隧名。

〔2〕王延壽：人名，為臨澤隧長。

青　□□直冊，賀〔1〕取　　　　　　　　73EJT6：66A

趙子勢〔2〕卩　孫君仲〔3〕卩　　　　　　73EJT6：66B

【集注】

〔1〕賀：人名。

〔2〕趙子勢：人名。

〔3〕孫君仲：人名。

長賓遠虜事願　　　　　　　　　　　　73EJT6：68A

第一方券卅二廿券入　　　　　第十一方券卅五卅七券入

第二方券卅六・十二車卅四人　第十二方券卅五粟十券廿三券入

　　　　　　　　　　　　　　　　　　　73EJT6：68B

☑□□忠□繺得壽貴〔1〕里男子成奉〔2〕以繺得長致出　☑　73EJT6：83A

☑　關門　☑　　　　　　　　　　　　73EJT6：83B

【集注】

〔1〕壽貴：里名，屬繺得縣。

〔2〕成奉：人名。

☑第五十五車　　　　　　　　　　　　73EJT6：84

☑□陳聖〔1〕，年卅七歲　子大男上造惲〔2〕，年十七歲　73EJT6：85

【集注】

〔1〕陳聖：人名。

〔2〕惲：人名，為陳聖子。

出牛半，長八尺廣二寸，小半，長六尺　☑　73EJT6：86A

會十日足下善毋恙　……河東大守□□☑（二次書）　73EJT6：86B

☑付臨利〔1〕隊長任充〔2〕　　　　　　73EJT6：87

【集注】

〔1〕臨利：隧名。

〔2〕任充：人名，為臨利隧長。

戍卒穎川郡定陵〔1〕德里〔2〕公乘秦霸〔3〕，年五十　庸池里〔4〕公乘陳寬〔5〕，

年卅四　☑　　　　　　　　　　　　73EJT6：93

【校釋】

「德」原作「遮」，黃艷萍（2013）釋。

【集注】

〔1〕定陵：漢穎川郡屬縣。《漢書・地理志上》：「定陵，有東不羹。莽曰定城。」

〔2〕德里：里名，屬定陵縣。

〔3〕秦霸：人名。

〔4〕池里：里名，屬定陵縣。

〔5〕陳寬：人名。

巍郡巍右尉〔1〕公乘杜陵富成〔2〕里張贛〔3〕，年卅八，長八尺□☑

73EJT6：94

【校釋】

兩個「巍」原作「魏」，黃艷萍（2016B，128頁）、（2018，137頁）釋。

【集注】

〔1〕巍右尉：邢義田（2012，188頁）：《漢書・地理志》魏郡有魏縣，魏縣原注：「都尉治」。由此簡可知，魏郡都尉可能一度分左右尉。

今按，說或是。《漢書・地理志上》：「魏，都尉治。莽曰魏城亭。」但此簡右尉也可能是指縣尉。漢簡中縣尉分左右尉的情況習見。

〔2〕富成：里名，屬杜陵縣。

〔3〕張贛：人名，為魏右尉。

☑穰邑臨渴〔1〕里萬□　年廿七　☑

73EJT6：96

【集注】

〔1〕臨渴：里名，屬穰邑。

☑□侯歆〔1〕，年卅五，長七尺一寸　七月□☑

73EJT6：97

【集注】

〔1〕侯歆：人名。

☑里臧強〔1〕，年卅一　☑

73EJT6：98

【集注】

〔1〕臧強：人名。

☑彭沮，年卅、長七尺二寸、黑色，正☑☑　　　　　　　73EJT6：99

【校釋】

「色正」原作「刑乏」，姚磊（2019G3）釋。

戍卒魏郡內黃中☑里大夫郭去疾〔1〕，年☑　　　　　　73EJT6：100

【集注】

〔1〕郭去疾：人名，為戍卒。

☑☑長里公乘賈利〔1〕，年廿六、長七尺☑☑　　　　　73EJT6：101

【集注】

〔1〕賈利：人名。

☑里賈忠〔1〕，年十五、長五尺、黑色☑　　　　　　　73EJT6：102

【集注】

〔1〕賈忠：人名。

☑☑壽里大夫李成〔1〕，年卅☑　　　　　　　　　　　73EJT6：103

【集注】

〔1〕李成：人名。

☑湯，年卅　　☑　　　　　　　　　　　　　　　　　73EJT6：104

☑　　七月辛亥出　　　　　　　　　　　　　　　　　73EJT6：105

☑卒魏郡百人大守　封遣定陶☑☑　　　　　　　　　　73EJT6：106

☑最子男奉〔1〕牛車三兩，即日鋪時入☑　　　　　　73EJT6：107+156

【校釋】

姚磊（2017E3）綴。

【集注】

〔1〕奉：人名。

☑韓安四月食　☑　　　　　　　　　　　　　73EJT6：112

【校釋】

「韓」原釋作「䅊」，姚磊（2017G4）指出此字現多直接釋作「韓」。其說可從，據以改釋。

凡為吏十二歲十月廿一日　☑　　　　　　　　73EJT6：116
☑匹，騮白牡、齒八歲　☑　　　　　　　　　73EJT6：117
☑莊賜之　☑　　　　　　　　　　　　　　　73EJT6：120
☑出平強易二角　　　　　　　　　　　　　　73EJT6：121

肩水候官完軍〔1〕隧☑　　　　　　　　　　　73EJT6：122

【集注】

〔1〕完軍：隧名。

☑□三□一　☑　　　　　　　　　　　　　　73EJT6：123

【校釋】

該簡姚磊（2017F1）釋作「隧王□」。今按，釋或可從，但簡文漫漶不清，暫從整理者釋。

橐他守候肩水城尉敦煌〔1〕常安〔2〕里公☑　　73EJT6：124

【集注】

〔1〕敦煌：敦煌郡屬縣，郡治所在。《漢書・地理志下》：「敦煌，中部都尉治步廣候官。杜林以為古瓜州地，生美瓜。莽曰敦德。」

〔2〕常安：里名，屬敦煌縣。

☑得不即不☑　　　　　　　　　　　　　　　73EJT6：125

【校釋】

簡末「不」字原未釋，何茂活（2014C）、（2016A）釋。

延延延延延延☑（習字）　　　　　　　　　　73EJT6：126

　　　　陽朔元年☑
☑史譚〔1〕
　　　　　送囚觻得☑　　　　　　　　　　　　　73EJT6：127

【集注】

〔1〕譚：人名。

止姦〔1〕隧長居延卅井〔2〕里☑　　　　　　　73EJT6：130

【集注】

〔1〕止姦：隧名。

〔2〕卅井：里名，屬居延縣。

□□□□□觻得宜春〔1〕里□子□所責錢千☑　73EJT6：136

【集注】

〔1〕宜春：里名，屬觻得縣。

祿福□王里周彭〔1〕，年卌　　☑　　　　　73EJT6：137

【集注】

〔1〕周彭：人名。

濟陰郡葭密上明〔1〕里公乘李赦之〔2〕□☑　　73EJT6：138

【集注】

〔1〕上明：里名，屬葭密縣。

〔2〕李赦之：人名。

壬申卒四人　二人　　☑　　　　　　　　　73EJT6：139

昭武平都〔1〕里王光〔2〕，年廿五，長七尺☑　73EJT6：141

【集注】

〔1〕平都：里名，屬昭武縣。

〔2〕王光：人名。

☑邑昌里〔1〕公乘□未央，年卅☑　　　　　　　　73EJT6：142

【集注】

〔1〕昌里：里名。

☑□負八百算　　☑
☑率所負百卅算，奇二算　　☑　　　　　　　　　73EJT6：143
☑　　□月庚寅入□☑　　　　　　　　　　　　　73EJT6：144

☑肩水候官受降〔1〕隧長氏池安樂〔2〕里公乘解定國〔3〕，年廿六　病　　☑
　　　　　　　　　　　　　　　　　　　　　　73EJT6：146

【校釋】

「降」原作「侯」，黃艷萍（2016A）、姚磊（2017C6）釋。

【集注】

〔1〕受降：隧名。

〔2〕安樂：里名，屬氏池縣。

〔3〕解定國：人名，為受降隧長。

☑……□六十八斛六斗　　☑　　　　　　　　　　73EJT6：147
☑　　以閏月甲申入　卩　　　　　　　　　　　73EJT6：148

☑□卒楊延壽〔1〕三月食　自取　　☑　　　　　73EJT6：149

【集注】

〔1〕楊延壽：人名。

戍卒魏郡繫陽靈里〔1〕公乘任眾〔2〕，年卅二　☑　　73EJT6：150

【校釋】

「繫」原作「繁」，任達（2014，95頁），趙爾陽（2016C），黃艷萍（2016B，129頁）、（2018，137頁）釋。

【集注】

〔1〕靈里：里名，屬繫陽縣。

〔2〕任眾：人名，為戍卒。

☑卅斤直　☑

☑□人四百□□□千六百卅二　三千　☑　　　　　　　　　73EJT6：152

・凡吏十□人見食☑　　　　　　　　　　　　　　　　　　73EJT6：153

☑　出錢二百酒二石　　出錢……　　出……

☑　出錢□□肉十斤　　出錢……　　出二……

☑　出……　　　　　　　出錢……　　出十三……　　　73EJT6：154A

☑　……　　　　　　　　　　　　　　　　　　　　　　73EJT6：154B

安□□□☑　　　　　　　　　　　　　　　　　　　　　　73EJT6：155

☑　□六十五☑　　　　　　　　　　　　　　　　　　　　73EJT6：157A

☑□□□束☑　　　　　　　　　　　　　　　　　　　　　73EJT6：157B

【校釋】

　　　　B 面何茂活（2014C）、（2016A）釋作「□脯十六束□」。今按，補釋或可從，但簡文似有塗抹痕迹，不能確知，暫從整理者釋。

☑□□☑　　　　　　　　　　　　　　　　　　　　　　　73EJT6：158

☑・凡四百☑　　　　　　　　　　　　　　　　　　　　　73EJT6：159A

☑□☑　　　　　　　　　　　　　　　　　　　　　　　　73EJT6：159B

□持之□□　錢四百□☑

九百六十□　□□□□☑　　　　　　　　　　　　　　　　73EJT6：161

☑□人氐池富昌〔1〕里簪裹張建〔2〕，年卅二、長七尺三寸☑（削衣）

　　　　　　　　　　　　　　　　　　　　　　　　　　　73EJT6：167

【集注】

〔1〕富里：里名，屬氐池縣。

〔2〕張建：人名。

☑假千人常生士六十人　一人士吏☑

☑　見射☑（削衣）　　　　　　　　　　　　　　　　　　73EJT6：168

☑□□　　　□□　　☑

☑錐一卩　糴粟七斗　　☑

☑□一卩　☑（削衣）　　　　　　　　　　　　　　　　　73EJT6：171

出錢百卅八□☑

出錢百卅見□☑（削衣）　　　　　　　　　　　　　73EJT6：181

☑□種三斗□□☑

☑□麥二石☑（削衣）　　　　　　　　　　　　　73EJT6：182

【校釋】

　　以上兩簡尉侯凱（2016C）綴合為一簡。今按，兩簡形制、字體筆迹似較一致，但茬口處不能密合，當不能直接拼合。

☑破胡〔1〕里公乘☑（削衣）　　　　　　　　　　73EJT6：184

【集注】

〔1〕破胡：里名。

☑　二百六十米二石　☑

☑　二百□□入酒ノ　☑（削衣）　　　　　　　　73EJT6：186

受五月餘破傷車　☑（削衣）　　　　　　　　　　73EJT6：188

□□上□☑（削衣）　　　　　　　　　　　　　　73EJT6：194

☑十月己卯行□　☑　　　　　　　　　　　　　　73EJT6：198

肩水金關 T7

治渠卒河東皮氏還利〔1〕里公乘□□□，年卅，長七尺四寸　ノ（竹簡）

　　　　　　　　　　　　　　　　　　　　　　　　73EJT7：2

【集注】

〔1〕還利：里名，屬皮氏縣。

陷陣〔1〕隧長屋蘭莫當〔2〕里孔戊〔3〕　　　　　　73EJT7：4

【集注】

〔1〕陷陣：隧名。

〔2〕莫當：里名，屬屋蘭縣。

〔3〕孔戊：人名，為隧長。

橐佗博望〔1〕隧長解憂〔2〕　弟大男觻得壽光〔3〕里孫青〔4〕，劍一

73EJT7：5

【校釋】

　　「弟」黃艷萍（2016B，123 頁）、（2018，136 頁）作「第」。今按，該字作形，據字形當為「第」。但漢簡中「第」「弟」的使用常存在混同的情況，暫從整理者釋。

【集注】

〔1〕博望：黃艷萍（2016A，120 頁）：「甲渠候官」有同名燧……「橐他候官」「廣地候官」皆有「博望燧」。陳夢家據《第十表》中的同名燧總結「同都尉不能有同隧名之例」。由此看來，這個說法值得商榷。「廣地候官」「橐他候官」同屬肩水都尉，故同都尉的不同候官有可能有同名燧，但同候官不能有同燧名。　　今按，其說是。博望為隧名。

〔2〕解憂：人名，為博望隧長。

〔3〕壽光：里名，屬觻得縣。

〔4〕孫青：人名。

廣利〔1〕隧戍卒梁國己氏陽垣〔2〕里公乘閻誼〔3〕，年卅三　省府，九月乙丑出

73EJT7：6

【集注】

〔1〕廣利：隧名。

〔2〕陽垣：里名，屬己氏縣。

〔3〕閻誼：人名，為戍卒。

戍卒淮陽郡傿〔1〕北張〔2〕里陳福〔3〕　☑　　　　73EJT7：7

【集注】

〔1〕傿：《漢書・地理志》屬陳留郡。《漢書・地理志上》：「傿，莽曰順通。」顏師古注引應劭曰：「鄭伯克段于鄢是也。」據此簡則傿縣曾屬淮陽郡。

〔2〕北張：里名，屬傿縣。

〔3〕陳福：人名，為戍卒。

居延廚佐中宿〔1〕里徐讓〔2〕　☑　　　　　73EJT7：8

【集注】

〔1〕中宿：里名。

〔2〕徐讓：人名，為居延廚佐。

魏郡武始〔1〕野氏〔2〕亭長廚人〔3〕里大夫朱武〔4〕，年卅、長七尺三寸　　出皆
五月□☑　　　　　　　　　　　　　　　　　　　　　　73EJT7：9

【集注】

〔1〕武始：漢魏郡屬縣。

〔2〕野氏：亭名，屬武始縣。

〔3〕廚人：里名。

〔4〕朱武：人名，為亭長。

戍卒趙國邯鄲臺郵〔1〕里公乘侯賜〔2〕，年卅七　　府　　　　73EJT7：38+10

【校釋】

尉侯凱（2016C）、（2017B，350 頁）綴。

【集注】

〔1〕臺郵：里名，屬邯鄲縣。

〔2〕侯賜：人名，為戍卒。

治渠卒河東安邑賈里〔1〕公乘王忠〔2〕，年廿六　　丿　　　　73EJT7：33+11

【校釋】

姚磊（2017A3）綴。「治」作「河」，馬智全（2012，108 頁）、黃艷萍（2016B，
129 頁）釋。

【集注】

〔1〕賈里：里名，屬安邑。

〔2〕王忠：人名，為治渠卒。

☑戍卒□□□□大里大夫宋仲，年卅九　　☑　　　　　73EJT7：12
☑□月乙丑食府耿掾行塞一食□□積□□四升北　　丿　　73EJT7：14

戶一

嬰蠡洛男子蘇縱〔1〕　　　種六石自取卩

　　　　　　　口三　　　　　　　　　　　　　　　73EJT7：16

【集注】

〔1〕蘇縱：人名。

☒　用牛一，黃犗犗、齒七歲一　疾在後　十一月乙丑入　　73EJT7：17

【校釋】

　　「一」何茂活（2014D）、（2016C）釋作「出」字。今按，該字圖版作乚形，似可釋作「出」，但又和「出」字不同，暫從整理者釋。

靳干〔1〕二　完　☒　　　　　　　　　　　　　　　　73EJT7：18

【集注】

〔1〕靳干：羅振玉、王國維（2013，184頁）：薪干，即旃干也。「薪」字，即「薪」字之變……若「薪」、若「靳」，則又「薪」之變。後漢弘農墓磚，「江夏鄿春」之「鄿」正作「𩵋」，此其證也。以其聲言之，則「旃」「靳」二字，皆以「斤」為聲。《詩·小雅》旃與晨、煇為韻，《魯頌》旃與芹為韻，《左傳》旃與晨、辰、振、賁、焞、軍、奔為韻。旃讀若靬，故得假靬為旃也。

　　　　今按，說是。「靳」通「旃」，靳干即旗杆。參簡73EJT1：99「靳幡」集注。

☒出錢二百四册，買練一丈　出錢廿四，買二□□　出錢五十四，繩四百五十枚卩

☒出錢六百，買尊布一匹　出錢册四，買車鈎〔1〕一具，鍵〔2〕卅枚卩　出錢百六十九，緣六尺半卩　　　　　　　　　　　73EJT7：19

【集注】

〔1〕車鈎：當指連接車廂和車軸的零件，鈎即鉤。《釋名·釋車》：「鉤心，從輿心下鈎軸也。」

〔2〕鍵：為車軸兩端之轄鍵。《說文·金部》：「鍵，鉉也。一曰車轄。」徐灝《說文解字注箋》：「鍵者，門關之牡也。蓋以木橫持門戶，而納鍵於孔中，然後以管籥固之，管籥即今之鎖也。車軸耑鍵與此相類，故亦謂之鍵矣。」

卒黃宗〔1〕ㄒ通望〔2〕隊卒呂庇〔3〕ㄒ　受延〔4〕隊卒周畢〔5〕ㄒ　　萬年〔6〕

隊卒周章〔7〕

卒任如〔8〕ㄒ破適〔9〕隊卒董輔〔10〕ㄒ　累下〔11〕隊卒桓調〔12〕ㄒ　右五人

廥地

隊卒樊抵〔13〕ㄒ右囊佗五人　　　　　　滅虜〔14〕隊卒張湯〔15〕ㄒ

　　　　　　　　　　　　　　　　　　次累〔16〕隊周竟〔17〕ㄒ

　　　　　　　　　　　　　　　　73EJT7：24+72EJC：155A

守令史宣〔18〕　　　　　　　　　　　　　72EJC：155B

【校釋】

　　林宏明（2016B）綴。第三行「如」原作「奴」，何茂活（2014D）、（2016C）釋。又第五行首字「隊」原缺釋，何茂活（2014D）、（2016C），姚磊（2017D2）補釋。

【集注】

〔1〕黃宗：人名，為戍卒。

〔2〕通望：黃艷萍（2016A，120頁）：屬囊他候官。今按，其說當是。通望為隧名。

〔3〕呂庇：人名，為戍卒。

〔4〕受延：隧名。

〔5〕周畢：人名，為戍卒。

〔6〕萬年：隧名。

〔7〕周章：人名，為戍卒。

〔8〕任如：人名，為戍卒。

〔9〕破適：何茂活（2017C，134頁）：破適，即攻破敵軍。今按，其說是。破適為
　　　隧名。

〔10〕董輔：人名，為戍卒。

〔11〕累下：隧名。

〔12〕桓調：人名，為戍卒。

〔13〕樊抵：人名，為戍卒。

〔14〕滅虜：隧名。

〔15〕張湯：人名，為戍卒。

〔16〕次累：隧名。

〔17〕周竟：人名，為戍卒。

〔18〕宣：人名，為守令史。

・橐他候官竟寧元年五月戍卒　　☑　　　　　　　73EJT7：31

治渠卒河東安邑賈里〔1〕公乘王☑　　　　　　73EJT7：33

【校釋】

「治」原作「河」，孫聞博（2015）、馬智全（2015A）釋。

【集注】

〔1〕賈里：里名，屬安邑。

☑□二年十一月癸巳，東部候☑　　　　　　　73EJT7：34

【校釋】

簡首未釋字胡永鵬（2016A，370頁）補釋作「平」，並且認為該簡年代為建平二年。今按，說或是，但所釋「平」字殘損磨滅，不能確知，暫從整理者釋。

入案〔1〕二、大杯五、小杯十、小于一　九月丙午□☑　　73EJT7：35

【集注】

〔1〕案：莊小霞（2017，74頁）：案與杯、于（盂）等飲食器物並舉，這裏的案無疑也應是食案。

今按，其說當是。《史記‧田叔列傳》：「趙王張敖自持案進食，禮甚恭。」

輜車一乘☑

居延守右尉龍義〔1〕字君都

馬一匹，騩牡☑　　　　　73EJT7：36

【集注】

〔1〕龍義：人名，為居延守右尉。

觻得安邑〔1〕里男子王博〔2〕　　☑　　　　　73EJT7：37

【集注】

〔1〕安邑：里名，屬觻得縣。

〔2〕王博：人名。

就家氏池承明〔1〕里趙子平〔2〕，年☑　　　　73EJT7：39

【集注】

〔1〕承明：里名，屬氐池縣。

〔2〕趙子平：人名。

就家觻得承明〔1〕里崔親〔2〕　　☑　　　　　　　73EJT7：40

【集注】

〔1〕承明：里名，屬觻得縣。

〔2〕崔親：人名。

治渠卒河東解〔1〕監里〔2〕傅年〔3〕，年廿六　□□□　　73EJT7：41

【校釋】

「治」原作「河」，馬智全（2012，108 頁）、（2015B），黃艷萍（2016B，129頁）釋。又「監」字黃浩波（2018A，115 頁）釋作「臨」。今按，該字作**監**形，寫法上更近於「監」，暫從整理者釋。

【集注】

〔1〕解：河東郡屬縣。

〔2〕監里：里名，屬解縣。

〔3〕傅年：人名，為治渠卒。

戍卒趙國邯鄲東趙〔1〕里士五道忠〔2〕，年卅　庸同縣臨川〔3〕里士五郝□，
年卅　Ｊ　　　　　　　　　　　　　　　　　　　73EJT7：42

【集注】

〔1〕東趙：里名，屬邯鄲縣。

〔2〕道忠：人名，為戍卒。

〔3〕臨川：里名，屬邯鄲縣。

廣利〔1〕卒惠就〔2〕｜　出十二日出　　　　　　　73EJT7：43

【集注】

〔1〕廣利：當為隧名。

〔2〕惠就：人名。

☑　柒月庚寅亡　　　　　　　　　　　　　　　　　　73EJT7：44
☑　三月戊辰亡　　　　　　　　　　　　　　　　　　73EJT7：45

【校釋】

　　「戊」原作「午」，曹方向（2011）、黃艷萍（2014C，81 頁）釋。

☑六月戊子亡☑　　　　　　　　　　　　　　　　　　73EJT37：343
要害〔1〕隧卒莊歆〔2〕　三月乙亥亡　☑　　　　　　73EJF3：317
如意〔3〕隧卒尹嚴〔4〕　三月戊戌亡　☑　　　　　　73EJF3：318
☑申戌亡　　　　　　　　　　　　　　　　　　　　　73EJF3：223
禽寇〔5〕隊卒莊宏〔6〕　六月庚申亡　　　　　　　　73EJF3：323
鄉利〔7〕隧卒孟利〔8〕　三月丙寅亡　☑　　　　　　73EJF3：444
☑亡　　　　　　　　　　　　　　　　　　　　　　　73EJF3：579

【校釋】

　　以上九枚簡魏振龍（2019B）認為或屬同一簡冊。今按，其說可信。從簡牘形制、字體筆迹及簡文內容來看，這九枚簡當屬同一簡冊，唯一的問題在於它們的出土地點並不一致，九枚簡來自三個不同的地點。我們曾指出其中出土於同一地點的73EJT7：44、73EJT7：45 兩簡形制、字體筆迹等一致，內容相關，當屬同一簡冊；又出土於同一地點的 73EJF3：317、73EJF3：318、73EJF3：323 三簡形制、字體筆迹等一致，內容相似，當屬同一簡冊。現在看來，雖然九枚簡出土地點不同，但存在原屬同一簡冊的可能。

　　又其中「柒月」即七月，「三月」即四月，為王莽時期的寫法。森鹿三（1983A，13～14 頁）指出為了同「十」字區別開來，而把「七」字寫為「柒」的作法，是從王莽時期開始的，然後別的數字也逐漸開始用大字來寫。把「四」寫成「三」，也是王莽時期的一個特點。

【集注】

〔1〕要害：隧名。

〔2〕莊歆：人名，為戍卒。

〔3〕如意：隧名。

〔4〕尹嚴：人名，為戍卒。

〔5〕禽寇：隧名。

〔6〕莊宏：人名，為戍卒。

〔7〕鄉利：隧名。

〔8〕孟利：人名，為戍卒。

☑孫可〔1〕，年卅五　馬　☑　　　　　　　　73EJT7：46

【集注】

〔1〕孫可：人名。

☑二寸黑色　丿　　　　　　　　　　　　　73EJT7：47

☑牛車一兩牛二　十二月丁酉入

☑　已　　　　　　　　　　　　　　　　　73EJT7：48

☑□以傳致　復致出名籍　☑　　　　　　　73EJT7：49

登山〔1〕隧長糵得利成〔2〕里功之□☑　　　73EJT7：51

【校釋】

未釋字姚磊（2017C6）補「明」。今按，該字僅存一點墨迹，不能確知，當從整理者釋。

【集注】

〔1〕登山：隧名。

〔2〕利成：里名，屬糵得縣。

☑齒七，牛黃犗、齒八　　　　　　　　　　73EJT7：52

☑延中宿〔1〕里　　　　　　　　　　　　　73EJT7：53

【集注】

〔1〕中宿：里名，當屬居延縣。

☑里上造唐解〔1〕，年五十　庸同縣射里〔2〕上　☑　73EJT7：87+54

【校釋】

伊強（2014B）綴。

【集注】

〔1〕唐解：人名。

〔2〕射里：里名。

☑宜馬　給受降〔1〕隧☑　　　　　　　　　　　　　73EJT7：55

【集注】

〔1〕受降：隧名。

☑里公乘呂利〔1〕，年卅二　庸同縣好里〔2〕公乘　　73EJT7：57

【集注】

〔1〕呂利：人名。

〔2〕好里：里名。

軺車一乘，驃牡馬一匹、齒十三　　☑　　　　　　　73EJT7：59

☑奉親，年卅六☑　　　　　　　　　　　　　　　　73EJT7：61

四日己未　毋表火　　☑　　　　　　　　　　　　73EJT7：64

☑□將錢六百，凡并直　　　　　　　　　　　　　73EJT7：66

【校釋】

　　「并」原作「並」，黃艷萍（2016B，123 頁）認為當作「并」。今按，該字作 ![字形] 形，據字形則為「并」。

☑日過中時☑　　　　　　　　　　　　　　　　　73EJT7：68

☑　軺車一乘、馬二匹，出☑　　　　　　　　　　73EJT7：72

【校釋】

　　曹方向（2011）認為「出」可能是「十一」或「十二」的殘筆。今按，說是。簡末殘斷，整理者所釋「出」字作 ![字形] 形，從字形來看，更像是「十一」或「十二」兩字。

☑　自有井　☑　　　　　　　　　　　　　　　　73EJT7：73

　　☑□□　　執胡〔1〕隧長路人所☑　　　　　　　　　　73EJT7：76

【集注】

　〔1〕執胡：李均明（1992B，87 頁）：有的烽隧在例證中分別見於不同的兩個部，
　　　　如執胡隧與驚虜隧皆可見於誠北部、吞遠部。筆者認為這兩個隧或位於兩部之
　　　　間的交界處，不同時期劃歸不同的部管轄，所以出現以上現象。

　　　　黃艷萍（2016A，118 頁）：与甲渠候官有同名燧。

　　　　今按，執胡為隧名，出現同名隧的原因或如李均明所說為不同時期劃歸
　　　　不同部管轄所致。

☑矢十二，蘭、冠各一　　☑　　　　　　　　　　　　　73EJT7：78
☑　大奴一人　☑
☑　大婢二人　☑
☑　未使奴一人　☑
☑　·凡一月用食五石四斗　∫　☑　　　　　　　　　73EJT7：79

☑人凡卒百廿七　　　　　　·候長廣主卒卅人☑
☑七十七人見乘亭隧當勞　　其十二人作彊落□☑
☑四人為卒漕　　　　　　二人為卒漕☑
☑作彊落……　　　　　　定見乘亭□□☑　　　　　73EJT7：80A
☑　……十二人☑
☑　人、候史一人、候長一人·凡九人☑
☑　人、候史一人、候長一人·凡十一人卒廿□☑　　　73EJT7：80B
☑脯二束、糒五☑　　　　　　　　　　　　　　　　73EJT7：82

廄佐徐中公〔1〕　　☑（削衣）　　　　　　　　　　73EJT7：84

【集注】

　〔1〕徐中公：人名，為廄佐。

☑省卒百　　　　　　　　　　　　　　　　　　　　73EJT7：85
第六隧長昭武□□里公乘成☑　　　　　　　　　　　73EJT7：86

☑史幸〔1〕、佐如意〔2〕、侍佐拓奴十月盡七月積十月食，自取☑

73EJT7：88

【集注】

〔1〕幸：人名。

〔2〕如意：人名，為佐。

八月十六日壬寅到肩水府　　☑　　　　　　　　73EJT7：89A

出錢五十買單衣　八月□□□□□□☑　　　　　73EJT7：89B

【校釋】

　　該簡紀年黃艷萍（2014A，120 頁）認為可暫定為河平三年。今按，其說或是。河平三年為公元前 26 年。

東部候長孫滿〔1〕　　☑　　　　　　　　　　　73EJT7：90

【集注】

〔1〕孫滿：人名，為東部候長。

居延都尉掾居延長樂☑　　　　　　　　　　　　73EJT7：91

北部候長番和陽☑　　　　　　　　　　　　　　73EJT7：95

戍卒淮陽郡僑信☑　　　　　　　　　　　　　　73EJT7：96

☑　庸同縣北呼〔1〕里公乘☑　　　　　　　　　73EJT7：99

【集注】

〔1〕北呼：里名。

☑出門　乘私馬三匹　　☑　　　　　　　　　　73EJT7：101

富里〔1〕馬章☑　　　　　　　　　　　　　　　73EJT7：103

【集注】

〔1〕富里：里名。

濼涫虎里〔1〕李□☑　　　　　　　　　　　　　73EJT7：104

【集注】

〔1〕虎里：里名，屬樂涫縣。

六月丙申　　☑　　　　　　　　　　　　　　　　73EJT7：106

■右安邑第一車廿☑　　　　　　　　　　　　　　73EJT7：107A
・右第一車廿人☑　　　　　　　　　　　　　　　73EJT7：107B

【校釋】

　　B 面「第」黃艷萍（2016B，124 頁）、（2018，136 頁）作「弟」。今按，該字作 𦬇 形，據字形當為「弟」。但漢簡中「第」「弟」的使用常存在混同的情況，暫從整理者釋。

☑歲，五月丙申入　　　　　　　　　　　　　　　73EJT7：108

☑中宿〔1〕里高君至〔2〕　　大車二兩
☑　用牛四
☑　用馬一匹　　　　　　　　　　　　　　　　　73EJT7：111

【校釋】

　　第一行「中」字原缺釋，張俊民（2012）補釋。

【集注】

〔1〕中宿：里名。

〔2〕高君至：人名。

可右先登〔1〕隧　　☑　　　　　　　　　　　　73EJT7：113

【集注】

〔1〕先登：隧名。

☑卅二　方相☑☑　　　　　　　　　　　　　　　73EJT7：122
☑勝，年卅五　☑　　　　　　　　　　　　　　　73EJT7：123
八月庚申夜食五分☑☑☑　　　　　　　　　　　　73EJT7：125
☑　軺車一乘☑　　　　　　　　　　　　　　　　73EJT7：127

☑□周袤簿毌廣　　　　　　　　　　　　　　　73EJT7：130

☑偉君　五□☑　　　　　　　　　　　　　　　73EJT7：131

☑公乘馮聖〔1〕，年廿七　　☑　　　　　　　　73EJT7：134

【集注】

〔1〕馮聖：人名。

☑　傅卿酒一石二斗，直百卅四☑
☑　魏長賓〔1〕二斗……　☑（削衣）　　　　　73EJT7：135

【校釋】

第二行「賓」字原作「實」，該字圖版作 形，當為「賓」字。

【集注】

〔1〕魏長賓：人名。

☑年六月庚☑（削衣）　　　　　　　　　　　　73EJT7：138

☑石門洛功☑（削衣）　　　　　　　　　　　　73EJT7：143

☑　堁堁堁□□□（削衣）　　　　　　　　　　73EJT7：144

事事☑　　　　　　　　　　　　　　　　　　　73EJT7：145

……☑　　　　　　　　　　　　　　　　　　　73EJT7：149

☑　百卅斤　病不見　　　　　　　　　　　　　73EJT7：150

戍卒昭武宜眾〔1〕里公乘孫□巳，年廿六　　☑　73EJT7：151

【集注】

〔1〕宜眾：里名，屬昭武縣。

☑□八分三　二分二　十分□□　　　　　　　　73EJT7：153

☑巳入　　　　　　　　　　　　　　　　　　　73EJT7：156

賢友等□☑　　　　　　　　　　　　　　　　　73EJT7：160

☑□長十丈五寸　　　　　　　　　　　　　　　73EJT7：161

☑□二□　　　　　　　　　　　　　　　　　　73EJT7：162A

☑一領直　　　　　　　　　　　　　　　　　　73EJT7：162B

☑　·凡五通　☑　　　　　　　　　　　　　73EJT7：163

☑里杜徐來☑　　　　　　　　　　　　　　73EJT7：168

四月☑　　　　　　　　　　　　　　　　　73EJT7：169

☑界中第五辟　　　　　　　　　　　　　　73EJT7：170

☑通國　　☑　　　　　　　　　　　　　　73EJT7：172A

☑　　□☑　　　　　　　　　　　　　　　73EJT7：172B

☑詣關□☑　　　　　　　　　　　　　　　73EJT7：174

五百六十人壬辰不作　☑

·右易作五千八百四人　☑　　　　　　　　73EJT7：176A

□長丈一尺　☑　　　　　　　　　　　　　73EJT7：176B

☑□徐氏□　　　　　　　　　　　　　　　73EJT7：178

□□□□　以食□☑　　　　　　　　　　　73EJT7：179

☑□十二　馬☑　　　　　　　　　　　　　73EJT7：182

☑姚博正月奉☑　　　　　　　　　　　　　73EJT7：184

☑　王☑　　　　　　　　　　　　　　　　73EJT7：186

☑畝

　　　　　　二頃不　☑

☑十五畝　　　　　　　　　　　　　　　　73EJT7：188

要虜〔1〕隧長李健☑　　　　　　　　　　73EJT7：189

　【集注】

　〔1〕要虜：隧名。

☑隧長馬臨〔1〕正月奉☑　　　　　　　　73EJT7：190

　【集注】

　〔1〕馬臨：人名，為隧長。

☑　　□☑　　　　　　　　　　　　　　　73EJT7：191

☑齒十歲　大車一☑　　　　　　　　　　　73EJT7：192

破傷鼓一　　☑　　　　　　　　　　　　　73EJT7：194

完軍〔1〕隧戍卒陳外人〔2〕……☑　　　73EJT7：195

【集注】

〔1〕完軍：隧名。

〔2〕陳外人：人名，為戍卒。

☑色　☑　　　　　　　　　　　　　　　73EJT7：196

☑殄虜〔1〕里訾它〔2〕，年廿二☑　　　　　　73EJT7：197

【集注】

〔1〕殄虜：隧名。

〔2〕訾它：人名。

居延安國☑　　　　　　　　　　　　　　73EJT7：199

☑升大　執適〔1〕卒□☑　　　　　　　　73EJT7：200

【集注】

〔1〕執適：隧名。

☑故☑　　　　　　　　　　　　　　　　73EJT7：203
候史郭□　☑　　　　　　　　　　　　　73EJT7：206
☑隧長一歲九月十日　☑　　　　　　　　73EJT7：207
☑□□□□□☑　　　　　　　　　　　　73EJT7：209
☑　□　福　□☑　　　　　　　　　　　73EJT7：211
☑□□□□上參□□……　　　　　　　　73EJT7：212
☑子男祿福利眾☑　　　　　　　　　　　73EJT7：213
☑枇八　☑　　　　　　　　　　　　　　73EJT7：214
百九　☑　　　　　　　　　　　　　　　73EJT7：215

肩水金關 T8

☑□乘馬一匹　　　　　　　　　　　　　73EJT8：1

☑作者〔1〕觻得富安〔2〕里土遷⸫☑　　　　73EJT8：3

【集注】

〔1〕作者：侯宗輝（2017，236頁）：漢簡中的「作者」是漢代雇傭勞作關係下的一個社會群體的專門稱謂。結合文獻資料的表述，「作者」們多在閒暇之餘尋求被「庸賃」「賃庸」或「庸作」，充當雜役，依靠出賣勞力，賺取傭值。他們與雇主之間可能是一種短期的、臨時性的、關係單純的雇傭關係，或相當於現今的臨時工。

金蓉、侯宗輝（2019，122頁）：這些依靠出賣勞力而獲取傭金的「作者」，是國家的編戶齊民，有人身自由，有牛及牛車等家貲財產。一般可能是在農閒等時節短期受雇於他人，從事某些雜役工作，賺取庸賃報酬，是一種臨時性的短期雇工。

今按，說當是。

〔2〕富安：里名，屬樂得縣。

☑茂陵道德〔1〕里公乘王相〔2〕，年卅五、長七尺四寸　黑色☑☑

73EJT8：4

【集注】

〔1〕道德：里名，屬茂陵縣。

〔2〕王相：人名。

☑居延昌里〔1〕梁輔〔2〕，年廿五　　☑　　　73EJT8：5

【集注】

〔1〕昌里：里名，屬居延縣。

〔2〕梁輔：人名。

戍卒汝南郡召陵　　☑（削衣）　　　　73EJT8：6

戍卒潁川郡潁陰邑〔1〕真定〔2〕里公乘仁青跗〔3〕，年卅四　　Ｊ　　73EJT8：7

【校釋】

原釋文「年」字前衍一「明」字，曹方向（2011）、馬智全（2012，108頁）、黃艷萍（2016B，129頁）釋。

【集注】

〔1〕潁陰邑：鄭威（2015，227 頁）：潁陰即潁陰。潁陰曾封侯，為侯國，存續年代
　　　為高帝六年正月至武帝建元六年。

　　　　　今按，說是。潁陰《漢書・地理志》作潁陰，為潁川郡屬縣。

〔2〕真定：里名，屬潁陰邑。

〔3〕仁青趾：人名，為戍卒。

☑□國邯鄲困里〔1〕公士馬☑　　　　　　　　　　　　73EJT8：10

【集注】

〔1〕困里：里名，屬邯鄲縣。

髡鉗城旦〔1〕□☑　　　　　　　　　　　　　　　　　73EJT8：11

【集注】

〔1〕髡鉗城旦：吳榮曾（1995，262 頁）：漢代刑徒中最重的一等是髡鉗城旦，如
　　　《漢書・賈捐之傳》：「興減死一等，為髡鉗城旦」；或稱髡鉗，如《鮑宣傳》：
　　　「減死一等，髡鉗」；或言髡為城旦，如《龔遂傳》：「得減死，髡為城旦。」
　　　在《王子侯表》《功臣表》中多作「髡為城旦」。漢代髡和鉗連在一起，故稱「髡
　　　鉗城旦」。作「髡為城旦」，不過是一種簡稱，因為當時並無髡城旦這一級別。
　　　髡鉗城旦為重刑，僅次於死刑，故文獻中多云減死一等，然後說髡鉗為城旦。
　　　髡是髡髮，鉗是頸上加鐵鉗。城旦有輕重之別。輕者不帶鉗，故稱為完城旦。
　　　實際上漢代被判為髡鉗城旦者，有時還必須加腳釱。但在史籍中常見單獨釱趾
　　　者，如《史記・平準書》：「敢私鑄鐵器煮鹽者，釱左趾。」這也是簡稱，全稱
　　　應該加上城旦，因為漢代不存在單獨的釱趾之刑。這從前引「番和髡鉗釱左右
　　　趾城旦服涂」一例可以得到證實。在史書中或省作右趾，有人誤認為為砍去右
　　　腳，如《後漢書》李賢注引《漢書音義》：「右趾謂刖其右足，次刖左足。」確
　　　實，秦在戰國時或統一後曾有此刑，即秦律中的「斬左趾」。而西漢從文帝除
　　　肉刑後，秦的砍腳、劓鼻等刑都取消，史書中所見左趾、右趾都是釱左趾和釱
　　　右趾的簡稱。對城旦釱左右趾加髡鉗，西漢時是最重之刑。

　　　　　徐世虹（1999，83 頁）：「髡鉗為城旦」「髡鉗」「髡為城旦」之稱謂，均
　　　為髡鉗城旦舂的不同表現。但是必須要指出的是，上述例子都表現了減死一等
　　　髡鉗為城旦這一刑罰序列。而按照前文所見，髡鉗最重等級為髡鉗釱左右趾城

旦舂，次為䤰右趾，次為䤰左趾，次為髡鉗城旦舂，因此按此序列，減死一等，當為髡鉗䤰左右趾城旦舂才是，然而以上無一例反映。對此，冨谷氏指出：髡鉗之名有廣狹二義。狹義者即為獨立的髡鉗勞役刑名，廣義者即為䤰右趾刑、䤰左趾刑、髡鉗城旦刑的總稱。減死一等服髡鉗刑，以及洛陽刑徒磚上所見「髡鉗」，均為廣義之用。

中國簡牘集成編輯委員會（2001C，112頁）：髡鉗，漢代行刑方法之一。髡，即剃髮；鉗，在脖子中加鐵圈。

今按，諸說多是。髡鉗城旦為徒刑城旦附加髡鉗的刑罰。《急就篇》：「鬼薪白粲鉗䤰髡。」顏師古注：「鬀髮曰髡。」《漢書·高帝紀下》：「郎中田叔、孟叔等十人自髡鉗為王家奴，從王就獄。師古注：「鉗，以鐵束頸也。」

☑尺三寸、黑色☑   ☑   73EJT8：12

☑里蘇兵〔1〕，年廿七歲、長七☑   73EJT8：14+20

【校釋】

伊強（2016E，116頁）綴。

【集注】

〔1〕蘇兵：人名。

☑   以稟臨☑☑   73EJT8：15

【校釋】

「稟」原作「廩」，黃艷萍（2016B，123頁）、（2018，135頁）釋。

從者綏彌〔1〕進□☑   73EJT8：17

【集注】

〔1〕綏彌：據《漢書·地理志》，綏彌為酒泉郡屬縣。

五月餘麋百一石九斗大□   ☑   73EJT8：18

☑里大女楊聖〔1〕，年卅☑   73EJT8：19

【校釋】

　　「卌」原作「廿」，江滿琳（2019，104 頁）作「卌」。該字作 ，釋「卌」可信。

【集注】

〔1〕楊聖：人名。

☑□年卌六　　　　　　　　　　　　　　　　　　　73EJT8：23

河東郡長脩〔1〕宜壽〔2〕里李賀〔3〕，年卅七　　│　　73EJT8：24

【集注】

〔1〕長脩：河東郡屬縣。

〔2〕宜壽：里名。

〔3〕李賀：人名。

☑緱氏縣□□里□□□卅二黑☑　　　　　　　　　　73EJT8：25
☑　字子□　　　　　　　　　　　　　　　　　　　73EJT8：27

塼直六十　　鹽直☑
箕直廿　　　盆直廿☑
雍直七十　　凡二百☑　　　　　　　　　　　　　　73EJT8：29

【校釋】

　　「塼」原作「博」，「雍」原作「雝」，何茂活（2014D）、（2016C）釋。

☑□文君　　見積　　　　　　　　　　　　　　　　73EJT8：30

河南郡平陰〔1〕鄉佐市陰〔2〕里公乘□紺，年廿五歲、黑色　子小男益□☑
　　　　　　　　　　　　　　　　　　　　　　　　73EJT8：32+71

【校釋】

　　尉侯凱（2016C）、（2017B，350 頁）綴。

【集注】

〔1〕平陰：趙海龍（2014A）：平陰縣《漢書・地理志》屬河南郡，此條簡文似無

疑義，然而筆者以為此條簡文或可別作解讀。按《漢書‧地理志》河南郡轄有平縣，此條簡文可從「平陰」中間斷句，如此，則為河南郡平縣陰鄉市陰里。

今按，其說或非是。該簡「平陰為縣名」，「鄉佐」為一詞，並非陰鄉。

〔2〕市陰：里名，屬平陰縣。

戍卒潁川潁陰邑西時〔1〕里鄭，年卅四、長七尺二寸　刀☑　　　73EJT8：33

【校釋】

「時」字晏昌貴（2012，251頁）從張俊民釋文電子本改釋作「城」。今按，原釋文「時」不誤。

【集注】

〔1〕西時：里名，屬潁陰邑。

☑受降〔1〕隧卒滑便〔2〕三年閏月盡四年二月積□☑　　　73EJT8：34

【校釋】

簡末未釋字黃艷萍（2014A，121頁）、（2014C，82頁）認為似為「八」字。並指出若為八月，則三年閏月盡四年二月積八月，即三年閏月為六月，與此相符合的只有河平三年（前 26）。河平三年閏六月盡四年二月，正為八月。

今按，簡末未釋字圖版作 形，似不為「八」字，暫從整理者釋。

【集注】

〔1〕受降：隧名。

〔2〕滑便：人名，為戍卒。

安定郡施刑士鶉陰大富〔1〕里陳通〔2〕，年卅五、黑色、長七尺　73EJT8：35

【校釋】

「鶉」原作「鶉」，趙爾陽（2016A）釋。該字黃艷萍（2013）釋「鶉」，認為乃「鶉」字之訛。非是。

【集注】

〔1〕大富：里名，屬鶉陰縣。

〔2〕陳通：人名，為弛刑士。

☑尺、黑色　車☑　　　　　　　　　　　　　　　　　　73EJT8：37

■右廣地省卒凡卅七人☑　　　　　　　　　　　　　　73EJT8：38

居延守右尉平里〔1〕郭奉親〔2〕☑　　　　　　　　　　73EJT8：39

【集注】

〔1〕平里：里名。

〔2〕郭奉親：人名，為居延守右尉。

戍卒穎川郡周子南國〔1〕西便〔2〕里公乘杜市〔3〕，年卅二　　☑　73EJT8：40

【集注】

〔1〕周子南國：黃浩波（2011C）：穎川郡周子南國不見於《地理志》，然據《漢書‧
　　外戚恩澤侯表》推測，當為《地理志》穎川郡周承休侯國……此簡曰穎川郡周
　　子南國，其年代當在元鼎四年十一月與初元五年正月之間，且不可能在地節三
　　年與元康元年三月之間。

　　　　今按，其說當是。周子南國屬穎川郡。

〔2〕西便：里名，屬周子南國。

〔3〕杜市：人名，為戍卒。

戍卒南陽郡舞陰〔1〕奉里〔2〕李☑　　　　　　　　　　73EJT8：41

【校釋】

　　「奉」字原作「㐺」，晏昌貴（2012，252頁）從張俊民釋文電子本改釋。

【集注】

〔1〕舞陰：鄭威（2015，223頁）：《漢志》南陽郡有舞陰縣，地在今河南泌陽北部
　　的羊冊鄉古城村，據簡文可知曾為邑。

　　　　今按，說是。舞陰為南陽郡屬縣。居延漢簡101‧34作「戍卒南陽郡舞陰
　　邑磨☑」。

〔2〕奉里：里名，屬舞陰縣。

☑長七尺二寸　　｜　　☑　　　　　　　　　　　　　73EJT8：42

戍卒穎川郡□□☑　　　　　　　　　　　　　　　　　73EJT8：48

戍卒南陽郡□□里趙□☑　　　　　　　　　　　　　　73EJT8：49

居延司馬從史檈得益昌〔1〕里馮昌〔2〕，年卅一　輺車一乘，馬一匹、騩☑

               73EJT8：54A

……☑   73EJT8：54B

【集注】

〔1〕益昌：里名，屬檈得縣。

〔2〕馮昌：人名，為居延司馬從史。

☑鄭里樂則〔1〕公乘，年卅六　　☑   73EJT8：57

【集注】

〔1〕樂則：人名。

東郡野王長里〔1〕孫□□☑   73EJT8：58

【集注】

〔1〕野王長里：晏昌貴（2012，251頁）：《漢志》無。或屬河內。簡文「東」字不清。

  趙海龍（2014A）：由此條簡文可知，東郡野王縣長里當為完整的地名，黃文沒有輯錄此條簡文，晏文收錄，並認為「東」字不清楚，或屬河內郡。查《中國歷史地圖集（秦西漢東漢）》可知，秦漢時代野王縣一直位於河內郡治所懷縣以西，歷史上未曾發生遷徙，河內郡雖與東郡相鄰，但是野王縣與東郡則相隔較遠，中間有較多縣邑，此處的釋讀或許有誤，姑且存疑。

  今按，諸說是。長里屬野王縣。簡文「東」字當釋讀有誤。

☑□長子□□☑   73EJT8：59

祿福王章〔1〕里公乘馬遠☑   73EJT8：61

【集注】

〔1〕王章：里名，屬祿福縣。

居延千秋〔1〕里范未央〔2〕，年五☑   73EJT8：62

【集注】

〔1〕千秋：里名，屬居延縣。

〔2〕范未央：人名。

☑桃華〔1〕牡馬一匹，齒十二歲、高☑ 　　　　　　　　　　　73EJT8：63

【校釋】

「桃」原作「柳」，伊強（2014C）釋。

【集注】

〔1〕桃華：伊強（2014C）：古書有「桃花馬」的說法，唐杜審言《戲贈趙使君美
人》：「桃花馬上石榴裙」。「桃花」作為花紋的名稱也見於馬王堆三號漢墓遣
策，簡400：「鰲縠長襦一，桃華掾。」

蕭旭（2015，189頁）：挑、桃、駣，並讀為盜。盜色即竊色，言顏色相
雜，即淺色者也……「華（花）」是「騧」音變……「騧」指馬毛色不正，有
雜色毛，是改易義符的淺黃色馬的專字……「桃華（花）」即「駣騧」音變，
本當作「盜騧」，是指毛色由黃白二色相雜的馬。或單稱作「駣」「挑」。

今按，蕭說是。《爾雅・釋畜》：「黃白雜毛，駓。」郭璞《注》：「今之桃
華馬。」《玉篇》：「駓，黃白色，今之桃華。」「桃」通「盜」，盜即竊，竊色
即淺色。「華」通「騧」，指淺黃色馬。

☑□年卅　乘方相〔1〕一乘騩牡馬一匹，齒十歲、高六尺　字丑長
　　　　　　　　　　　　　　　　　　　　　　　　　　73EJT8：76+65

【校釋】

伊強（2015H）綴。

【集注】

〔1〕方相：勞榦（1960，20頁）：方相車即方箱車，方箱車，車之簡陋者，軺車之
箱謂之輿，惟牛車之箱始謂之箱……故大車即牛車，而箱則為牛車之箱。此方
箱而駕馬，即駕馬之牛車，亦即輂車。漢簡中亦偶言及輂車（見一八三・一三），
是方相車亦是輂車之異名矣。輿圓而箱方，凡牛車輂車之箱無不方者，今言方
箱者，亦以示別於軺車之輿也。

陳槃（2009，109頁）：《周禮・春官・巾車》：「庶人乘役車」。鄭注：「役
車，方箱，可載器以共役」。《疏》：「知方箱者，按《冬官・乘車》曰，車橫廣，
前後短。大車、栢車、羊車皆方，故知庶人役車亦方箱」。按簡文之所謂方相
車，不必定是大車，其中小必有役車。《周禮》「役車」，康成以「方箱」釋之
者，漢人以是為常辭故也。

薛英群（1991，423 頁）：「方相車」中的「方相」，原是古代驅疫避邪之神像，方相車用其驅疫避邪之意以為前導，所以又可稱為前導車。

李均明（1997，106 頁）：方相車，方形車箱之馬車……陳槃先生所云「方相」即「方箱」說甚是。據上引簡例所見，方相車駕一馬或二馬，與軺車相類，皆為馬車，不同之處唯有軺車車箱橫廣，前後短，而方相車車箱為正方而已。方相車亦用於依仗，如《漢官典職儀式》：「陰太后崩，前有方相及鳳凰車。」

李玥凝（2015，59 頁）：漢簡中的「方相車」是方形車箱的馬車，傳世文獻中方形車箱的役車、輂車都不是與方相車相同的概念，輂車可能在形態上與方相車類似，但方相車不是駕馬的牛車，不用於運送貨物。與軺車相比，方相車的車箱應該是相對窄而深的長方形，車箱更大些；其乘坐人、使用地區都沒有特殊的特徵，使用不如軺車頻繁，軺車的適用範圍和等級都更廣。方相車的駕馬相對年齒較高，可能是平民和低級吏員日常使用的一種馬車。

今按，諸說多是。方相即方箱，方箱車為方形車箱之馬車。薛英群謂方相車為前導車則不妥。

出麥一石九斗三升少☑　　　　　　　　　　　　　　73EJT8：66

☑　馬一匹、軺車一乘　　　　　　　　　　　　　　73EJT8：67

☑軺車一乘，騅牡馬一匹、齒九歲　　　　　　　　　73EJT8：68

受延〔1〕隧卒周畢〔2〕　　　　　　　　　　　　　　73EJT8：69

【校釋】

「畢」原作「舉」，姚磊（2017C3）釋。

【集注】

〔1〕受延：隧名。

〔2〕周畢：人名，為戍卒。

牛二，黑犗〔1〕犗、齒十二歲、絜八尺，其一黑犗、齒☑　73EJT8：70

【集注】

〔1〕黑犗：鄔文玲（2014，95 頁）：當讀作「犖」……所謂「黑犖」，應指牛的顏

色並非純黑，而是雜有其他的顏色，大約以黑色為主，用今天的話來說即是「黑花牛」。

今按，說是。《說文·牛部》：「犖，駁牛也。」

先豆隧卒黃宗〔1〕　　　　　　　　　　　　　　　　73EJT8：72

【校釋】

「先豆」何茂活（2014D）、（2016C）認為應為「先登」訛寫。今按，其說是，「先登隧」金關漢簡常見。該簡「豆」字圖版作 ![豆]形，從字形來看，似為「豆」字，其在該簡中當為「登」字書誤。

【集注】

〔1〕黃宗：人名，為戍卒。

戍卒穎川穎陰邑真定〔1〕里公乘司馬始〔2〕，年卅四，長七尺二寸丿　　▨

73EJT8：73

【校釋】

「始」原作「如」，馬智全（2012，108 頁）、黃艷萍（2016B，129 頁）釋。「卅」原作「冊」，馬智全（2012，108 頁），李燁、張顯成（2015），黃艷萍（2016B，129頁）釋。「四」原作「一」，姚磊（2015）、（2018E，198 頁）釋。

【集注】

〔1〕真定：里名，屬穎陰邑。

〔2〕司馬始：人名，為戍卒。

▨意，年卅八　　▨　　　　　　　　　　　　　　　73EJT8：79

出穀▢斗六斗　六月▨　　　　　　　　　　　　　73EJT8：80

田卒魏郡武始金年〔1〕里大夫史福〔2〕，年卅五　　▨　　73EJT8：81

【集注】

〔1〕金年：里名，屬武始縣。

〔2〕史福：人名，為田卒。

▨▢張終古〔1〕，年廿三、長七▨　　　　　　　　73EJT8：83

【集注】

〔1〕張終古：人名。《急就篇》可見人名「許終古」，顏師古注曰：「終古，言不廢絕也，漢有濟北思王終古。」

大車一兩　　☑

茂陵脩禮〔1〕里宋殷〔2〕，年卅

牛二　　☑

73EJT8：84

【校釋】

「禮」原作「穠」，晏昌貴（2012，249頁）、何茂活（2014D）、（2016C）釋。又簡末墨蹟姚磊（2017D2）補「黑色」二字。今按，補釋或可從，但墨色較淡，不能辨識，暫從整理者釋。

【集注】

〔1〕脩禮：里名，屬茂陵縣。

〔2〕宋殷：人名。

田卒河南郡原武饒安〔1〕里奚閭☑　　　　　　　73EJT8：89A

……☑　　　　　　　　　　　　　　　　　　73EJT8：89B

【集注】

〔1〕饒安：里名，屬原武縣。

戍卒南陽郡□□☑　　　　　　　　　　　　　73EJT8：90

☑年卅五歲、黑色　　　　　　　　　　　　　73EJT8：91

☑月己卯出□☑　　　　　　　　　　　　　　73EJT8：92

滅虜〔1〕隧卒張湯〔2〕　　☑　　　　　　　　73EJT8：93

【集注】

〔1〕滅虜：隧名。

〔2〕張湯：人名，為戍卒。

戍卒觻得成漢〔1〕里大夫□□年卅二　　☑　　73EJT8：95

【校釋】

　　未釋字何茂活（2014C）、（2016A）補「成頤」；「卅二」姚磊（2017J4）、（2018E，201頁）認為也可能是「廿三」，「卅」字當存疑不釋。今按，何說、姚說均可從，但該簡左半殘缺，不能確知，暫從整理者釋。

【集注】

〔1〕成漢：里名，屬觻得縣。

弘農郡弘農☑　　　　　　　　　　　　　　　　　　　73EJT8：97

☐☐曲里趙護〔1〕　　☑　　　　　　　　　　　　　　73EJT8：98

【校釋】

　　「曲里」原未釋，「里」姚磊（2017D2）釋，「曲」字姚磊（2017D2）引馬智全說釋。

【集注】

〔1〕趙護：人名。

☑☐☐虓☐☑　　　　　　　　　　　　　　　　　　　73EJT8：100

【校釋】

　　「虓」字原作「𧱅」，該字作 形，其又見於簡73EJT24：887+909，整理者釋作「虓」。此統一作「虓」。

昭武騎士☐☑　　　　　　　　　　　　　　　　　　　73EJT8：101

☑黑色　車一兩，載麥五十石　入出　　　　　　　　73EJT8：103

☑延壽〔1〕里公乘馬宣〔2〕，年廿六、長七尺二寸　　☑　　73EJT8：104

【校釋】

　　張俊民（2011B）認為「馬」當為「馮」。今按，該字圖版作 形，顯為「馬」字無疑。

【集注】

〔1〕延壽：里名。

〔2〕馬宣：人名。

☑守卩　　☑ 73EJT8：109

☑子☐☐☐☑ 73EJT8：111

【校釋】

該簡何茂活（2014C）、（2016A）改釋作「子萬☐月食」。今按，補釋或可從，但該簡左半缺失，字多不可辨識，當從整理者釋。

肩水金關 T9

齊郡〔1〕臨菑吉羊〔2〕里簪褭王光〔3〕，年廿三　長七尺三尺、黃色、疾　字子叔　　☑ 73EJT9：3

【校釋】

「羊」晏昌貴（2012，253 頁）謂原釋文作「辛」，其改釋作「羊」，「吉羊」即吉祥。今按，原釋文即作「羊」。

【集注】

〔1〕齊郡：《漢書·地理志上》：「齊郡，秦置。莽曰濟南。屬青州。」

〔2〕吉羊：里名，屬臨菑縣。

〔3〕王光：人名。

戍卒淮陽郡長平〔1〕夕陽〔2〕里不更何生〔3〕，年廿☑ 73EJT9：6

【集注】

〔1〕長平：于豪亮（1981A，104 頁）：按《漢書·地理志》淮陽國無長平，長平在汝南郡。根據居延漢簡，長平曾屬淮陽郡。

周振鶴（2017，45 頁）：居延漢簡屢見淮陽郡長平之名，長平縣於《漢志》屬汝南，由漢簡知其本屬淮陽郡。長平改屬汝南當在淮陽復置國時，因為此後淮陽未再為郡。

今按，諸說是。長平為淮陽郡屬縣，後屬汝南。

〔2〕夕陽：里名，屬長平縣。

〔3〕何生：人名，為戍卒。

☑字君仲　卩 73EJT9：14

【校釋】

「卩」原未釋，何茂活（2014C）、（2016A）釋。

日勒千秋〔1〕里公乘戰定〔2〕，年卅五歲☑　　　　　　　　73EJT9：16

【集注】

〔1〕千秋：里名，屬日勒縣。

〔2〕戰定：人名。

居延督盜賊〔1〕廣都〔2〕里公乘張齊〔3〕，年廿八歲、長七尺五寸、黑色□☑

　　　　　　　　　　　　　　　　　　　　　　　　　　　73EJT9：18

【集注】

〔1〕督盜賊：劉倩倩（2015B，96 頁）：察視犯罪活動，此處應是官職。

　　　　今按，其說或是。督盜賊即監督視察盜賊活動。《後漢書・銚期傳》：「督
　　　　盜賊李熊，鄴中之豪。」

〔2〕廣都：里名。

〔3〕張齊：人名。

齊郡臨菑滿羊〔1〕里公乘薛弘〔2〕，年☑　　　　　　　　73EJT9：20

【校釋】

「羊」字晏昌貴（2012，253 頁）從張俊民釋文電子本改釋作「幸」。今按，釋
「幸」非，整理者釋「羊」不誤。

【集注】

〔1〕滿羊：里名，屬臨菑縣。

〔2〕薛弘：人名。

京兆尹長安定陵〔1〕里公乘況陽遂〔2〕，年卅二、長七尺二寸、黑色☑

　　　　　　　　　　　　　　　　　　　　　　　　　　　73EJT9：24

【集注】

〔1〕定陵：里名，屬長安。

〔2〕況陽遂：人名。

☑　要虜〔1〕隧　☑
☑　平樂〔2〕隧　☑
☑　萬福〔3〕隧　☑　　　　　　　　　　　　　　　　　73EJT9：26

【校釋】

「福」原未釋，何茂活（2014C）、（2016A），姚磊（2017C6）釋。

【集注】

〔1〕要虜：隧名。

〔2〕平樂：隧名。

〔3〕萬福：隧名。

治渠卒河東狐讘〔1〕山里〔2〕董凡〔3〕　年廿五、長七尺、黑色　☑（竹簡）
　　　　　　　　　　　　　　　　　　　　　　　　　　　73EJT9：27

【集注】

〔1〕狐讘：漢河東郡屬縣。

〔2〕山里：里名，屬狐讘縣。

〔3〕董凡：人名，為治渠卒。

齊郡臨菑西通〔1〕里大夫侯壽〔2〕，年五十、長七尺二寸、黑色　☑
　　　　　　　　　　　　　　　　　　　　　　　　　　　73EJT9：28

【集注】

〔1〕西通：里名，屬臨菑縣。

〔2〕侯壽：人名。

□□□陵□里公乘郭賢〔1〕，年卌五、長☑　　　　　73EJT9：31

【集注】

〔1〕郭賢：人名。

☑凡十四人，皆客子　☑
☑符七　☑（削衣）　　　　　　　　　　　　　　　　　73EJT9：32
六六六石六六石六石（習字）　　　　　　　　　　　　73EJT9：37

☑　毌被具　　　　　　　　　　　　　　　　　　　　73EJT9：38

戍卒梁國甾〔1〕亭陵〔2〕上造陳充〔3〕，年廿四　　☑　　73EJT9：39

【校釋】

「梁」原作「粱」，黃艷萍（2016B，122 頁）釋。

【集注】

〔1〕甾：漢梁國屬縣。《漢書・地理志下》：「甾，故戴國。莽曰嘉穀。」

〔2〕亭陵：里名，屬甾縣。

〔3〕陳充：人名，為戍卒。

河南郡雒陽緱氏〔1〕東宛〔2〕里公乘趙強〔3〕，年廿五　　弓一、矢五十枚　　☑
　　　　　　　　　　　　　　　　　　　　　　　　73EJT9：40

【集注】

〔1〕雒陽緱氏：周振鶴（1995，154 頁）：雒陽緱氏並是兩縣，不知此簡為何這般
記載？緱氏與雒陽關係比較特殊，北魏併入洛陽，東魏復置，但縣治仍在洛陽
城中，後來又曾幾度置廢，然與洛陽都脫不了干係，此簡是否表明漢時緱氏與
雒陽已有特殊關係？

黃浩波（2011C）：由出土資料及史籍記載，可以確定緱氏在秦代到武帝
元狩、元鼎年間為縣；而漢簡言「雒陽緱氏」，難知其意。

今按，「雒陽緱氏」又見於居延漢簡 511・38，待考。

〔2〕東宛：里名。

〔3〕趙強：人名。

氐池安漢〔1〕里不更祝都贏〔2〕，年十五、七尺寸、黑色　　牛車一兩
　　　　　　　　　　　　　　　　　　　　　　　　73EJT9：41

【集注】

〔1〕安漢：里名，屬氐池縣。

〔2〕祝都贏：人名。

觻得定安〔1〕里趙林〔2〕、大奴宜〔3〕　牛車一兩☑　　　　73EJT9：42

【集注】

〔1〕定安：里名，屬觻得縣。

〔2〕趙林：人名。

〔3〕宜：人名，為大奴。

☑馬一匹，齒九歲　　　　　　　　　　　　　　　　　　73EJT9：43

戍卒淮陽郡西華田里〔1〕不更蔡樂〔2〕，年廿三　　　　73EJT9：45

【校釋】

「華」原作「釜」，周波（2013，289頁）釋，黃浩波（2013A，276頁）亦據匿名審稿專家提示改釋。晏昌貴（2012，254頁）按原釋文收錄「釜田里」，認為「西」字後原簡脫「華」字。今按，原釋「釜」當為「華」，則原簡不脫「華」，且里名為「田里」，不存「釜田里」。

【集注】

〔1〕田里：里名。

〔2〕蔡樂：人名，為戍卒。

☑□方相一乘，騮牝馬〔1〕一匹、齒十四歲☑　　　　　73EJT9：46

【集注】

〔1〕牝馬：陳直（2009，224頁）：牝馬為漢代一般人民所乘，《史記·平準書》云：「眾庶街巷有馬，阡陌之間成群，而乘字牝者，儐而不得聚會。」《漢書·王莽傳》，記載唐林乘牝馬柴車皆是也。

今按，其說是。牝馬為母馬。

☑　軺車一乘，馬一匹　☑　　　　　　　　　　　　　73EJT9：48

☑□聊竟，年十二　□□　　　　　　　　　　　　　　73EJT9：49

【校釋】

未釋字姚磊（2017D2）補「月出丿」。今按，補釋似可從，但墨色較淡，不能確知，暫從整理者釋。

又張文建（2017B）綴合簡 73EJT9：64 和該簡。姚磊（2017B1）、（2018E，42頁）從紋路、寬度、字形、茬口、文意等方面討論，認為不能綴合。今按，姚說是，兩簡當不能綴合。

守屬居延陽里〔1〕王赦之〔2〕　　四☑　　　　　　　　　　　73EJT9：50

【集注】

〔1〕陽里：里名，屬居延縣。

〔2〕王赦之：人名，為守屬。

☑仇侍君，年廿五☑　　　　　　　　　　　　　　　　　　73EJT9：53

☑□黃色　遷補居延庫嗇夫　　　　　　　　　　　　　　　73EJT9：54

出帛七匹三丈一尺七寸，直千八百☑　　　　　　　　　　　73EJT9：55

☑寸黑色　弩一、矢十二　卩　　　　　　　　　　　　　　73EJT9：57

居延延水佐王輔〔1〕，年☑　　　　　　　　　　　　　　　73EJT9：60

【集注】

〔1〕王輔：人名，為延水佐。

河內溫孝里〔1〕□☑　　　　　　　　　　　　　　　　　　73EJT9：64

【校釋】

張文建（2017B）綴合該簡和簡 73EJT9：49。姚磊（2017B1）、（2018E，42頁）從紋路、寬度、字形、茬口、文意等方面討論，認為不能綴合。今按，姚說是，兩簡當不能綴合。

【集注】

〔1〕孝里：里名，屬溫縣。

富安〔1〕里公士趙彊〔2〕，年卅　　☑　　　　　　　　　　73EJT9：66

【集注】

〔1〕富安：里名。

〔2〕趙彊：人名。

陝久長〔1〕里公乘上官奉〔2〕，年五十二、長七尺二寸、黑色☑

73EJT9：67

【集注】

〔1〕久長：里名，屬陝縣。

〔2〕上官奉：人名。

☑　九月己亥出　　　　　　　　　　　　　　　　　73EJT9：71

三月庚辰，牛車三兩入　　☑　　　　　　　　　　　73EJT9：72

河內郡溫北□里□山　　☑　　　　　　　　　　　　73EJT9：74

【校釋】

　　「北」下一字晏昌貴（2012，250頁）從張俊民釋文電子本釋作「久」。今按，該字圖版作　　形，似非「久」字，暫從整理者釋。

☑　共車　字幼賓　　　　　　　　　　　　　　　　73EJT9：75

☑弓一、矢十二、大刀☑　　　　　　　　　　　　　73EJT9：78

　　　　　　　□辰出

☑二寸黑色

　　　　　　丁酉入　　　　　　　　　　　　　　　73EJT9：79

戍卒潁川郡翟邑〔1〕陽郵〔2〕里公乘司馬乙〔3〕，年卅四　　☑　　73EJT9：81

【集注】

〔1〕翟邑：黃浩波（2011C）：《地理志》《郡國志》潁川郡下均無翟邑，僅有陽翟邑。由此推知，翟邑乃陽翟邑之漏書。

　　田炳炳（2014C）：翟方進初封離沛、汝南不遠的潁川郡，後徙至瑯邪。同僚習稱翟方進封邑為「翟邑」。

　　鄭威（2015，225～226頁）：「翟邑」當是「陽翟邑」之省稱……《漢志》潁川郡有陽翟縣，在今河南省禹州市朱閣鄉八里營村北側。

　　今按，諸說多是。翟邑為陽翟邑漏書，潁川郡屬縣。田炳炳說恐不妥。

〔2〕陽郵：里名，屬陽翟邑。

〔3〕司馬乙：人名，為戍卒。

河內溫董里〔1〕公乘李福〔2〕，年廿六、長七尺二寸、黑色　輜車一乘，馬一匹　劍一……▢　　　　　　　　　　　　　　　　73EJT9：82

【集注】

〔1〕董里：里名，屬溫縣。

〔2〕李福：人名。

田卒淮陽郡固始〔1〕步昌〔2〕里上造朱寬〔3〕，年廿五　§　　73EJT9：83

【集注】

〔1〕固始：淮陽郡屬縣。

〔2〕步昌：里名，屬固始縣。

〔3〕朱寬：人名，為田卒。

‧右亭長十六人、隧長十三人　　　　　　　　　　　73EJT9：84

延壽〔1〕隧長奴　妻大孝君　　▢　　　　　　　　　73EJT9：85

【集注】

〔1〕延壽：隧名。

樂昌〔1〕隧長昭武安定〔2〕里公乘顏賀〔3〕，年廿二　初元四年三月庚申除　見史〔4〕　　　　　　　　　　　　　　　　　　73EJT9：86

【校釋】

「顏」原作「顧」，徐佳文（2017A）釋。

【集注】

〔1〕樂昌：隧名。

〔2〕安定：里名，屬昭武縣。

〔3〕顏賀：人名，為樂昌隧長。

〔4〕史：于豪亮（1983，100頁）：《漢書‧兒寬傳》：「時張湯為廷尉，廷尉府盡用文史法律之吏。」注：「師古曰：史謂善史書者。」因此史是善史書者，不史是不善史書者……所謂「史書」決不是大篆，而是當時流行的、也是居延漢簡使用的隸書。所謂「善史書」是說善於寫這種字。稱之為「史書」是因為令史、書佐這樣的人草擬、謄寫公文，常常寫這樣的字的緣故。

冨谷至（1983，48頁）：「史書」應解釋為：以「得為吏」為目的而學習的書體和書法……「善史書」不光是對能通隸書，也是對能通越來越生疏的古文字的人表示讚賞。

籾山明（2007，96頁）：筆者認為將居延漢簡中的「史」解釋為「寫史書的能力」是妥當的。但是，對於「史書」的定義卻頗有疑問。原因是，「善史書」（擅長寫史書）這一說法也常被用於表示兩漢時代皇族的素養……對於皇后或皇帝來說，能夠書寫「當時流行的、也是居延漢簡使用的隸書」應該不是需要特別提出的事。所謂「史書」，大概是指比較特殊的文字或字體吧。於是，就聯想到了英國國家圖書館的削衣以及玉門花海出土的七棱觚上可見的字體。如果將這種遺留有古風的隸書看作是「史書」，那將其作為皇族的素養而特別提出就不是不可思議了。

冨谷至（2013，142～143頁）：「史」，即令史，也就是書記官。書記是撰寫文書的下級吏員，負責抄寫由上級機關下發的指令公文，向下級機關傳達，並完成發往上級機關的報告書，任何場合下都要撰成原本和副本。書寫工作還包括製作賬簿、記錄行政活動等等。文書行政的實施，的確在很大程度上取決於書記官的工作模式，但是行政文書的規格則有統一的體裁。不僅僅是文書格式，字體也有嚴格規定。第一章介紹了張家山漢律的史律，文中論述了與史書相對應的「卜書」一詞。適應占卜需要的書法便是「卜書」，但之後所謂八體（六體）的字體種類中，沒有發現與卜書密切相關的字體。同樣，還有與行政文書相對應的書體。適度使用懸針和波磔，用隸書寫出的獨特書法（它不單是字體，也是與書寫物相切合的獨特書寫方法，故而稱為「書法」更為恰當），這就是所謂「史書」。隸書並不等同於史書。「史書—令史（書記官）的書法」，應該指的是一種適用於隸書體行政文書的書法，一種能夠給文書整體視覺效果賦予權威性和公信力的書法。製作這類文書的卓越技窮，不正是文獻中所說的「善史書」嗎？

李天虹（1996，68頁）：所謂「史」「不史」，當指官吏能否從事文書工作。

于振波（1999，228頁）：「史」可以理解為過分文飾而掩蓋了其本來面目。結合漢代有關史料，我們認為，「善史書」實際上是一種書面表達能力，而「文法吏」是應該具備這種能力的。

中國簡牘集成編輯委員會（2001H，64頁）：此類除書之「史」「不史」可有兩解，一是可為史，和不可為史，見《說文・敘錄》和《漢書・藝文志》。「史」，為有秩官吏的最低一級。另一是指是否會「史書」（隸書）。

李天虹（2003，6頁）：綜合分析，漢代諷（「背誦」）書（「書寫」）五千字以上方能稱「史」，而所謂「史書」，可能特指《史籀篇》；「善史書」大概是說善於諷、書《史籀篇》。

汪桂海（2004，29頁）：「史書」在漢初是具有特定含義（籀文、大篆）的語詞……隨著隸書的產生和普及，大篆作為主流字體的時代就結束了，隨之而來的是隸書時代，掾史在這時仍然是官府文書的主要承擔者，史書一詞的含義就隨著時代的變化而發生了變化。它開始被人們用來指代隸書，繼而又可以作為草書的另一名稱。與此同時，經掾史撰寫而成、由文字組成的官府文書，也逐漸被人們以「史書」相稱，從而賦予「史書」新的含義。但作為大篆意義上的「史書」一詞，此時仍然存在於律令掌故之中。

劉濤（2006，92頁）：「史書」是由官名的「史」或者字書《史籀篇》而得名，「史書」是兩漢通用的概念，兼指字書與書體。而漢朝課「史」的書體前有「八體」後有「六書」，雖然書體名目有變更，但都是一組書體，這一點兩漢也是相通的。既然史學童學習的書體有多種，主持課試的太史通曉各種書體也不言而喻，那麼我們可以認為，漢朝課「史」的書體具有「系統」的特徵。如果我們將「史書」作為一個書體系統看待，大篆、隸書都可以包括在「史書」之內。

邢義田（2011F，648～649頁）：《史律》「又以……試之」的敘述方式明顯將「史學童」和「史」要面對的考試和考課區分為兩階段。六或八體的考課是針對「史」而設，而不是「史學童」。史學童於學習之初，似僅習一種基本的字體。在秦及漢初，應為篆；漢中期以後，在某些情形下（如在邊塞）或為隸。待通過誦寫五或九千字的考試，取得史的資格以後，再以史的身份進一步參加八或六種書體的考課；考核能通過，才有資格出任較高的吏職。

大西克也（2011，449頁）：西漢後期「史」的資格很可能改為會讀寫一定數量以上的「繆篆」或古隸，就是英藏《蒼頡篇》和漢印中所見的那個字體……「史」本是掌握權威文字的文字工作者的稱號，那麼，權威文字從籀文到小篆，再到「繆篆」，「史」「不史」的內含也應該跟著變了。

今按，關於漢簡中的「史」或「史書」，有許多學者進行過討論。但眾說紛紜，尚未達成一致見解。對「史」的考課，典籍和出土材料均可見。如《說文解字敘》：「尉律：學僮十七已上，始試，諷籀書九千字，乃得為吏，又以八體試之。郡移太守并課，最者以為尚書史。書或不正，輒舉劾之。」《漢書·藝文志》：「漢興，蕭何草律，亦著其法，曰：『太史試學童，能諷書九千字以上，乃得為史。又以六體試之，課最者以為尚書御史史書令史。吏民上書，字或不正，輒舉劾。』」

又張家山漢簡《二年律令·史律》475～476號簡：「試史學童以十五篇，能風（諷）書五千字以上，乃得為史。有（又）以八膿（體）試之，郡移其八膿（體）課大史，大史誦課，取（寂）最一人以為其縣令史，殿者勿以為史。三歲壹并課，取（寂）最一人以為尚書卒史。」根據典籍和漢簡中的記載來看，「史」和「史書」應當分開來講，「史」當指識字能力，而「史書」則是一種字體。至於「史書」這種字體的所指，劉濤認為其具有「系統」的特徵，大篆、隸書都可以包括在「史書」之內。這種看法我們認為應當是合理的。

田卒東郡東阿當夏〔1〕里官大夫丁厖〔2〕，年廿六、長七尺二寸、黑色　ノ

從者魏郡北里〔1〕耶道〔2〕，年廿二　　　☑　　　　　　　73EJT9：88

【集注】

〔1〕北里：趙海龍（2014A）：漢代等級人口信息一般為郡縣鄉里，其中郡名和鄉名或有省略，但是縣名很少見有省略者，「魏郡北里」中的「北」字不可能為縣，否則「里」名則消失了。因而筆者懷疑，此處記載的信息應當不全面。

今按，其說當是。北里為里名。

〔2〕耶道：人名，為從者。

田卒東郡東阿當夏〔1〕里官大夫丁厖〔2〕，年廿六、長七尺二寸、黑色　ノ
　　　　　　　　　　　　　　　　　　　　　　　　　　　73EJT9：90

【集注】

〔1〕當夏：里名，屬東阿縣。

〔2〕丁厖：人名，為田卒。

·右候一人　凡用錢六千　　　　　　　　　　　　　73EJT9：91

河內溫貞陽〔1〕里爵大夫單彊〔2〕　年廿六，馬，劍一、弓一、矢一發　字長

孟　☑　　　　　　　　　　　　　　　　　　　　　73EJT9：93

【集注】

〔1〕貞陽：里名，屬溫縣。

〔2〕單彊：人名。

從者京兆尹長安大原〔1〕里賈相〔2〕，年十六歲、長五尺、黑色　☑

　　　　　　　　　　　　　　　　　　　　　　　73EJT9：94A

莫當　☑　　　　　　　　　　　　　　　　　　73EJT9：94B

【集注】

〔1〕大原：里名，屬長安縣。

〔2〕賈相：人名，為從者。

方相車一乘，駓牡馬一匹，齒十四歲、高六尺　　　73EJT9：95

　　・凡十四人皆客子　☑

☐

　　軺車十乘，馬十匹　☑　　　　　　　　　　73EJT9：97

長安新里〔1〕公大夫張駿〔2〕，年卅五、長七尺三寸、黑色　五月壬子出　丿

　　　　　　　　　　　　　　　　　　　　　　　73EJT9：98

【集注】

〔1〕新里：里名，屬長安。

〔2〕張駿：人名。

魏里〔1〕陳過眾〔2〕等五人，凡十五人☐☐☐東☐☐☐☐　73EJT9：99

【集注】

〔1〕魏里：里名。

〔2〕陳過眾：人名。

橐佗石郵〔1〕亭長婁孝君〔2〕　　　　　　　　　　　73EJT9：105

【集注】

〔1〕石郵：亭名。

〔2〕婁孝君：人名，為亭長。

五月壬子出

□□□陽里□彊，年廿八、長七尺四寸、黑色　軺車一乘，馬一匹　弓一、矢
十二枚、劍一　　刀　　　　　　　　　　　　　　　　73EJT9：106

☑　五鳳二年閏月二日，過南　卩　　　　　　　　　73EJT9：108

車十一卩

羊十二卩

米九斗卩　□□□□卅　　　　　　　　　　　　　　73EJT9：109A

……　　　　　　　　　　　　　　　　　　　　　　73EJT9：109B

……郡……　　　　　　　　　　　　　　　　　　　73EJT9：112

戍卒淮陽郡城父邑道成〔1〕李王〔2〕，年廿四　卩（竹簡）　　73EJT9：113

【校釋】

　　「卩」原缺釋，姚磊（2018D，360 頁）補釋。又姚磊（2018D，361 頁）、（2018E，188 頁）將該簡和簡 73EJT9：114 編連為同一簡冊。今按，兩簡字體筆迹完全不同，或不能編連。

【集注】

〔1〕道成：鄭威（2015，229 頁）：從簡文體例上看，道成應是城父邑中之里，簡牘書手記錄時恐漏書「里」字。

　　　　　今按，其說是。道成當為里名，屬城父邑。

〔2〕李王：人名，為戍卒。

隴西襄武〔1〕承反〔2〕里廉樂〔3〕（竹簡）　　　　　73EJT9：114

【校釋】

　　姚磊（2018D，361 頁）、（2018E，188 頁）將該簡和簡 73EJT9：113 編連為同一簡冊。今按，兩簡字體筆迹完全不同，或不能編連。

【集注】

〔1〕襄武：漢隴西郡屬縣。《漢書·地理志下》：「襄武，莽曰相桓。」

〔2〕承反：里名，屬襄武縣。

〔3〕廉樂：人名。

田卒東郡畔邑〔1〕利里〔2〕公大夫□□，年廿九　長七尺二寸、黑色　ς（竹簡）　　　　　　　　　　　　　　　　　　　　　　　73EJT9：116

【校釋】

「畔」原作「西」，鄭威（2015，233頁）、（2018，534頁）釋。該字黃浩波（2011C）疑為「臨」字誤釋，晏昌貴（2012，251頁）從黃浩波釋。又「廿九」姚磊（2018A1）、（2018E，207頁）認為當存疑不釋。今按，姚說可從，該簡右半殘缺，不可辨識，此暫從整理者釋。

【集注】

〔1〕畔邑：鄭威（2018，534頁）：從「畔邑」之名可知，畔也曾設湯沐邑。當然，由於畔邑僅此一見，也存在「邑」字從下讀的可能，若依此，該田卒籍貫也可能是畔縣的邑利里。不過，宋人趙明誠《金石錄》有關「畔邑」的記載與這條簡文可以互證。

　　　　　今按，其說是。畔縣屬東郡，其曾為邑。

〔2〕利里：里名，屬畔邑。

戍卒潁川定陵陽里〔1〕不更許賢〔2〕，年卅　Ｊ（竹簡）　　　　73EJT9：117

【集注】

〔1〕陽里：里名，屬定陵縣。

〔2〕許賢：人名，為戍卒。

……　　　　　　　　　　　　　　　　　　　　　　　　　73EJT9：118

居延鳴沙〔1〕里董君至〔2〕、小奴賀〔3〕　大⊿　　　　　　73EJT9：119

【校釋】

「鳴」原作「嗚」，何茂活（2014D）、（2016C）釋。

【集注】

〔1〕鳴沙：里名，屬居延縣。

〔2〕董君至：人名。

〔3〕賀：人名，為小奴。

倉嗇夫表是脩義〔1〕里公乘☑　　　　　　　　　　73EJT9：120

【集注】

〔1〕脩義：里名，屬表是縣。

將車〔1〕觻得好仁〔2〕里士五□☑　　　　　　　　73EJT9：121

【集注】

〔1〕將車：富谷至（2018，185頁）：應將「將車」解釋為「御車（駕馭）」之意。
　　　　今按，說或是，但漢簡中這種用法的「將」字多為「率領」之意。

〔2〕好仁：里名，屬觻得縣。

會水候大奴宜馬〔1〕，年廿、長七尺二寸、黑色　　☑　　73EJT9：122

【集注】

〔1〕宜馬：人名，為大奴。

觻得安樂〔1〕里公乘伍護〔2〕，年廿四☑　　　　　73EJT9：123

【集注】

〔1〕安樂：里名，屬觻得縣。

〔2〕伍護：人名。

居延始至〔1〕里女子高襄〔2〕，年十八歲　　☑　　73EJT9：125

【集注】

〔1〕始至：里名，屬居延縣。

〔2〕高襄：人名。

齊郡鉅定縣壯里〔1〕不更宿建〔2〕，年☐　　　　　　　　73EJT9：126

【集注】

〔1〕壯里：里名，屬鉅定縣。

〔2〕宿建：人名。

驪軒尉史當利〔1〕里呂延年〔2〕，年廿四　　☐　　　　　73EJT9：127

【集注】

〔1〕當利：里名。

〔2〕呂延年：人名，為尉史。

京兆尹杜陵豐滿〔1〕里公乘☐☐☐，年廿三、長七尺三寸☐☐　73EJT9：128

【校釋】

「滿」字晏昌貴（2012，249頁）從張俊民釋文電子本改釋作「年」。今按，原
釋文作「滿」不誤。

【集注】

〔1〕豐滿：里名，屬杜陵縣。

☐　黑色　☐　　　　　　　　　　　　　　　　　　　73EJT9：129

☐臨，年卅三，輺車一乘　　☐　　　　　　　　　　　73EJT9：130

☐輺車一乘，馬二匹☐　　　　　　　　　　　　　　　73EJT9：131

☐里小女聊珠〔1〕，年☐　　　　　　　　　　　　　　73EJT9：132

【集注】

〔1〕聊珠：人名。

大奴利　☐　　　　　　　　　　　　　　　　　　　　73EJT9：134

☐三百　二百九十　二百一十　　　　　　　　　　　　73EJT9：135

☐完城旦歲萬年故☐☐　　　　　　　　　　　　　　　73EJT9：136

☐河南安樂〔1〕里徐捐之〔2〕，年廿、長七尺二寸、黑色　☐　73EJT9：137

【集注】

〔1〕安樂：里名，屬河南縣。

〔2〕徐捐之：人名。

☒□來，年卅、黑色　☒　　　　　　　　　　　　73EJT9：141

☒　十一月戊申出丿　　　　　　　　　　　　　　73EJT9：142

觻得孔嘉〔1〕里公乘☒　　　　　　　　　　　　73EJT9：143

【集注】

〔1〕孔嘉：里名，屬觻得縣。

☒牛車一兩　☒　　　　　　　　　　　　　　　　73EJT9：146

乙卯　☒　　　　　　　　　　　　　　　　　　　73EJT9：147

張掖屬國右部□☒　　　　　　　　　　　　　　　73EJT9：148

祿福廣漢〔1〕里大夫孟建循〔2〕，年☒　　　　　73EJT9：149

【集注】

〔1〕廣漢：里名，屬祿福縣。

〔2〕孟建循：人名。

茂陵西始樂〔1〕里☒　　　　　　　　　　　　　　73EJT9：150

【集注】

〔1〕西始樂：當為里名，屬茂陵縣。

方相一乘，䮵牡馬一匹，齒☒　　　　　　　　　　73EJT9：155

居延司馬妻右扶風郿〔1〕朝☒　　　　　　　　　　73EJT9：156

【集注】

〔1〕郿：右扶風屬縣。《漢書·地理志上》：「郿，成國渠首受渭，東北至上林入蒙
　　籠渠。右輔都尉治。」

☒□門長吏呂□☒　　　　　　　　　　　　　　　73EJT9：158

☑一兩、牛一　八月壬寅　劍盾一　☑　　　　　　　73EJT9：160

【校釋】

　　「盾」字何茂活（2014C）、（2016A）改釋「楯」。今按，改釋或可從，但該簡左半缺失，不能確知，暫從整理者釋。

☐☐☐☐☐錢☑　　　　　　　　　　　　　　　　　73EJT9：164

☑☐佐里焦☑　　　　　　　　　　　　　　　　　　73EJT9：166

☑九月庚子出阝　　　　　　　　　　　　　　　　　73EJT9：169

【校釋】

　　「阝」原作「刀」，何茂活（2014C）、（2016A）釋。

☑車一兩、牛二　　　　　　　　　　　　　　　　　73EJT9：171

☑☐謝里趙☑　　　　　　　　　　　　　　　　　　73EJT9：174

・最　　☑　　　　　　　　　　　　　　　　　　　73EJT9：176

☑☐☐韓萬年，年☑　　　　　　　　　　　　　　　73EJT9：180

昭武宜勝里公乘張☐年☐一☑　　　　　　　　　　　73EJT9：182

【校釋】

　　「勝」何茂活（2014C）、（2016A）釋「歲」，張俊民（2014B）釋「春」。今按，該簡左半缺失，不能確知，暫從整理者釋。

☑亭長☐☐……☑　　　　　　　　　　　　　　　　73EJT9：184

☑意田隧居延雜☑　　　　　　　　　　　　　　　　73EJT9：185

從者☐☐官☐☐☐☐☑　　　　　　　　　　　　　　73EJT9：187

☐妻京兆尹長安長樂〔1〕☐☑　　　　　　　　　　　73EJT9：188

【集注】

〔1〕長樂：或為里名，屬長安縣。

從者……☑　　　　　　　　　　　　　　　　　　　73EJT9：190

☑入王執☑　　　　　　　　　　　　　　　　　　　73EJT9：191

☑　買……☑　　　　　　　　　　　　　　　　　73EJT9：192

☑安東鄉步樂□☑　　　　　　　　　　　　　　　73EJT9：194

☑尺二寸、黑色　　☑　　　　　　　　　　　　　73EJT9：195

戍卒趙國邯鄲廣陽〔1〕里公乘蓋□☑　　　　　　　73EJT9：196

【集注】

〔1〕廣陽：里名，屬邯鄲縣。

☑公乘姚解憂〔1〕，年卅二☑　　　　　　　　　　73EJT9：197

【集注】

〔1〕姚解憂：人名。

☑弓一、矢廿　　☑　　　　　　　　　　　　　　73EJT9：199

☑尺八寸……☑　　　　　　　　　　　　　　　73EJT9：200A

☑……☑　　　　　　　　　　　　　　　　　　73EJT9：200B

☑酒泉䅩福主章……卅二　　☑　　　　　　　　　73EJT9：201

☑馬一匹　以二月……☑　　　　　　　　　　　　73EJT9：203

☑大常長陵西仁〔1〕里掌誼〔2〕　　☑　　　　　　73EJT9：204

【校釋】

「大常」原作「戍卒」，黃浩波（2018A，121頁）釋。

【集注】

〔1〕西仁：里名，屬長陵縣。

〔2〕掌誼：人名。

☑□穎川郡陽翟邑波陽〔1〕里張樂〔2〕，年廿八　☑　73EJT9：206

【校釋】

「波」原作「汲」，方勇（2013），方勇、周小芸（2014，232頁）釋。

【集注】

〔1〕波陽：里名，屬陽翟邑。

〔2〕張樂：人名。

☑　延年騎士　☑（削衣） 73EJT9：216

☑弩一、矢五十　牛車一兩，已入　丙午入☑ 73EJT9：219

☑金關令史周 73EJT9：220

☑以二庚午出 73EJT9：222

☑公乘蘇冶〔1〕，年廿六☑ 73EJT9：224

【集注】

〔1〕蘇冶：人名。

觻得□□□□里公乘張武□☑ 73EJT9：225A

道病病所☑ 73EJT9：225B

☑……得出……☑

☑……盡以糒……☑ 73EJT9：226

☑　葆居延肩水〔1〕里公乘史樂宗〔2〕，年卅二歲、長七尺二寸☑

73EJT9：228

【集注】

〔1〕肩水：里名，屬居延縣。

〔2〕史樂宗：人名。

妻大女觻得長秋〔1〕里王第卿〔2〕，年廿八　　☑ 73EJT9：229

【集注】

〔1〕長秋：里名，屬觻得縣。

〔2〕王第卿：人名。

子男張騎將　　☑ 73EJT9：230

彭祖〔1〕妻亭　　☑ 73EJT9：233

【集注】

〔1〕彭祖：人名。

受七月丙寅餘穀卅四石七斗九升少半升　　☑ 73EJT9：234

■右要虜〔1〕隧　　☑　　　　　　　　　　　　　　73EJT9：236

【集注】

〔1〕要虜：隧名。

☑卅日積百五十人，人六升　　犍為〔1〕郡　　　　　73EJT9：237

【集注】

〔1〕犍為：周振鶴（2017，151～152 頁）：建元六年，武帝派唐蒙出使南夷，勸喻
巴蜀以南的夜郎國及附近小邑歸順漢朝，因之置犍為郡。犍為郡地乃合廣漢郡
南部及新開的部分南夷地而成。

黃浩波（2011C）：即《地理志》犍為郡。陳直先生《漢書新證》曰：「漢
代金石刻辭，犍為皆作楗為，從木不從牛，蓋假借字。自隋仁壽四年楗為權始
寫作犍為，與文獻相同。」漢代犍為皆作楗為，證之漢簡亦是如此。

今按，諸說是。楗為即犍為。《漢書・地理志上》：「犍為郡，武帝建元六
年開。莽曰西順。屬益州。」

觻得久長〔1〕里公乘吳根〔2〕，年廿五　長七尺三☑　　73EJT9：238

【集注】

〔1〕久長：里名，屬觻得縣。

〔2〕吳根：人名。

☑　輺車一乘，馬一匹　刀　　　　　　　　　　　　73EJT9：240

河南郡原武南長〔1〕里公乘王樂〔2〕，年卅、長七尺二寸、黑☑73EJT9：241

【集注】

〔1〕南長：里名，屬原武縣。

〔2〕王樂：人名。

子小男買之〔1〕，年二歲☑　　　　　　　　　　　73EJT9：242

【集注】

〔1〕買之：人名。

☑者觻得成漢〔1〕里□☑　　　　　　　　　　　　　　　73EJT9：243

【校釋】

　　簡首殘斷處何茂活（2014C）、（2016A）補釋「從」，簡末未釋字補釋「簪」。今按，補釋或可從，但該簡兩端殘斷，僅存一點墨迹，不能辨識，當從整理者釋。

【集注】

〔1〕成漢：里名，屬觻得縣。

☑郡熒陽宜秋〔1〕里公乘☑　　　　　　　　　　　　　　73EJT9：244

【校釋】

　　「熒」原作「榮」，何茂活（2014D）、（2016C），趙爾陽（2016B），黃艷萍（2016B，124 頁）、（2018，136 頁）釋。

【集注】

〔1〕宜秋：里名，屬熒陽縣。

☑弓一、矢廿，四月甲戌出　卩☑　　　　　　　　　　　73EJT9：245

居延收降〔1〕里上造☑　　　　　　　　　　　　　　　　73EJT9：246

【集注】

〔1〕收降：里名，屬居延縣。

☑一匹，騮牡、齒八歲　　　　　　　　　　　　　　　　73EJT9：249

淮陽郡古始大安☑　　　　　　　　　　　　　　　　　　73EJT9：253

☑　牛車一兩　弓蔪□☑　　　　　　　　　　　　　　　73EJT9：254

【校釋】

　　「蔪」原作「二月」，何茂活（2014C）、（2016A）釋。

☑公乘王何〔1〕，年卅　☑　　　　　　　　　　　　　　73EJT9：256

【集注】

〔1〕王何：人名。

☑里侯郵　☑　　　　　　　　　　　　　　　73EJT9：257

京兆尹長安長產〔1〕里公乘蔡福〔2〕，年卅……☑　　　73EJT9：358+258

【校釋】

　　尉侯凱（2016C）、（2017B，351 頁）綴。「產」原作「彥」，晏昌貴（2012，249頁）從張俊民釋文電子本釋。

【集注】

〔1〕長產：里名，屬長安縣。

〔2〕蔡福：人名。

☑　陳充　☑☑☑
☑乙卯顏橐　・中部卒☑
☑　　☑☑　☑　　　　　　　　　　　　　　73EJT9：259A
☑長安卒☑☑　　☑
☑……　☑　　　　　　　　　　　　　　　　73EJT9：259B

【校釋】

　　A 面第二行「顏」原作「顧」，姚磊（2017D6）釋。

☑　弘二月己酉出☑一☑一　輻車二乘，馬三匹，弓一、矢☑ 73EJT9：260

☑……輻車一乘，馬☑匹　☑☑☑☑☑
☑　五月壬子出　　　　　　　　　　　　　　73EJT9：261

【校釋】

　　第一行「匹」後未釋四字何茂活（2014C）、（2016A）補「弓一失二」。今按，補釋或可從，但該簡右半缺失，字多不能辨識，當從整理者釋。

☑☑魏郡鄃園　有☑　　　　　　　　　　　　73EJT9：262

【校釋】

　　該簡似為兩殘斷簡片貼在一無字簡上。從字體等來看，空格前後兩部分之間似無關係，當原屬不同的簡。

☑壽

☑□　以正月壬子出　　　　　　　　　　　　　　73EJT9：269

☑　二月丙戌入　　　　　　　　　　　　　　　　73EJT9：270

☑　尺五寸　　　　　　　　　　　　　　　　　　73EJT9：274

☑甲寅出　　　　　　　　　　　　　　　　　　　73EJT9：276

陽縣觀里〔1〕公……　☑　　　　　　　　　　　　73EJT9：277

【集注】

〔1〕觀里：里名，屬陽縣。

☑□年十七、長六尺五寸、黑色　弓☑　　　　　　73EJT9：279

京兆尹長安☑　　　　　　　　　　　　　　　　　73EJT9：280

居延亭長金成〔1〕里杜……　☑　　　　　　　　　73EJT9：281

【校釋】

　　「杜」下姚磊（2017C3）補一「奉」字。今按，補釋似可從，但該字漫漶不清，不能確知，暫從整理者釋。

【集注】

〔1〕金成：里名。

☑□長六尺五寸、黑色　　　　　　　　　　　　　73EJT9：289

【校釋】

　　未釋字姚磊（2017D2）補「五」。今按，補釋或可從，但該字漫漶不清，不能確知，當從整理者釋。

□□□☑　　　　　　　　　　　　　　　　　　　73EJT9：291

□□□弓一、矢八十枚　丿　☑　　　　　　　　　73EJT9：292

【校釋】

　　該簡為兩片削衣拼接貼在一枚簡上。姚磊（2017G3）、（2018E，46頁）認為兩則削衣不能綴合，且亦不能和其所附著的簡綴合。其說是，「弓」及其下文字和前面

未釋字字體筆迹等不同，當屬不同的簡。至於說其附著在空白簡上，並不是綴合，這種情況金關漢簡常見。

☑……	73EJT9：294
小奴張……☑	73EJT9：295

四斗斗一主入　　☑
……　　☑ 　　　　　　　　　　　　　　73EJT9：296A
□□□二斗□□二斗　　☑
胡子文二斗入大石　　☑ 　　　　　　　　　　　73EJT9：296B

【校釋】

　　A 面「斗一」原作「佐」，何茂活（2014D）、（2016C）釋。又「主入」何茂活（2014D）、（2016C）釋「二出入」，姚磊（2017E4）釋「主人」。今按，從字形看，似為「主人」二字，但從該簡的書寫風格及文義來看，亦有可能是「二出入」，暫從整理者釋。又 B 面第一行兩處「二斗」原均未釋，何茂活（2014C）、（2016A）補釋。

☑……	73EJT9：298
使田假作……☑	73EJT9：302
☑麓，年五十三　　☑	73EJT9：303

【校釋】

　　「麓」字何茂活（2014D）、（2016C）釋作「林剛」。今按，該字圖版作 **𣜧** 形，似非兩字，其上部從「林」無疑，但下部顯非「剛」字，似亦非「鹿」，當存疑待考。

☑□□□　　☑	73EJT9：306
☑　不入	73EJT9：307
☑弓一、矢十二，以十二月甲申出	73EJT9：308
☑　之之之☑（削衣）	73EJT9：309
☑延　　五鳳元年五月乙亥〔1〕出，六月戊戌入　丿（竹簡）	73EJT9：311

【集注】

〔1〕五鳳元年五月乙亥：五鳳，漢宣帝劉詢年號。據徐錫祺（1997，1569 頁），五鳳元年五月戊午朔，十八日乙亥，為公曆公元前 57 年 6 月 27 日。

☑　奉用錢〔1〕二□☑（削衣）　　　　　　　　　　　　73EJT9：314

【集注】

〔1〕奉用錢：陳夢家（1980，142 頁）：漢簡的月俸錢稱為「奉用錢」，亦作「奉錢」「用錢」「祿用錢」或「祿錢」。月俸以前，偶以布帛代替，稱為「奉帛」「祿帛」「祿用帛」或「用帛」。

　　　今按，其說是。奉用錢即官吏俸祿用錢。

□佰□☑　　　　　　　　　　　　　　　　　　　　　73EJT9：315

【校釋】

　　簡首未釋字任達（2014，159 頁）作「印」。今按，說當是，簡文磨滅，不能確知，暫從整理者釋。

☑　□
☑　王少（削衣）　　　　　　　　　　　　　　　　　73EJT9：318

☑　六月□□入卩　　　　　　　　　　　　　　　　　73EJT9：321

【校釋】

　　「卩」原缺釋，何茂活（2014C）、（2016A）補。

⋯⋯胡里張千秋〔1〕，年卅　八　　☑　　　　　　　　73EJT9：323

【集注】

〔1〕張千秋：人名。

☑⋯⋯長七尺二寸、黑色☑　　　　　　　　　　　　　73EJT9：329
☑九通五十九☑　　　　　　　　　　　　　　　　　　73EJT9：330
☑二車二兩⋯⋯　　　　　　　　　　　　　　　　　　73EJT9：331

居延縣三老遮虜〔1〕里彭□☑　　　　　　　　　　　　73EJT9：332

【集注】

〔1〕遮虜：里名。

☑六十　☑　　　　　　　　　　　　　　　　　　73EJT9：337

☑候　以六月戊戌　已入卩　　　　　　　　　　　73EJT9：338

【校釋】

「已入」原作「卩」，曹方向（2011）釋。

左馮翊池陽〔1〕利上〔2〕里公乘楊熊〔3〕，年五十八☑　　73EJT9：339

【集注】

〔1〕池陽：左馮翊屬縣。《漢書・地理志上》：「池陽，惠帝四年置。」

〔2〕利上：里名，屬池陽縣。

〔3〕楊熊：人名。

☑□車一兩　　　　　　　　　　　　　　　　　　73EJT9：340

□□牛里□□定，年廿三☑　　　　　　　　　　　73EJT9：344

☑　二月己☑　　　　　　　　　　　　　　　　　73EJT9：345A

☑……☑　　　　　　　　　　　　　　　　　　　73EJT9：345B

……☑　　　　　　　　　　　　　　　　　　　　73EJT9：346

……☑　　　　　　　　　　　　　　　　　　　　73EJT9：350

……　　　　　　　　　　　　　　　　　　　　　73EJT9：352A

……　　　　　　　　　　　　　　　　　　　　　73EJT9：352B

☑□□□……☑　　　　　　　　　　　　　　　　73EJT9：354

☑　□子□　　　　　　　　　　　　　　　　　　73EJT9：355

【校釋】

「子」字姚磊（2017D2）認為當待考。今按，說似可從，該簡左半缺失，字多不能辨識。

☑……　☑　　　　　　　　　　　　　　　　　　73EJT9：356

…… 　　　　　　　　　　　　　　　　　　　73EJT9：360

…… 　　　　　　　　　　　　　　　　　　　73EJT9：361

觻得市陽〔1〕里□□，年□□□　　　　　　　73EJT9：362

【集注】

〔1〕市陽：里名，屬觻得縣。

河內溫市昌〔1〕里杜明〔2〕，年廿二歲　☑　　73EJT9：363

【集注】

〔1〕市昌：里名，屬溫縣。

〔2〕杜明：人名。

…… 　　　　　　　　　　　　　　　　　　　73EJT9：364

☑　七月乙卯　　　　　　　　　　　　　　　73EJT9：365

☑□□明部□☑（削衣）　　　　　　　　　　73EJT9：366

☑□□☑　　　　　　　　　　　　　　　　　73EJT9：368

☑一　□□　　　　　　　　　　　　　　　　73EJT9：370

☑……　　　　　　　　　　　　　　　　　　73EJT9：371

☑……　　　　　　　　　　　　　　　　　　73EJT9：372

☑……　　　　　　　　　　　　　　　　　　73EJT9：373

【校釋】

　　該簡何茂活（2014C）、（2016A）補釋作「長□尺二寸」。今按，該簡左部大半殘缺，字多不能辨識，當從整理者釋。

☑　弓一、矢☑　　　　　　　　　　　　　　73EJT9：378

☑□食□□☑　　　　　　　　　　　　　　　73EJT9：380A

☑□□半　　　☑　　　　　　　　　　　　　73EJT9：380B

【校釋】

　　A面未釋第一字何茂活（2014C）、（2016A）補「酒」。今按，補釋或可從，但該簡左半缺失，不能確知，當從整理者釋。

☑□色　☑　　　　　　　　　　　　　　　　　73EJT9：381

☑□□□矢奪勞☑（削衣）　　　　　　　　　　73EJT9：385

☑寸、黑色　　　　　　　　　　　　　　　　　73EJT9：386

肩水金關 T10

☑……長七尺二寸、黑色　刂　　　　　　　　　73EJT10：1

☑三寸、黑色　　　　　　　　　　　　　　　　73EJT10：8

☑　牛車一☑　　　　　　　　　　　　　　　　73EJT10：9

☑□年五十四☑　　　　　　　　　　　　　　　73EJT10：10

☑出粟小石二石五斗☑　　　　　　　　　　　　73EJT10：11

☑……取錢百（削衣）　　　　　　　　　　　　73EJT10：13

戍卒南陽郡□□□里公乘□應，年卅二（竹簡）　73EJT10：14

☑隧卒申至同〔1〕刂美草〔2〕隧卒郭奴〔3〕刂先就〔4〕隧卒綦毋小兔〔5〕刂
　　　　　　　　　　　　　　　　　　　　　　73EJT10：19

【集注】

〔1〕申至同：人名，為戍卒。

〔2〕美草：隧名。

〔3〕郭奴：人名，為戍卒。

〔4〕先就：隧名。

〔5〕綦毋小兔：人名，為戍卒。

☑□□長六尺目□□□□□□□　　　　　　　　73EJT10：25

☑□程以□□葦橐一，黍〔1〕一斗半如☑　　　73EJT10：26

【集注】

〔1〕黍：勞榦（1960，60～61頁）：黍穈與稘程同……黍應分為二類，其黏者謂之
　　黍，其不黏者謂之稘，稘之別名則為穈及稘程。至《說文》：「黍禾屬而黏者
　　也。」禾仍指粟，與黍略異。蓋黍與粟俱為黃色細粒，惟黍大而先澤耳。依九
　　穀考之解釋，黍與粟之別在穀穗，黍穗較舒散而勁直（據月令鄭注）。而粟穗
　　則粒粒相聚，垂穎向根（據淮南子許注）。而其實仍相類也。

　　黃今言（1993，305 頁）：包括穈、稷。黍有黏性，而穈、稷則無粘性。
產於西北高原及黃河流域。

　　韓華（2014，380 頁）：黍，一種糧食作物，子粒略扁，淡黃色，去皮後
叫黃米，比小米稍大，煮熟後有黏性，可釀酒、做羔。

　　今按，諸說多是。黍是一種有黏性的穀物。《說文・黍部》：「黍，禾屬而
黏者也。」

☑□□始已歸之□□□□　　　　　　　　　　　　　　73EJT10：27

倉大□大□□毌入受受　　☑　　　　　　　　　　　73EJT10：28

【校釋】

　　「受受」後原釋文有一「延」字，江滿琳（2019，104 頁）認為「延」字為衍
文。今按，其說是，據刪。

居延陽里〔1〕戶人大男李嘉〔2〕，年□☑　　　　　　73EJT10：30

【集注】

〔1〕陽里：里名，屬居延縣。

〔2〕李嘉：人名。

☑　革甲鞮瞀四　　　　　　　　　　　　　　　　73EJT10：31

【校釋】

　　「革」原未釋，張俊民（2014B）釋。

葆日勒□……☑　　　　　　　　　　　　　　　　73EJT10：33

☑　卑迎若☑　　　　　　　　　　　　　　　　　73EJT10：34

淮陽固始昭陽〔1〕里郭賢〔2〕　　☑　　　　　　　73EJT10：41

【校釋】

　　「固」原作「國」，馬智全（2012，109 頁），黃浩波（2011B）、（2011C）、（2013A），
晏昌貴（2012，254 頁），黃艷萍（2016B，131 頁）釋。

【集注】

〔1〕昭陽：里名，屬固始縣。

〔2〕郭賢：人名。

☑食　☑　　　　　　　　　　　　　　　　　　　　　73EJT10：42

☑入　　　　　　　　　　　　　　　　　　　　　　　73EJT10：43

☑魚卅☑　　　　　　　　　　　　　　　　　　　　　73EJT10：45

通道殿元鳳五年十月穀出入簿　　☑　　　　　　　　73EJT10：62

　　　　　　　　　　其百六十四石二斗四升麥

受九月餘穀百七十三石二斗四升

　　　　　　　　　九石粟　　　　　　　　　　　　73EJT10：113

【校釋】

「麥」和「粟」原作「粟」和「麥」，魯家亮（2012，777 頁）釋。

　　　　　　　　其百六十八石二斗四升麥　　☑

今餘穀百七十七石二斗四升

　　　　　　　　九石粟　　☑　　　　　　　　　　3EJT10：101

【校釋】

「七十七」原作「七十八」，馬智全（2012，109 頁）、黃艷萍（2016B，131 頁）釋。

入穀小石六百一十一石六斗　　☑　　　　　　　　73EJT10：277

【校釋】

「一十一」原作「八十一」，胡永鵬（2016A，135 頁），姚磊（2017E4），張顯成、張文建（2017B，341 頁）釋。「六斗」原作「五斗」，何茂活（2014D）、（2016C）釋。

又張顯成、張文建（2017A）、（2017B，340 頁）綴合該簡與簡 73EJT10：174。姚磊（2017E4）指出 73EJT10：174 所記錄的粟、麥數量合計為「七百一十一石六斗」，無法吻合該簡的「六百一十一石六斗」，相差約「一百石」。認為綴合當可信，73EJT10：174 號簡的「四」字可能是「三」字，書手書寫有誤。

今按，兩簡同屬通道廡穀出入簿，形制、字體筆迹等較一致，但該兩簡茌口處不能吻合，又內容上不能銜接，或不能綴合。簡 73EJT10：174 中的「四」字明顯不為「三」。

☑其四百九石六斗粟

　　　　　受紀子杜〔1〕　☑

☑二百二石麥　　　　　　　　　　　　　　　　　　73EJT10：174

【校釋】

張顯成、張文建（2017A）、（2017B，340 頁）綴合簡 73EJT10：277 與該簡。今按，兩簡同屬通道廡穀出入簿，形制、字體筆迹等較一致，但該兩簡茌口處不能吻合，又內容上不能銜接，或不能綴合。

以上五簡姚磊（2018E，58 頁）、（2020A，78～79 頁）認為當可前後編次。今按，其說是。以上五簡當原屬同一簡冊，可編連。

【集注】

〔1〕紀子杜：人名。

觻得敬老〔1〕里任賞〔2〕，年廿五　輻車一乘、馬一匹　弓一、矢五十卩

　　　　　　　　　　　　　　　　　　　　　　73EJT10：63

【集注】

〔1〕敬老：里名，屬觻得縣。

〔2〕任賞：人名。

☑□吏□□移簿大守府十月　壬子入關　十一月庚辰出關　73EJT10：64

【校釋】

「十月」原作「九月」，李燁、張顯成（2015）釋。

☑元鳳六年四月盡六月財物出入簿　　　　　　　　73EJT10：65

夏侯初卿取麥一石，直錢百　　　　　　　　　　　73EJT10：66

　　　　　　其四石六斗五升粟

出穀小石卅四石四斗一升　　　　　　　以食傳馬六匹一月，其二匹縣馬

　　　　　廿九石七斗六升麥　　　　　　　73EJT10：67

其卅石八斗五升粟

・凡出穀小石六石斗一升

　　　　　　・廿九石七斗六升麥　　　　　73EJT10：85

【校釋】

「六石斗一升」劉倩倩（2015B，103 頁）認為脫漏一「十」字。今按，後面粟和麥的數量合計為六十石六斗一升。原簡或脫「十」和「六」字。

以上兩簡姚磊（2018E，62 頁）、（2020A，83 頁）認為可前後編次。今按，其說是。以上兩簡當原屬同一簡冊，可編連。

其二百一十石四斗五升粟

受二月餘穀五百八十石六斗九升

　　　　　　三百七十石二斗四升麥　　　73EJT10：73

　　　　　其二百六十七石八斗粟　☑

☑餘穀小石六百卅八石四升

　　　　　　三百七十石二斗四升麥　☑　73EJT10：117

　　　　　其三百卅八石五升粟

☑穀七百八石二斗九升

　　　　　　三百七十石二斗四升麥　　　73EJT10：94

　　　　　其四百一十八石六斗粟

凡穀小石七百八十八石四升

　　　　　　三百七十石二斗四升麥　　　73EJT10：68

【校釋】

第二行「八石四升」之間姚磊（2018E，59 頁）、（2020A，80 頁）認為書手抄寫漏掉了「八斗」。今按，說當是。

其四百卅五石粟

凡穀八百六十七石二斗

　　　　　　三百七十石二斗四升麥　　　73EJT10：82

【校釋】

第二行釋文姚磊（2018E，59 頁）、（2020A，80 頁）認為當為「凡穀八百五石二斗四升」。

以上五簡姚磊（2018E，60 頁）、（2020A，81 頁）認為當可前後編次。今按，其說是。以上五簡當原屬同一簡冊，可編連。

出粟小石二石　為御史張卿置豚二、雞一隻，南北食　　　　　73EJT10：69

【校釋】

「置」字作􀀀形，該簡「置豚」73EJT10：70 簡作「買豚」，頗疑該簡「置」亦當釋作「買」。「二石」姚磊（2018E，66 頁）、（2020A，86 頁）認為書寫錯誤，可能是「三石」。今按，說當是。

出粟小石三石　為廷史田卿買豚二、雞一隻，南北食　　　　　73EJT10：70

出粟小石一石五斗　以食廷史田卿張掖卒史野〔1〕，凡三人往來五日食，積十匹，匹食四斗　　　　　　　　　　　　　　　　　　　　　　　73EJT10：71

【校釋】

「三人」姚磊（2018E，66 頁）、（2020A，86 頁）認為書寫錯誤，當是「二人」。今按，說當是。

【集注】

〔1〕野：人名，為張掖卒史。

今餘廣漢八稯布〔1〕卅九匹，直萬　千　百廿七錢九分　　　73EJT10：72

【集注】

〔1〕廣漢八稯布：勞榦（1960，64～65 頁）：布帛之縷法，帛以兩計，布以稯計。兩之算法蓋依重量，今日生絹生紬為一匹重廿兩也。其以稯計者，則見於《說文》之：「布之八十縷為稯，五稯為秭，二秭為秅。」……今簡言給吏卒者，乃有八稯及十稯，在禮經雖為大小功之凶服，然塞上衣難，早以之為常服矣。

陳直（2009，387 頁）：七稯布等於喪家所用之粗麻布，居延因邊遠運輸困難，戍卒有時參用此等布，或專為徒隸之衣服，西漢初期之法令，至晚期仍未廢除矣。

于豪亮（1961，452 頁）：稯是絲布的縷數的單位。《說文》：「絩，綺絲之數也。《漢律》曰：『綺絲數謂之絩，布謂之總；綬組謂之首。』」又說：「稯，布之八十縷為稯。」……《說文》引《漢律》把絲和布分開來，以布

數為緵，絲數為絼，但在實際上，絲和布均以緵為單位，絼這個字差不多沒有使用過。

中國簡牘集成編輯委員會（2001I，18頁）：七稷布，即七緵布，粗布名，以葛麻為原料織成，為貧民或囚犯所衣。漢代以八十縷為一緵即幅寬二尺二寸，有五百六十縷經線。

趙蘭香、朱奎澤（2015，91～92頁）：漢代的布，依據其織物組織規格可分為七稷布、八稷布、九稷布、十稷布等……七稷布即七升布，則輻內有五百六十根經線，八稷布為幅內有六百四十根經線，十稷布為幅內有八百根經線，其密度為十六根／釐米。如此看來，七、八稷布較粗疏，九、十稷布則較細密。七稷布是刑徒和奴隸穿的布料。《史記・孝景本紀》：「令徒隸衣七稷布。」十稷布在當時是品質上乘的布，品質上可以與絲織羅、綺相仿。此外還有十一稷、十二稷布。十至十二稷都被稱為細布，而以十稷布為常制。

王子今（2018，253頁）：「廣漢八稷步」所見產品以出產地作為標識的情形，顯示品牌地位已經確定。

今按，諸說多是。廣漢八稷布即來自廣漢郡的八稷布。

出粟小石九石　以食御同〔1〕等三人，人一月食　　　　　　73EJT10：74

【集注】

〔1〕同：人名，為御。

出粟小石六石六斗　以食御史張酒泉卒史二人　　　　　　　73EJT10：75

【校釋】

李均明（2011E，264頁）認為原簡「御史張」下或脫「卿」字。今按，其說是，當為原簡書漏。

·右十月七人　　　　　　　　　　　　　　　　　　　　　　73EJT10：76

出粟八斗　以護所卒史丁卿御一人　　　　　　　　　　　　73EJT10：77

【校釋】

「護所」魯家亮（2012，781頁）認為可能是「護府」的別稱。今按，「所」當是「府」字的誤寫。又簡73EJT10：147則將「所乘」寫成了「府乘」，可知「所」和「府」常混。

出糜小石五六斗　史田卿乘張掖傳馬二匹，往來五日食，積十五匹，匹食四斗

73EJT10：78

【校釋】

「卿乘」原未釋，馬智全（2012，109頁）、張俊民（2014B）釋。又張俊民（2014B）認為簡上數字明顯不確：如「二匹」則應積十匹，匹食四斗，總數應為四石；若十五匹，則合六石，「二匹」當為「三匹」。今按，其說是，當為原簡書誤。

又「五六斗」李均明（2011E，263頁）認為原簡「五」下脫「石」字。今按，據張俊民（2014B）所說則當為「六石」。

又「傳」字何茂活（2014D）、（2016C）改釋「轉」，認為通「傳」。今按，改釋可從，該字圖版作🔲形，似非「傳」字。

出粟小石十三石二斗　以食居延卒史單卿、士吏得騎馬廿二匹，匹三日食，食一斗。

73EJT10：79

【校釋】

簡末「一斗」李均明（2011E，263頁）引作「二斗」，魯家亮（2012，782頁）認為所記有誤。今按，說是，當為原簡書誤。

出糜小石十二石　以食傳馬二匹，一月食

73EJT10：80

出粟小斗二斗　以食護府卒史徐卿御一人，案事居延南北五日食，日食二斗。

73EJT10：81

【校釋】

「小斗二斗」魯家亮（2012）認為應是「小斗十斗」的誤記。今按，說是，當為原簡書誤。

出粟小石六石　以食廷史田卿，乘張掖傳馬三匹，往來五日食，積十五匹，匹食四斗　☑

73EJT10：83

出粟小石二石五斗

73EJT10：84

出粟小石六石　以食吏一人一月食

73EJT10：86

【校釋】

　　「食」原作「亭」，魯家亮（2012，778 頁）釋，並認為此處可能有誤抄的情況，「小石六石」或當是「二人一月食」的數量。姚磊（2018E，70 頁）、（2020A，90 頁）認為「六石」是「三石」誤書。今按，說是，當為原簡誤書。

出粟小石六石六斗　以食御史張卿酒泉卒史二人　☑　　　73EJT10：87

出粟小斗九斗　以食詔醫所乘張掖傳馬一匹，現三日食　☑　73EJT10：88

　　　　　　　　其二百八石八斗五升粟

今餘穀五百卅九石四升

　　　　　　　　三百卅石一斗九升糜　　　　　　　73EJT10：89

【校釋】

　　第二行「四升」之「升」原作「斗」，魯家亮（2012，777 頁），胡永鵬（2016A，133 頁），魏振龍（2016A）、（2016C，66 頁）釋。

出粟小石十八石　以食官　　　　　　　　　　　73EJT10：90

出粟小石六石　以食御□等二人，人一月食　　　73EJT10：91

【校釋】

　　未釋字張俊民（2014B）補「同」。今按，補釋或可從，但該簡殘泐，不能確知，當從整理者釋。

☑小石四石　以食傳馬四匹，一月食　　　　　73EJT10：92

【校釋】

　　姚磊（2018E，67 頁）、（2020A，87 頁）認為記載恐有誤，當是「廿四石」。今按，說是，當為原簡誤書。

出粟小石三石　以食御一人，一月食　　　73EJT10：167+93

【校釋】

　　魯家亮（2012，778 頁）、胡永鵬（2015，28 頁）、（2016A，133 頁）綴。

出糜小石三石　以食廄佐一月食　　☑　　　73EJT10：95

　　　　　　　其二百八石八斗五升粟　　☑

今餘穀五百卅九石四升

　　　　　　　三百卅石一斗九升糜　　☑　　　　　　73EJT10：96

☑……以食通道卒三人，人一月食　　　　　　　　73EJT10：97

毋出入　　　　　　　　　　　　　　　　　　　73EJT10：98

肩水穀已頤稟食過客、傳馬、御及當食者，凡☑　　73EJT10：99

【校釋】

　　「稟」原作「廩」，黃艷萍（2016B，123 頁）、（2018，135 頁）釋。「頤」字張

俊民（2014B）釋「頗」。今按，該字圖版作⬛形，似不為「頗」。

☑□□五年九月穀出簿　　　　　　　　　　　73EJT10：100

【校釋】

　　胡永鵬（2016A，135 頁）未釋第二字補「鳳」。今按，簡文漫漶不清，不可辨

識，暫從整理者釋。

受八月餘穀十二石六斗五升☑　　　　　　　　73EJT10：325

【校釋】

　　以上兩簡姚磊（2018E，57 頁）、（2020A，78 頁）認為當可前後編次。今按，

其說是。以上兩簡當原屬同一簡冊，可編連。

戍卒觻得萬歲〔1〕里爰忘得〔2〕，年卅五　　丿　　73EJT10：102

【集注】

〔1〕萬歲：里名，屬觻得縣。

〔2〕爰忘得：人名，為戍卒。

戍卒南陽郡博大度〔1〕里公乘張舜〔2〕，年卅　長七尺二寸丿　　73EJT10：103

【校釋】

　　「大」原作「士」，張俊民（2014B）釋，且認為原簡「博」後疑脫「望」字。

該字楊延霞（2013）釋作「亡」，認為「博亡」為「博望」。晏昌貴（2012，252 頁）

認為「博」後或缺「望」字，「士度里」為里名。今按，張俊民（2014B）說可從，

原釋「士」作 ![字形] 形，當為「大」無疑，「博」後原簡漏寫「望」字，里名為「大度里」，屬博望縣。

【集注】

〔1〕大度：里名。

〔2〕張舜：人名，為戍卒。

河南郡平縣河上〔1〕里公乘左相〔2〕，年廿三、長七尺二寸、黑色　劍一枚　刀　　　73EJT10：104

【集注】

〔1〕河上：里名，屬平縣。

〔2〕左相：人名。

□□公乘榮偃〔1〕，年廿四　四月乙酉，已出刀　　　73EJT10：105

【集注】

〔1〕榮偃：人名。

出粟小石八石　以食廷史石卿張掖卒史□所乘張掖傳馬四匹，十月壬子南北五日，積廿匹，匹四斗　　　73EJT10：168+106

【校釋】

伊強（2017A）綴。第一行「卿」字原未釋，何茂活（2014D）、胡永鵬（2016A，134頁）釋。

通道廄佐〔1〕謹元鳳五年十一月穀出入簿　　　73EJT10：107

【校釋】

「謹」字下李均明（2011E，255頁）認為原簡脫「移」字。今按，說是，當為原簡書寫時脫漏。

今粟小石百六十一石二斗　元鳳五年十一月癸卯受紀子移　　　73EJT10：116

【校釋】

以上兩簡姚磊（2018E，58頁）、（2020A，79頁）認為當可前後編次。今按，其說是。以上兩簡當原屬同一簡冊，可編連。

【集注】

〔1〕廄佐：胡平生、張德芳（2001，25 頁）：廄的主管官吏為嗇夫，副手為佐。

今按，說是。通道廄設廄嗇夫為其長，佐為嗇夫副手。

田卒魏郡厝〔1〕平陽〔2〕里公士華捐〔3〕，年廿五　　〆　　　　　　73EJT10：108

【校釋】

「〆」原缺釋，李燁（2013，23 頁）補釋。「田」原作「戍」，姚磊（2017J4）、

（2018E，208 頁）釋。

【集注】

〔1〕厝：黃浩波（2011C）：厝，《地理志》屬河清郡，《郡國志》屬河清國，漢安帝

時改稱甘陵，而清河郡一度稱甘陵郡……殆清河置為國時，削其屬縣入魏郡，

置為郡後又歸屬。

今按，說是。厝《漢書・地理志》屬清河郡，據漢簡則其曾屬魏郡。

〔2〕平陽：里名，屬厝縣。

〔3〕華捐：人名，為田卒。

騎士益昌〔1〕里王歐已〔2〕　　五百七十　　　　　　　　　73EJT10：109

【集注】

〔1〕益昌：里名。

〔2〕王歐已：人名，為騎士。

方相車一乘，騙牡馬一匹、齒十四歲　　高六尺，迺入　　　　73EJT10：110A

……　　　　　　　　　　　　　　　　　　　　　　　　　　73EJT10：110B

史少君取麥一石五斗，直錢百五六十　　　　　　　　　　　　73EJT10：111

治渠卒河東解臨里〔1〕李驪〔2〕，年卅五、長七尺三寸、黑色　　〆（竹簡）

3EJT10：112

【集注】

〔1〕臨里：里名，屬解縣。

〔2〕李驪：人名，為治渠卒。

葆淮陽國陽夏北陽〔1〕里公乘張不識，年廿三、長七尺二寸、黑色　☑
　　　　　　　　　　　　　　　　　　　　　　　　　73EJT10：118A

刀　已入　☑　　　　　　　　　　　　　　　　　　73EJT10：118B

【校釋】

　　A面「識」原作「武」，何茂活（2014D）、（2016C）釋，且認為「不識」並非人的真實名字，而是只知其姓而未詳其名者之稱。

【集注】

〔1〕北陽：里名，屬陽夏縣。

☑害，年六十　輣車一乘，馬二匹　已出刀　　　　　　73EJT10：119

田卒魏郡庠丘〔1〕曲里〔2〕大夫充〔3〕，年卅、姓宋氏　職　刀　73EJT10：122

【校釋】

　　「庠」原作「廩」。該字馬孟龍（2012）認為從广，從羊，應隸定為「庠」，「庠」乃「庠（斥）」字的異寫，庠丘即斥丘；何茂活（2014D）、（2016C）釋「庠」，認為同「庶」，今作「斥」；張俊民（2014B）徑釋「斥」。今按，該字圖版作 形，非從「羊」，應如何茂活所說為「庶」。「庶」同「庠」「斥」，其字漢簡常作「庠」，又漢簡中「庠丘」屢見，故統一釋作「庠」。

【集注】

〔1〕庠丘：魏郡屬縣。《漢書·地理志上》：「斥丘，莽曰利丘。」
〔2〕曲里：里名，屬斥丘縣。
〔3〕充：人名，為田卒，姓宋。

觻得市南充　　　　　　　　　　　　　　　　　　　73EJT10：123A
張張　　　　　　　　　　　　　　　　　　　　　　73EJT10：123B

觻得市南第一里敬老〔1〕里過迎戶簿門長候子山足□☑　73EJT10：124A
上第一里□□尤尤尤尤☑　　　　　　　　　　　　　73EJT10：124B

【集注】

〔1〕敬老：里名，屬觻得縣。

方相車一乘，驪牡馬一匹、齒十二歲　　　　　　　73EJT10：126

東郡清〔1〕高明〔2〕里李憲〔3〕　　□□　　丿（竹簡）　　73EJT10：128

【校釋】

「丿」原缺釋，張俊民（2014B）補。

【集注】

〔1〕清：東郡屬縣。《漢書·地理志上》：「清，莽曰清治」顏師古注引應劭曰：「章
帝更名樂平。」

〔2〕高明：里名，屬清縣。

〔3〕李憲：人名。

河南郡雒陽歸德〔1〕里公乘□漢，年六十四歲、長七尺二寸　二月庚子入　□
□弩一、車一兩、牛二、劍一　卩（竹簡）　　　　73EJT10：129

【校釋】

「卩」原缺釋，何茂活（2014C）、（2016A），張俊民（2014B）補釋。

【集注】

〔1〕歸德：里名，屬雒陽縣。

從者居延肩水〔1〕里大夫蓋常〔2〕，年十三、長六尺三寸、黑色　皆以四月壬
戌出　丿　　　　　　　　　　　　　　　　　73EJT10：130

【校釋】

「丿」原缺釋，張俊民（2014B）補。

【集注】

〔1〕肩水：里名，屬居延縣。

〔2〕蓋常：人名，為從者。

　　　　　　　　　　弩一，右淵死二分，負五筭　凡負七筭☑
肩水禽寇〔1〕隧長韓武彊〔2〕
　　　　　　　　　　甾矢一，差折，負二筭　　☑　　73EJT10：131

【集注】

〔1〕禽寇：隧名。

〔2〕韓武彊：人名，為禽寇隧長。

博望〔1〕隧卒趙國襄國曲里〔2〕翟青〔3〕　　☑　　　　　73EJT10：132

【集注】

〔1〕博望：隧名。

〔2〕曲里：里名，屬襄國。

〔3〕翟青：人名，為戍卒。

☑□一，牛車二兩、牛四、已入门　　　　　　　　　　73EJT10：136

通道廄斗□元鳳六年四月穀出入簿　　☑　　　　　　73EJT10：137

【校釋】

「斗□」原作「計餘」，李均明（2011E，255頁）釋。

通道廄佐元鳳六年四月穀出入簿　　☑　　　　　　　73EJT10：328

【校釋】

姚磊（2018E，61頁）、（2020A，82頁）認為兩簡當可前後編次。今按，其說是。以上兩簡當原屬同一簡冊，可編連。

☑以食護府卒史徐卿府乘張掖傳馬二匹，南北五日食，日食四斗

73EJT10：147

【校釋】

「府乘」原作「所乘」，李均明（2011E，263頁）釋，認為原簡「府乘」當為「所乘」之誤。又「四斗」魯家亮（2012，780頁）引作「二斗」，何茂活（2014D）、（2016C）改釋作「三斗」。今按，該字圖版作 形，從字形來看，似當作「三」。

河南郡熒陽穀京〔1〕里公乘董置〔2〕，年卅、長七尺二寸、黑色　　☑

73EJT10：148

【校釋】

「熒陽」原作「榮陽」，趙爾陽（2016B）釋。

【集注】

〔1〕穀京：里名，屬滎陽縣。

〔2〕董置：人名。

通道廄佐元鳳五年十二月穀出入簿　☑ 　　　　　73EJT10：150

受十一月餘穀七百五十五石六☑ 　　　　　　　73EJT10：180

元鳳五年十二月乙巳朔癸卯，通道廄佐敢言之：謹移穀出入簿〔1〕

一編，敢言之。 　　　　　　　　　　　　　　73EJT10：200

【校釋】

第一行「卯」原作「亥」，曹方向（2011），黃艷萍（2014C，83 頁），何茂活（2014D）、（2016C），胡永鵬（2016A，136 頁）釋。

以上三簡姚磊（2018E，58 頁）、（2020A，79 頁）前後編次。今按，其說是。以上三簡當原屬同一簡冊，可編連。

【集注】

〔1〕穀出入簿：中國簡牘集成編輯委員會（2001C，10 頁）：出入簿，出納賬，記物資、人員等支出和收入情況。

今按，說是。穀出入簿為糧食穀物的出入登記賬冊。

方箱車一乘，騂牡馬一匹、齒☑ 　　　　　　　73EJT10：151

京兆尹長安青柳〔1〕里男子欣☑ 　　　　　　　73EJT10：152

【校釋】

「柳」字伊強（2014C）認為當為「桃」。今按，該字圖版作 𣏗 形，似非「桃」字。

【集注】

〔1〕青柳：里名，屬長安縣。

居延丞從史公乘安樂〔1〕里智□☑ 　　　　　　73EJT10：153

【集注】

〔1〕安樂：里名。

北部守候史趙信〔1〕　行檄☑　　　　　　　　　　　73EJT10：154A
甲子　　☑　　　　　　　　　　　　　　　　　　　73EJT10：154B

【集注】

〔1〕趙信：人名，為北部守候史。

卅井令史觻得富里〔1〕張並〔2〕　　☑　　　　　　73EJT10：156

【集注】

〔1〕富里：里名，屬觻得縣。

〔2〕張並：人名，為卅井令史。

河南宜成〔1〕里王葆〔2〕，年卅　　☑　　　　　　73EJT10：157

【集注】

〔1〕宜成：里名，屬河南縣。

〔2〕王葆：人名。

登山〔1〕隧長翟敞〔2〕　　六百☑　　　　　　　　73EJT10：158

【集注】

〔1〕登山：隧名。

〔2〕翟敞：人名，為登山隧長。

居延褭里〔1〕陳輔〔2〕，公乘、年卅七　　☑　　　73EJT10：159

【集注】

〔1〕褭里：里名，屬居延縣。

〔2〕陳輔：人名。

出粟小石二石　　以食護府卒史丁卿傳馬二匹，往來五日，積十匹☑

73EJT10：175+160

【校釋】

　　魯家亮（2012，780 頁）綴，「護」原簡 73EJT10：175 作「驪」，綴合後釋，該
字王子今（2016B，199 頁）釋作「驢」。又魯家亮（2012，782 頁）、胡永鵬（2016A，

134頁）認為最後一字「匹」下有重文符號。今按，說是。「匹」字右下方殘存墨迹，當為重文符號。又曹方向（2011）認為「二匹」之「匹」，從字形看為「西」，可能是「匹」的錯字。今按，其說是，該字圖版作 ⬛形，當為「匹」字誤書。

十九石八斗五升　　☒　　　　　　　　　　　　　　　　73EJT10：161

𥢑得富昌〔1〕里李禹〔2〕　牛二，車一兩☒　　　　　　　73EJT10：162

【集注】

〔1〕富昌：里名，屬𥢑得縣。

〔2〕李禹：人名。

戍卒昭武樂歲〔1〕里☒　　　　　　　　　　　　　　　73EJT10：164

【集注】

〔1〕樂歲：里名，屬昭武縣。

出粟小石六石　以食卿□等二人一月食　　☒　　　　　73EJT10：165

【校釋】

「卿」原作「𦮃」，何茂活（2014D）、（2016C），胡永鵬（2015，28頁）釋。該「卿」字胡永鵬（2015，28頁）、（2016A，508頁）認為是「御」之誤書，且「人」字下漏書重文符號。今按，說「卿」為「御」之誤書或是，但「人」字下恐非漏書重文符號。又未釋字黃艷萍（2013）釋「買」。今按，該字圖版作 ⬛形，當非「買」字，暫從整理者釋。

出粟八斗　以食天水卒史索虜☒　　　　　　　　　　　73EJT10：166
出粟小斗一斗　以食張掖卒史☒　　　　　　　　　　　73EJT10：169
出粟小石三石　以食吏一人一月食　　☒　　　　　　　73EJT10：170
出粟小石廿四石　以食傳馬四匹一月食　　☒　　　　　73EJT10：171
出粟小石三石　以食吏一人一月食　　☒　　　　　　　73EJT10：172

傳馬一匹，驨牡、齒十二歲、高五尺八寸　　☒　　　　73EJT10：173

【校釋】

原釋文脫「高」字，黃艷萍（2013）、（2016B，132頁）補。

河南郡滎陽槐里〔1〕公乘虞千秋〔2〕，年冊八、長七尺三寸、黑色☒

73EJT10：176

【校釋】

「滎陽」原作「榮陽」，何茂活（2014D）、（2016C），趙爾陽（2016B），黃艷萍（2016B，124 頁）、（2018，136 頁）釋。

【集注】

〔1〕槐里：里名，屬滎陽縣。

〔2〕虞千秋：人名。

鬼新大男宋遇〔1〕　　☒　　　　　　　　　　　　　73EJT10：178

【集注】

〔1〕宋遇：人名，為鬼薪。

功曹史相簿〔1〕責橐他塞尉奉親〔2〕、肩水士吏敞〔3〕、橐他尉史則〔4〕，二月☒

73EJT10：179

【集注】

〔1〕相簿：人名，為功曹史。

〔2〕奉親：人名，為橐他塞尉。

〔3〕敞：人名，為肩水士吏。

〔4〕則：人名，為橐他尉史。

大常長陵宜成〔1〕里公乘王尊〔2〕，年冊六歲、長七尺五寸　　☒

73EJT10：181

【集注】

〔1〕宜成：里名，屬長陵縣。

〔2〕王尊：人名。

河南郡雒陽南胡〔1〕里史高〔2〕，年十五歲☒　　　73EJT10：182

【集注】

〔1〕南胡：里名，屬雒陽縣。

〔2〕史高：姚磊（2017J3）：從 73EJT10：182、73EJF3：544 兩簡可知雒陽南胡里
　　　的「史高」在邊地至少十五年……而且「史高」至少在十五歲的時候已在邊地。
　　　本為外地籍貫卻生活於此，分析可能性有三，一是戍守邊地未歸故里，二是
　　　「客田」於此，三是移民於此。筆者傾向是第二種，一是漢簡中有很多「客田」
　　　記載，二是「史高」年十五便在邊地，遠未到戍卒徵發的年齡，三是他們並未
　　　改變籍屬為張掖郡，仍是「河南洛陽」。
　　　　　今按，其說當是。史高為人名。

戍卒南陽郡武當〔1〕樂安〔2〕里公乘王兵〔3〕，年廿八〼　　　　73EJT10：183

【集注】

〔1〕武當：南陽郡屬縣。

〔2〕樂安：里名，屬武當縣。

〔3〕王兵：人名，為戍卒。

日勒富昌〔1〕里尹〼　　　　　　　　　　　　　　　　　　73EJT10：184

【集注】

〔1〕富昌：里名，屬日勒縣。

毌出入　　〼　　　　　　　　　　　　　　　　　　　　　73EJT10：186
〼石　以食吏一人一月食〼　　　　　　　　　　　　　　73EJT10：187
■右第三車□〼　　　　　　　　　　　　　　　　　　　73EJT10：188

・右七百六十六石六斗麥　　〼　　　　　　　　　　　　73EJT10：189A
昭武直廷〔1〕里賀〼
觻得市陽〔2〕里黃〼　　　　　　　　　　　　　　　　　73EJT10：189B

【集注】

〔1〕直廷：里名，屬昭武縣。

〔2〕市陽：里名，屬觻得縣。

　　　　　　尹自為〔1〕，年廿二歲⏌
雒陽西猛里公乘　　　　　　　　　　　　　長七尺二寸、黑〼
　　　　　　史刑〔2〕，年廿八歲⏌　　　　　　　　　　73EJT10：190

－1073－

【校釋】

第二行「猛」字何茂活（2014D）、（2016C）認為左从「禾」，非「猛」字。姚磊（2017E4）釋作「程」。今按，何說是，該字圖版作 形，當非「猛」字，但釋「程」字似亦有疑問，當存疑待考。

【集注】

〔1〕尹自為：人名。

〔2〕史刑：人名。

☑□成昌武〔1〕里公乘郭宗〔2〕，年冊、長七尺三寸、黑色☑　　73EJT10：191

【集注】

〔1〕昌武：當為里名。

〔2〕郭宗：人名。

方相車一，駹牝☑　　73EJT10：192

【校釋】

「牝」原作「牡」，何茂活（2014D）、（2016C）釋。

☑　閏月甲午入　☑　　73EJT10：193

葆廣德〔1〕里公乘☑　　73EJT10：194

【集注】

〔1〕廣德：里名。

☑塞出入迹　☑　　73EJT10：195

罷戍卒穎川郡郟邑〔1〕東☑　　73EJT10：196

【集注】

〔1〕郟邑：《漢書・地理志》穎川郡有「郟縣」，據此簡則郟曾為邑。

☑未央　馬一匹，軺車一☑　　73EJT10：197

☑公乘馬處〔1〕，年廿四歲、長七尺二☑　　73EJT10：198

【集注】

〔1〕馬處：人名。

☑　　長七尺三寸☑　　　　　　　　　　　　　　　73EJT10：199

　　　　　　　　　出錢十八，糟　　☑
　　　　　　　　　出錢百，槀二乘　　☑
　　　　　　　　　出錢廿，箕一　　☑
李子威〔1〕稍用計　出錢卅，莢一乘　☑　　　　　73EJT10：219A
……凡八百五十☑　　　　　　　　　　　　　　　73EJT10：219B

【集注】

〔1〕李子威：人名。

☑親里尹真如〔1〕，年卅☑　　　　　　　　　　73EJT10：223

【集注】

〔1〕尹真如：人名。

☑簿　朱霸〔1〕百　柏賢〔2〕六百　　　　　　　73EJT10：225

【集注】

〔1〕朱霸：人名。

〔2〕柏賢：人名。

☑……☑　　　　　　　　　　　　　　　　　　　73EJT10：233
□□□☑　　　　　　　　　　　　　　　　　　　73EJT10：235

觻得宜禾〔1〕里簪褭☑　　　　　　　　　　　　73EJT10：242

【集注】

〔1〕宜禾：里名，屬觻得縣。

　　　　　　　其一☑
☑□乘皆破傷
　　　　　　一乘☑　　　　　　　　　　　　　　73EJT10：244

□千人丞葆同里大夫王威〔1〕，年十七歲、黑色□　　　　　73EJT10：245

【校釋】

「千人」原作一字未釋，張俊民（2012）釋。該字何茂活（2014D）、（2016C）釋作「孟」，恐非是。「十」原作「廿」，姚磊（2017E4）釋。又簡首未釋字張俊民（2012）補釋「假」，何茂活（2014D）、（2016C）釋「循」。今按，該字圖版作 ![字形] 形，似既非「假」，亦非「循」，當從整理者存疑待考。

【集注】

〔1〕王威：人名。

☑獄囚大男富里〔1〕馮遂〔2〕，年六十二、長七尺☑　　　　　73EJT10：249

【集注】

〔1〕富里：里名。

〔2〕馮遂：人名，為獄囚。

十一月辛卯，卒少卿〔1〕一斗未☑

……☑　　　　　　　　　　　　　　　　　　　　　73EJT10：250A

□□□□卒許子文〔2〕二☑　　　　　　　　　　　　　　73EJT10：250B

【校釋】

A面第一行「少」原作「力」，何茂活（2014D）、（2016C）釋。

【集注】

〔1〕少卿：人名，為卒。

〔2〕許子文：人名，為卒。

		出十六□	出九☑
☑隧長趙彭祖〔1〕九月奉六百	出八治罷卒簿〔2〕	出☑	
		出廿七食計	出☑　　73EJT10：251

【校釋】

第二行「隧」原未釋，馬智全（2012，109頁），張俊民（2012），黃艷萍（2013）、（2016B，133頁）補釋。

【集注】

〔1〕趙彭祖：人名，為隧長。

〔2〕罷卒簿：馬智全（2015B，26頁）：在戍卒罷歸活動中，罷卒簿的製作作用重要，自烽隧基層起，逐級上報，中央派往邊塞的吏員丞相史也要對罷卒簿進行檢查。罷卒簿要記載戍卒身份、籍貫等資訊。漢塞戍卒罷歸組織有序，自候部、候官、都尉府、太守府逐級上送，丞相史對罷卒事務要進行檢查。戍卒罷歸時邊塞要作好衣帛、兵物等物資準備，清收借貸錢財。罷卒因生病等原因留下，邊塞要提供飲食。戍卒罷歸時，罷卒來源郡國要派出長吏迎受。居延地區罷卒有一次2000人之多的記載，反映出居延罷卒規模之大。

今按，其說當是。罷卒簿為服役期滿罷免歸家之卒的簿籍。

☐□里侯息〔1〕，年廿七　　☐　　　　　　　　　　　73EJT10：252

【集注】

〔1〕侯息：人名。

☐□長七尺二寸、黑色・正彊☐　　　　　　　　　　　73EJT10：255

【校釋】

簡首未釋字何茂活（2014D）、（2016C）補「歲」。今按，補釋或可從，但該字殘缺，僅存一點墨迹，不能確知，當從整理者釋。

☐□黑色、長七尺二寸　乘方相車，驪駮牡馬一匹，齒十八歲，弓一十二丿　　　　　　　　　　　　　　　　　　　　　　73EJT10：261

【校釋】

「長」字原釋文脫，馬智全（2012，109頁）、黃艷萍（2016B，133頁）補釋。「丿」號原缺釋，姚磊（2017D5）補。

☐　　方箱車一乘，驪駮牝馬一匹，齒八　字子惠　　　73EJT10：262

從者居延廣地〔1〕里史昌〔2〕，年十一　　☐　　　　73EJT10：263

【集注】

〔1〕廣地：里名，屬居延縣。

〔2〕史昌：人名，為從者。

居延城倉令史居延利上〔1〕里公乘呂安〔2〕　☑　　　　　73EJT10：264

【集注】

〔1〕利上：里名，屬居延縣。

〔2〕呂安：人名，為居延城倉令史。

從者廣郡〔1〕里楊聖〔2〕，年廿三☑　　　　　　　　　73EJT10：265

【集注】

〔1〕廣郡：里名。

〔2〕楊聖：人名，為從者。

☑□弓一、矢十二，劍一　十二月辛酉入　字文　　　73EJT10：268

【校釋】

　　簡首未釋字何茂活（2014C）、（2016A）補釋「持」。今按，補釋或可從，但該字殘缺，僅存一點墨迹，不能確知，當從整理者釋。

☑軺車一乘，馬一匹　已出　　　　　　　　　　　　73EJT10：269

☑公乘張光〔1〕，年十四　七月丁未南　　　　　　　73EJT10：270

【集注】

〔1〕張光：人名。

☑年十二　長五尺、黑色　☑　　　　　　　　　　　73EJT10：271

子男壽〔1〕，年十九　字君房　☑　　　　　　　　　73EJT10：278

【集注】

〔1〕壽：人名。

☑色，弓一、矢五十　軺車一乘，馬一匹　☑　　　　73EJT10：279
☑　軺車一乘　☑　　　　　　　　　　　　　　　　73EJT10：280

☑公乘蘇立〔1〕，年卅六　　　　　　　　　　　　　73EJT10：281

【集注】

〔1〕蘇立：人名。

☑　軺車一乘，馬一匹　　　　　　　　　　　73EJT10：282

□……甯里陳罷軍〔1〕，年廿二　　　　　　73EJT10：365+283

【校釋】

尉侯凱（2016C）、（2017B，351頁）綴。

【集注】

〔1〕陳罷軍：尉侯凱（2017B，352頁）：罷軍作為人名，在漢代較為普遍，如《史記・齊悼惠王世家》云：「後二年，孝文帝盡封齊悼惠王子罷軍等七人皆為列侯。」《漢印文字徵》亦收錄有「臣罷軍」「郭罷軍印」「仲罷軍印」等印。
今按，其說是。罷軍為人名。

☑　以二月戊午　已入　弩一、矢廿四　卩　　73EJT10：284

☑□夏侯勝之　　☑　　　　　　　　　　　　73EJT10：286

居延都尉守屬富里〔1〕許千秋〔2〕，年卌五　☑　73EJT10：287

【集注】

〔1〕富里：里名。

〔2〕許千秋：人名，為居延都尉守屬。

葆觻得安國〔1〕里大夫韓禹〔2〕，年廿　☑　73EJT10：288

【集注】

〔1〕安國：里名，屬觻得縣。

〔2〕韓禹：人名。

長安成樂〔1〕里張長樂〔2〕　☑　　　　　73EJT10：289

【集注】

〔1〕成樂：里名，屬長安縣。

〔2〕張長樂：人名。

河南郡雒陽囿里〔1〕公乘史安定〔2〕☑　　　　　　73EJT10：290

【集注】

〔1〕囿里：里名，屬雒陽縣。

〔2〕史安定：人名。

萬歲〔1〕卒夏少孫〔2〕　　☑　　　　　　　73EJT10：291

【集注】

〔1〕萬歲：當為隧名。

〔2〕夏少孫：人名，為戍卒。

屋蘭安處〔1〕里公乘莊之〔2〕，年卅☑　　　　　73EJT10：292

【集注】

〔1〕安處：里名，屬屋蘭縣。

〔2〕莊之：人名。

☑劍一、刀一　十二月　辛酉入　卩☑　　　　73EJT10：293

戍卒淮陽郡西華南川〔1〕里不更周充〔2〕，年廿三　　☑　　73EJT10：294

【集注】

〔1〕南川：里名，屬西華縣。

〔2〕周充：人名，為戍卒。

通道廄佐元鳳五年十二月穀出入簿　　☑　　　73EJT10：295
出粟小石廿四石　以食傳馬四匹，一月食　☑　　73EJT10：296

☑　方相一乘，馬一匹，騩牝、齒八歲　□月辛□出　　73EJT10：297

【校釋】

「牝」任達（2014，193 頁）作「比」，認為從字形看是「比」字，在簡文中讀為「牝」。或有可能是「牝」的誤字。今按，說或是。該字作 ヒヒ 形，也可能是牝字誤書。

戍卒南陽郡冠軍邑〔1〕長里〔2〕謝嬰〔3〕，年卅八　卩（竹簡）　73EJT10：298

【校釋】

「卩」原缺釋，李燁（2013）補釋。又姚磊（2018D，361 頁）、（2018E，188 頁）將該簡和簡 73EJT10：299、73EJT10：300、73EJT10：301 編連為同一簡冊。今按，簡 73EJT10：299、73EJT10：300、73EJT10：301 三簡當原屬同一簡冊，但其和該簡字體筆迹完全不同，或不能編連。

【集注】

〔1〕冠軍邑：鄭威（2015，223 頁）：《漢志》南陽郡有冠軍縣。冠軍也曾封侯，為侯國，存在年代為元朔六年四月至元封元年（前 123—前 110），地節三年四月至地節四年（前 67—前 66），地在今河南鄧州市張村鎮冠軍村。

　　今按，說是。冠軍邑屬南陽郡。《漢書·地理志上》：「冠軍，武帝置。故穰盧陽鄉、宛臨駣聚。」顏師古注引應劭曰：「武帝以封霍去病。去病仍出匈奴，功冠諸軍，故曰冠軍。」

〔2〕長里：里名，屬冠軍邑。

〔3〕謝嬰：人名，為戍卒。

會稽郡〔1〕鄞〔2〕許商〔3〕里范壽〔4〕（竹簡）　　　　　　　　73EJT10：299

會稽郡鄞高成〔5〕里顏□　　　　　　　　　　　　　　　　　　73EJT10：300

【校釋】

「顏」原作「顧」，徐佳文（2017A）釋。

會稽郡鄞□里諄幸〔6〕（竹簡）　　　　　　　　　　　　　　　73EJT10：301

【校釋】

以上三簡形制、書寫風格相同，內容相關，或當屬同一簡冊，可編連。又姚磊（2018D，361 頁）、（2018E，188 頁）將簡 73EJT10：298 和該三簡編連為同一簡冊。今按，簡 73EJT10：298 和該三簡字體筆迹完全不同，或不能編連。

【集注】

〔1〕會稽郡：《漢書·地理志上》：「會稽郡，秦置。高帝六年為荊國，十二年更名吳。景帝四年屬江都。屬揚州。」

〔2〕鄞：會稽郡屬縣。

〔3〕許商：里名，屬鄴縣。

〔4〕范壽：人名。

〔5〕高成：里名，屬鄴縣。

〔6〕許幸：人名。

戍卒東郡東武陽〔1〕陽城〔2〕里不更武□☑（竹簡）　　　　73EJT10：302

【集注】

〔1〕東武陽：漢東郡屬縣。《漢書·地理志上》：「東武陽，禹治澤水，東北至千乘
　　　入海，過郡三，行千二十里。莽曰武昌。」顏師古注引應劭曰：「武水之陽也。」

〔2〕陽成：里名，屬東武陽縣。

弘農郡弘農望利〔1〕里☑　　　　　　　　　　　　　　　73EJT10：305

【集注】

〔1〕望利：里名，屬弘農縣。

☑□小石卅七石三斗五升　　☑　　　　　　　　　　　　73EJT10：306

☑食卿一人一月食　　☑　　　　　　　　　　　　　　　73EJT10：308

【校釋】

　　胡永鵬（2015，28頁）、（2016A，509頁）認為「卿」為「御」之誤書。今按，
其說或是。又姚磊（2017G9）、（2018E，39頁）綴合簡73EJC：481和該簡。今按，
兩簡形制、字體筆迹等一致，內容相關，當同屬通道廄穀出入簿。但荏口處似不能
十分吻合，又綴合後綴合處字簡距明顯較同簡其他文字之間的距離為大，故暫不作
綴合處理。

田子文〔1〕卅三｜　　　翟偉君〔2〕卅三｜　　徐君卿〔3〕廿五｜

宋子山〔4〕廿五｜少八　孫長卿〔5〕卅三｜

郭子高〔6〕卅三｜　　　秦子都〔7〕卅三

□□□卅三｜　　　　　薛君卿〔8〕廿五｜　　凡三百一十四（上）

中子〔9〕　　　吳君房〔10〕　　·大凡〔11〕四百廿六

君賓〔12〕　　　趙君房〔13〕

孫子都〔14〕　　逢丘翁君〔15〕

曹子惠〔16〕　八人，人十四，凡百一十二；入百四又七，少一

韓子山〔17〕（下）　　　　　　　　　　　　　　　73EJT10：314

【校釋】

下欄第二行「賓」原作「實」，該字圖版作⬛形，據字形和文義來看，其當為「賓」字。

又上欄第四行「□□□卅三」之「卅」原作「廿」，下欄第四行「入百四又七」之「入」「七」原作「人」「十」，均何茂活（2014D）、（2016C）釋。

又上欄第四行「薛君卿廿五」的「廿」字何茂活（2014D）、（2016C）認為是「卅」，丁義娟（2017B）、（2019，5～6頁）認為原釋「廿」無需更改。其指出在橫線以上的三欄中，有的人的數值後面有一條短豎線，這是在漢簡中常見的表示確認的符號。橫線以上顯示的九人中，有八人在數字後面劃了豎線，表明所記數額已入。但其中「宋子山廿五」劃了確認標記之後，後面又注明「少八」，則表明宋子山應入額為「卅三」。其餘七人則未注明「少」，說明這七人實入額與應入額相符。如此可以統計田子文等九人的應入額，為33×7+25×2=281，與簡中的「三百一十四」相差正好「卅三」。因此其推測簡中第一欄左側缺損一行，所記一人應入額為「卅三」，橫線以上小計應為 10 人的應入數額，為33×8+25×2=314，數值正好相合。

今按，丁說當是。橫線以上三欄即（上）的部分，該簡左上殘去一部分，應當還有一人，其數值為卅三，如此十人數值正好為三百一十四。

【集注】

〔1〕田子文：人名。

〔2〕翟偉君：人名。

〔3〕徐君卿：人名。

〔4〕宋子山：人名。

〔5〕孫長卿：人名。

〔6〕郭子高：人名。

〔7〕秦子都：人名。

〔8〕薛君卿：人名。

〔9〕中子：人名。

〔10〕吳君房：人名。

〔11〕大凡：中國簡牘集成編輯委員會（2001D，93 頁）：或作宬凡，其意一也。合
計，總共。

何茂活（2014D）、（2016C）：「凡」指小計，「大凡」指總計。

今按，諸說是。大凡即總計。

〔12〕君賓：人名。

〔13〕趙君房：人名。

〔14〕孫子都：人名。

〔15〕逄丘翁君：人名。

〔16〕曹子惠：人名。

〔17〕韓子山：人名。

出粟小石三石　以食史一人一☒　　　　　　　　　　　　　73EJT10：316

【校釋】

簡末「人」下「一」字原缺釋，魯家亮（2012，778 頁）、胡永鵬（2016A，135
頁）補釋。

☒　以食吏一人一月☒　　　　　　　　　　　　　　　　　73EJT10：317

☒壬午迹〔1〕盡界，毋越塞出入迹　　　　　　　　　　　73EJT10：318+351

【校釋】

姚磊（2017A4）綴。

【集注】

〔1〕迹：李天虹（2003，121 頁）：迹，循查天田和邊塞的行迹，驗看有無異常情
況。《漢書·季布傳》「漢求將軍急，迹且至臣家」，顏師古注：「迹，謂尋其蹤
迹也。」迹關係到邊塞防務和吏卒生命的安全，可以說是邊塞基層吏卒的本職
工作。

今按，說是。「迹」即日迹，為戍卒每日巡視邊塞天田，察看有無人馬蹤
迹的日常工作。

·稟馬卒代穀名籍　　☒　　　　　　　　　　　　　　　　73EJT10：320

【校釋】

「稟」原作「廩」，黃艷萍（2016B，123 頁）、（2018，135 頁）釋。

☑助府佐李由〔1〕之居延還，六月丁丑同謁入關　　　　　73EJT10：321

【集注】

〔1〕李由：人名，為助府佐。

☑　以食御史☑　　　　　　　　　　　　　　　　　　　73EJT10：322

【校釋】

「御」原作「從」，何茂活（2014D）、（2016C），黃艷萍（2016B，133 頁）、
（2018，139 頁）釋。

☑乘馬一匹，騅牝☑☑　　　　　　　　　　　　　　　　73EJT10：324A
☑從者二人出☑　　　　　　　　　　　　　　　　　　　73EJT10：324B

戍卒觻得敬兄〔1〕里公乘桓壽☑　　　　　　　　　　　　73EJT10：326

【集注】

〔1〕敬兄：里名，屬觻得縣。

☑三寸、黑色，乘馬一匹　　☑　　　　　　　　　　　　73EJT10：329
☑尺三寸、黑色　　☑　　　　　　　　　　　　　　　　73EJT10：331
☑所為十為丈出錢卅一里張成卿足下□□　　　　　　　　73EJT10：332A
☑……令史　八月丙戌出　丿　　　　　　　　　　　　　73EJT10：332B

東郡田卒清大里〔1〕公乘☑　　　　　　　　　　　　　73EJT10：333

【校釋】

「郡」原作「鄉」，黃浩波（2018A，119 頁）釋。

【集注】

〔1〕大里：趙海龍（2014A）：此條簡文為正常的戶口登記，公乘以後斷折，清縣
《漢書・地理志》屬東郡，則「清大里」應釋讀為清縣大里。
　　今按，說是。大里為清縣所屬里名。

利陽〔1〕里平☑   73EJT10：337

【集注】

〔1〕利陽：里名。

居延安樂〔1〕里男子王收〔2〕，年廿　王□□者　☑   73EJT10：340

【集注】

〔1〕安樂：里名，屬居延縣。

〔2〕王收：人名。

元鳳五年十二月　☑   73EJT10：341

出粟小石廿☑   73EJT10：342

【校釋】

伊強（2017A）綴合該簡和簡 73EJT10：471，且綴合後於綴合處補釋「四」字。今按，綴合可從，但兩簡不能直接拼合，中間缺一「四」字，當可遙綴。

☑凡出乾膾一升　☑   73EJT10：344

☑出穀一石八斗　以食使者八月食……☑   73EJT10：345+496

【校釋】

姚磊（2017A4）綴，綴合後於茬口處補釋「斗」字。

出粟小石廿二石　……☑   73EJT10：346
☑以食……六月食☑   73EJT10：347
☑積卅八人，人六升　　☑   73EJT10：348
☑九月己未入　☑   73EJT10：349

觻得騎士始樂〔1〕里下邑☑   73EJT10：352

【集注】

〔1〕始樂：里名，屬觻得縣。

・廣地候官☑　　　　　　　　　　　　　　　　　　73EJT10：354

☑一石四斗粟☑

☑一斗四升麥☑　　　　　　　　　　　　　　　　　73EJT10：356

【校釋】

　　第二行「斗」原作「石」，胡永鵬（2016A，135 頁），魏振龍（2016A）、（2016C，67 頁）釋。

☑　　以食先登〔1〕卒橫☑　　　　　　　　　　　　73EJT10：361

【集注】

〔1〕先登：當為隧名。

木面衣一二　・一二　・一二☑　　　　　　　　　　73EJT10：362

☑錢酒　　☑

☑魚直十五　　☑

☑□□百　　☑　　　　　　　　　　　　　　　　　73EJT10：363

☑里張宮〔1〕，年廿四　黑色　　☑　　　　　　　　73EJT10：364

【集注】

〔1〕張宮：人名。

責肩水候君　　☑　　　　　　　　　　　　　　　　73EJT10：366

☑七日　八日　九日　　十日

☑三日　十　　四日　十五日　　　　　　　　　　　73EJT10：368

【校釋】

　　第二行「三」原作「五」，單獨的「十」字原未釋，「四日」原作「十四日」，均魯家亮（2012，781 頁）釋。

□□　凡八十四□☑　　　　　　　　　　　　　　　73EJT10：369

☑　鄭光　　　　　　　　　　　　　　　　　　　　73EJT10：371A

☑……　　　　　　　　　　　　　　　　　　　　　73EJT10：371B

☑　甘露四年十二月辛巳入	73EJT10：375
☑□司連，年卅七	73EJT10：379
☑方相一乘，騂馬一匹，齒十六☑	73EJT10：380
☑候鄣長斧〔1〕十　☑	73EJT10：381

【集注】

〔1〕長斧：初師賓（1984A，173 頁）：長斧，又名鉞，同一般大斧而柄較長。

　　黃今言（1993，292 頁）：又名鉞，與一般的大斧相同。但以其沉重的利刃與長柄見著，對負堅攀城，蟻附而上的敵人，是致命的利器。

　　李天虹（2003，114 頁）：長斧是長柄利刃的大斧。《備城門》：「長斧，柄長八尺。」《備蛾傅》：「斧柄長六尺，刃必利。」

　　今按，諸說是。長斧即長柄的斧頭。

☑黑色，車一兩、牛二　劍一	73EJT10：382
☑　以十一月甲申出卩	73EJT10：383
☑七尺三寸、黑色☑	73EJT10：385

車一兩　☑

☑年卅八　長七尺五寸……

牛一　☑	73EJT10：387
☑用馬一匹☑	73EJT10：390
居延卅井☑	73EJT10：392
☑月辛巳出	73EJT10：394
☑　弓一、矢十二	73EJT10：395

☑年十月穀出入簿　其☑

☑六百一十一石六斗　二百二☑

☑□百八十八石□□四十其☑（削衣）	73EJT10：397
戍卒氏池廣漢〔1〕里公大夫徐脊〔2〕，年廿七　☑（削衣）	73EJT10：401

【校釋】

「脊」原作「齊」，曹方向（2011）釋。

【集注】

〔1〕廣漢：里名，屬氐池縣。

〔2〕徐脊：人名，為戍卒。

當利〔1〕卒陳留甯陵〔2〕虞里〔3〕□惠☑（削衣）　　　　73EJT10：402

【集注】

〔1〕當利：當為隧名。

〔2〕甯陵：陳留郡屬縣。《漢書・地理志上》：「甯陵，莽曰康善。」

〔3〕虞里：里名，屬甯陵縣。

☑　用君錢廿王鼓脯　☑（削衣）　　　　73EJT10：407

【校釋】

　　「王鼓」原作「五鼓」，李洪財（2012）釋。該兩字分別作　、　形，從字形來看，釋「王鼓」可從，但文義不明。其中「鼓」字任達（2014，203頁）釋同。

☑　左長里（削衣）　　　　73EJT10：408

☑八十一　五　☑

☑　・大凡六千七百冊今七千　入☑（削衣）　　　　73EJT10：414

【校釋】

　　第一行「八十一」原未釋，何茂活（2014D）、（2016C）釋。又第二行「今」字何茂活（2014D）、（2016C）釋「合」。今按，該字圖版作　，為漢簡「今」普遍寫法，整理者釋讀似不誤。

☑買菱十二☑（削衣）　　　　73EJT10：415

【校釋】

　　張顯成、張文建（2017A）、（2017B，345頁）綴合簡73EJT10：418和該簡。今按，兩簡形制、字體筆迹等一致，內容相關，當可綴合，但茬口處不能十分吻合，似不能直接拼合。又「十二」張顯成、張文建（2017B，346頁）釋作「十一束」。今按，改釋或可從，但簡末殘斷，不能確定，暫從整理者釋。

```
                 其一人決    ☑
☑乙未右前部千人嬰齊〔1〕作六十人    一人弓    ☑
                 一人土    ☑（削衣）      73EJT10：416
```

【校釋】

　　「千人」郭偉濤（2018A，43 頁）作「士吏」，「六十人」作「六人」。今按，該簡左半缺失，「千人」或可作「士吏」，但「六十人」似不誤，當從整理者釋。

【集注】

　　〔1〕嬰齊：人名。

```
☑買茭廿☑
☑買茭卅束☑
☑買茭卅束居☑（削衣）                    73EJT10：418
```

【校釋】

　　張顯成、張文建（2017A）、（2017B，345 頁）綴合該簡和簡 73EJT10：415。今按，兩簡形制、字體筆迹等一致，內容相關，當可綴合，但茬口處不能十分吻合，似不能直接拼合。

```
☑卿從車    ☑（削衣）                    73EJT10：421
☑    以月五十七☑（削衣）                 73EJT10：422

☑河南滎陽成陰〔1〕里公乘孫德〔2〕，年卅三    長七尺二☑    73EJT10：427
```

【校釋】

　　「滎陽」原作「榮陽」，何茂活（2014D）、（2016C），趙爾陽（2016B），黃艷萍（2016B，124 頁）、（2018，136 頁）釋。「長七尺二」原作「馬一匹車」，姚磊（2017J3）釋。

【集注】

　　〔1〕成陰：里名，屬滎陽縣。
　　〔2〕孫德：人名。

```
☑絲緯    牛一，標〔1〕犗、齒九歲    ☑        73EJT10：428
```

【集注】

〔1〕犥：鄔文玲（2014，96 頁）：「犥」與「驃」含義相同。《說文》：「驃，黃馬髮白色。一曰白髦尾也。」可知「驃」本指黃色有白斑或黃色白鬃尾的馬。簡文中的「犥」，大約指該牛的顏色也是黃色有白斑者，與馬之「驃」者類似，因其用於描述牛的顏色，故而從「牛」不從「馬」。

　　今按，其說是。

☑……　☑　　　　　　　　　　　　　　　　　　73EJT10：436

鯀得騎士□□……☑　　　　　　　　　　　　　　73EJT10：437

☑　長七尺二寸、黑色　☑　　　　　　　　　　73EJT10：438

☑……　　　　　　　　　　　　　　　　　　　73EJT10：447

☑一匹　　　　　　　　　　　　　　　　　　　73EJT10：448

☑……☑　　　　　　　　　　　　　　　　　　73EJT10：451

（圖畫）　　　　　　　　　　　　　　　　　　73EJT10：456

☑……車一兩，牛二□以辛未入　　　　　　　　73EJT10：457

☑　九月己亥出☑　　　　　　　　　　　　　　73EJT10：458

☑……五石二斗四升　　　　　　　　　　　　　73EJT10：459

☑　長七尺四寸、黑色☑　　　　　　　　　　　73EJT10：463

☑副　☑　　　　　　　　　　　　　　　　　　73EJT10：465

☑里范秦〔1〕，年☑　　　　　　　　　　　　73EJT10：467

【集注】

〔1〕范秦：人名。

☑石　以食傳馬四匹一月☑　　　　　　　　　　73EJT10：471

【校釋】

　　伊強（2017A）綴合簡 73EJT10：342 和該簡，且綴合後於綴合處補釋「四」字。今按，綴合可從，但兩簡不能直接拼合，中間缺一「四」字，當可遙綴。

☑　左忠〔1〕，年卅八、長☑　　　　　　　　73EJT10：472

【集注】

〔1〕左忠：人名。

☑☑ 73EJT10：473

☑乘董利〔1〕，年☐☐☑ 73EJT10：479

【集注】

〔1〕董利：人名。

☑……里男子☐☐☑ 73EJT10：482

……☑ 73EJT10：487

……☑ 73EJT10：488

☑里公乘呂逢〔1〕，年廿四、長七尺二寸☑ 73EJT10：490

【集注】

〔1〕呂逢：人名。

☑　☐☐☐☐☑ 73EJT10：491

☑……劍一、楯一 73EJT10：494

☑乘

☑匹 73EJT10：495

田卒……（竹簡） 73EJT10：497

【校釋】

　　「卒」後張俊民（2012）補「魏郡」二字。今按，補釋或可從，但簡文漫漶不清，不能辨識，暫從整理者釋。

…… 73EJT10：499

☑☐　☑ 73EJT10：500

☑…… 73EJT10：501A

☑…… 73EJT10：501B

……☑ 73EJT10：503

……☑

……☑ 73EJT10：504

…… 73EJT10：506A

……　　　　　　　　　　　　　　　　　　　　73EJT10：506B

☑　十一月☑　　　　　　　　　　　　　　　73EJT10：511

　　　　五石弩☑

☑蘭二

　　　　三石弩☑　　　　　　　　　　　　　73EJT10：515

☑……☑　　　　　　　　　　　　　　　　　73EJT10：521

☑　　☑　　　　　　　　　　　　　　　　　73EJT10：523

☑五　　　　　　　　　　　　　　　　　　　73EJT10：524

☑☑乘馬☑　　　　　　　　　　　　　　　　73EJT10：525

☑……　　　　　　　　　　　　　　　　　　73EJT10：526

☑年卅三　輺車一乘☑　　　　　　　　　　　73EJT10：529

☑☑錢五十☑廿五☑（削衣）　　　　　　　　73EJT10：530

☑☑☑☑（削衣）　　　　　　　　　　　　　73EJT10：532

……☑　　　　　　　　　　　　　　　　　　73EJT10：533

……☑　　　　　　　　　　　　　　　　　　73EJT10：534

☑　一匹車☑☑……車二☑　　　　　　　　　73EJT10：535

☑長……☑　　　　　　　　　　　　　　　　73EJT10：536

☑……　　　　　　　　　　　　　　　　　　73EJT10：537

☑☑☑都里馬……☑　　　　　　　　　　　　73EJT10：538

☑……☑　　　　　　　　　　　　　　　　　73EJT10：539

☑……☑　　　　　　　　　　　　　　　　　73EJT10：542

☑☑卅六丈二尺☑☑　　　　　　　　　　　　73EJT10：546

☑年卅　☑　　　　　　　　　　　　　　　　73EJT10：547

☑……☑☑　　　　　　　　　　　　　　　　73EJT10：548

肩水金關 T11

☑　稟受降〔1〕隧卒呂充〔2〕四月食　又張異眾〔3〕四月食　　　73EJT11：2

【校釋】

　　「稟」原作「廩」，黃艷萍（2016B，123頁）、（2018，135頁）釋。

【集注】

〔1〕受降：隧名。

〔2〕呂充：人名，為戍卒。

〔3〕張異眾：人名，為戍卒。

從者居延廣地〔1〕里上造張青齒〔2〕，年十五、黑色　　☑　　　73EJT11：4

【集注】

〔1〕廣地：里名，屬居延縣。

〔2〕張青齒：人名，為從者。

觻得　　　　　　　　　　　　　　　　　　　　　　73EJT11：7

狀猛，公乘，觻得長壽〔1〕里，年卅二歲，故肩水☑　　　73EJT11：8

【校釋】

「卅」原作「卌」，胡永鵬（2014A，235 頁）釋。

【集注】

〔1〕長壽：里名，屬觻得。

蒙平原〔1〕里呂肩〔2〕，年卅　　☑　　　　　　　　73EJT11：9

【集注】

〔1〕平原：里名，屬蒙縣。

〔2〕呂肩：人名。

☑葆氏池安漢〔1〕里男子馬閭☑　　　　　　　　　　73EJT11：11

【集注】

〔1〕安漢：里名，氏池縣。

☑□月乙丑出　　☑　　　　　　　　　　　　　　73EJT11：12

☑年十八　　☑　　　　　　　　　　　　　　　　73EJT11：14

出鹽□升九龠　稟始安〔1〕隧卒陳聖□月食　　☑　　73EJT11：16

【校釋】

「稟」原作「廩」，黃艷萍（2016B，123 頁）、（2018，135 頁）釋。

【集注】

〔1〕始安：隧名。

☑　九月壬戌出☑　　　　　　　　　　　　　　　73EJT11：20

☑牛車一兩　　　　　　　　　　　　　　　　　　73EJT11：22

☑□里□辟兵，年卅六　　☑　　　　　　　　　　73EJT11：27

肩水金關 T14

戍卒觻得成漢〔1〕里公乘聊廣德〔2〕，年卅六　　　73EJT14：1

【集注】

〔1〕成漢：里名，觻得縣。

〔2〕聊廣德：人名，為戍卒。

屬國胡騎〔1〕充國佰縣泉里〔2〕呼淦〔3〕，年廿五　長七尺五寸　黑色　□□□
　　　　　　　　　　　　　　　　　　　　　　73EJT14：2

【集注】

〔1〕屬國胡騎：市川任三（1987，211 頁）：所謂屬國胡騎，就是屬國都尉轄下的胡
　　　人騎士，與漢人騎士相當。

　　　　　今按，說是。參簡 73EJT1：158「胡騎秦騎」集注。

〔2〕泉里：當為里名。

〔3〕呼淦：人名，為屬國胡騎。

肩水都尉屬令狐賞〔1〕，葆屋蘭大昌〔2〕里孫聖〔3〕，年廿八，長七尺五寸　黑色
　　　　　　　　　　　　　　　　　　　　　　73EJT14：3

【集注】

〔1〕令狐賞：人名，為肩水都尉屬。

〔2〕大昌：里名，屬屋蘭縣。

〔3〕孫聖：人名。

☐☐☐☐☐☐十月四日出・子男趙憙〔1〕　　　　　　　73EJT14：4

【校釋】

「憙」字原作「熹」，該字圖版作 形，其下部明顯從「心」，當釋「憙」。

【集注】

〔1〕趙憙：人名。

河東皮氏富里公乘孫蓋〔1〕，年廿八　長七尺二寸　☒　　　73EJT14：5

【校釋】

「富」字何茂活（2018A，116頁）釋作「甯」，葛丹丹（2019，1551頁）從何
釋。今按，說或是。該字作 形，從字形來看，當非「富」，但和「甯」字亦有區
別，或當存疑。

【集注】

〔1〕孫蓋：人名。

戍卒河東皮氏平居〔1〕里公乘陽☐安，年卅二　☒　　　　73EJT14：6

【集注】

〔1〕平居：里名，屬皮氏縣。

田卒河南郡京〔1〕從里〔2〕公乘☐青，年卅三（竹簡）　　73EJT14：8

【校釋】

未釋字周艷濤（2015，122頁）釋「陽」。今按，該字圖版作 形，左半缺失，
從其殘存右半字形來看，當非「易」字，因此該字釋「陽」恐非是。

【集注】

〔1〕京：河南郡屬縣。《漢書・地理志上》「京」顏師古注曰：「即鄭共叔段所居也。」
〔2〕從里：里名，屬京縣。

☒軺車一乘、馬一匹　刀劍各一　　　　　　　　　　　73EJT14：9
永光五年計餘漆擣☒　　　　　　　　　　　　　　　73EJT14：10
☒☐馬一匹，高六尺二寸，齒九歲　　　　　　　　　73EJT14：13

☑河南縣西鄉大謝〔1〕里公☑　　　　　　　　　　　　73EJT14：15

【集注】

〔1〕大謝：里名，屬河南縣西鄉。

戍卒南陽郡葉〔1〕平定〔2〕里公乘蘇信□　　　　　　73EJT14：17

【集注】

〔1〕葉：南陽郡屬縣。《漢書・地理志上》：「葉，楚葉公邑。有長城，號曰方城。」

〔2〕平定：里名，屬葉縣。

出賦錢二百九十☑　　　　　　　　　　　　　　　　　73EJT14：18

居延卅井尉史元益壽☑　　　　　　　　　　　　　　　73EJT14：19

　☑　十月己卯復致籍

　☑　□　　　　　　　　　　　　　　　　　　　　　73EJT14：20

　　　　　　　　榆樹四，杏樹一，栗樹一　　☑

延壽〔1〕里田□

　　　　　　　□四　　☑　　　　　　　　　　　　　73EJT14：22

【校釋】

　　第三行「□」字原未釋，該字圖版作▨形，當為「□」字。

　　　　　　　　榆樹二、李樹六　榆樹九、李樹二　　☑

日益〔2〕里吾丘定〔3〕

　　　　　　　　□一　　☑　　　　　　　　　　　　72EJC：42

　　　　榆樹二　榆樹三

☑□廿

　　　　　　□□□　桔樹二　　　　　　　　　　　　72EJC：44+67

☑李樹十　　　　　　　　　　　　　　　　　　　　　72EJC：53

　　　　榆樹三　榆樹二　榆樹二　　☑

☑□

　　　　　　□四　　☑　　　　　　　　　　　　　　72EJC：96

【校釋】

以上五簡形制一致，字體筆迹相同，內容相關。其中後四簡為採集所得，第一簡出土於編號為 14 的探方，從出土地點來看，亦有屬同一簡冊的可能性。從內容上來看，都是對人口數和樹木數的記錄。因此，上述五簡當可編連。

【集注】

〔1〕延壽：里名。

〔2〕日益：里名。

〔3〕吾丘定：人名。

☑年卌九　車馬一乘☑　　　　　　　　　　　　　　　　73EJT14：23

　　　　　　　　　候史李賞〔2〕　　☑
□樂隧長王戎〔1〕　送囚　卒□☑　　　　　　　　　　　73EJT14：25

【校釋】

第二行「樂」字原未釋，何茂活（2015A）釋。又簡首未釋字何茂活（2015A）補「平」字。今按，補釋可從，但該字圖版磨滅不可辨識，當從整理者釋。

【集注】

〔1〕王戎：人名，為隧長。

〔2〕李賞：人名，為候史。

☑□□□黑色中卩　黑色　𠃌
☑　車一乘、馬一匹　　　　　　　　　　　　　　　　　73EJT14：26
☑　毋輸入　☑　　　　　　　　　　　　　　　　　　　73EJT14：27

大奴趙貴〔1〕　☑　　　　　　　　　　　　　　　　　73EJT14：28

【集注】

〔1〕趙貴：人名，為大奴。

▎右三月八人　☑　　　　　　　　　　　　　　　　　　73EJT14：29
☑屋蘭騎士長☑　　　　　　　　　　　　　　　　　　　73EJT14：39

☑安邑萬年〔1〕里公乘段☑　　　　　　　　　　　　73EJT14：40

【集注】

〔1〕萬年：里名。

肩水金關 T15

祿福大穰〔1〕里公乘徐襃〔2〕，年卌二☑　　　　　　73EJT15：4

【校釋】

　　「襃」字原作「衰」，該字金關漢簡中大多釋「襃」，據改。

【集注】

〔1〕大穰：里名，屬祿福縣。

〔2〕徐襃：人名。

☑□　　葆會水延年〔1〕里大夫☑　　　　　　　　73EJT15：6

【校釋】

　　「夫」字原未釋，周艷濤（2013），周艷濤、李黎（2014）釋。簡首未釋字姚磊補「豐」字。今按，補釋或可從，但該字圖版漫漶不請，不能辨識，當從整理者釋。

【集注】

〔1〕延年：里名，屬會水縣。

☑□十頭，遺路奉君　　　☑　　　　　　　　　　73EJT15：9

【校釋】

　　「遺」原作「遣」，黃艷萍（2016B，134 頁）、（2018，139 頁）釋作「遺」。今按，該字作𧘇形，釋「遺」可從。

　　姚磊（2020F）綴合簡 73EJC：31 和該簡。今按，兩簡茬口不能拼合，簡 73EJC：31 下端尚有較長部分空白處，該簡需要疊壓在簡 73EJC：31 下部的空白上面才能拼合，從圖版來看，簡 73EJC：31 下部的空白處厚度上不存在缺失。又兩簡出於不同地點，因此兩簡不可綴合。

觻得都里〔1〕公乘☑　　　　　　　　　　　　　　73EJT15：10

【集注】

〔1〕都里：里名，屬觻得縣。

☑□十步〔1〕　百廿步　　　　　　　　　　　　　　　73EJT15：12

【集注】

〔1〕步：羅振玉、王國維（1993，146頁）：古者六尺為步，三百步為一里，蓋自周
　　已然。《王制》古者以周尺八尺為步，今以周尺六尺四寸為步。《史記・秦始皇
　　本紀》以「六尺為步」。然馬融注《論語》「道千乘」章、鄭玄注《周禮》「小
　　司徒」，均引《司馬法》「六尺為步」。《漢書・食貨志》述古制亦同。則六尺為
　　步，或不自秦始矣。
　　　　今按，說是。步為長度單位量詞，六尺為步。又《國語・周語下》：「夫目
　　之察度也，不過步武尺寸之間。」韋昭《注》：「六尺為步。」

……

出麥一石……□□　出麥七斗□　國子侯麥計　　　　　　　73EJT15：17

【校釋】

「石」原未釋，周艷濤（2013），周艷濤、李黎（2014）釋。

☑□□字子孫　　　　　　　　　　　　　　　　　　　　73EJT15：21
☑□居延界中　　　　　　　　　　　　　　　　　　　　73EJT15：22
☑□年廿四、長七尺二寸、黑色　卩　日　　　　　　　　73EJT15：23
月五日宿□　　月八日留　　十一日☑
月六日留□□　月九日留　　十二日來☑
月七日留　　　月十日□□　☑　　　　　　　　　　　　73EJT15：28A
□月十五日適　　　　　廿七日宿昭武☑
留十月廿六日發書界上亭　廿八日宿昭武☑　　　　　　　73EJT15：28B

肩水金關 T21

・勞邊使者〔1〕過界中〔2〕費　　　　　　　　　　　　73EJT21：2
粱米〔3〕八斗　　　　　直百六十　　　　　　　　　　73EJT21：3
即米〔4〕三石　　　　　直四百五十　　　　　　　　　73EJT21：4

羊二	直五百	73EJT21：5
酒二石	直二百八十	73EJT21：6
鹽豉〔5〕各一斗	直卅	73EJT21：7
薑將畺	直五十	73EJT21：8
・往來過費凡直千四百七十		73EJT21：9
・肩水見吏〔6〕廿七人　率人五十五〔7〕		73EJT21：10
☐年☐元平元年十二月〔8〕　行		73EJT21：18

【校釋】

　　以上十枚簡屬同一簡冊。其中簡 73EJT21：2～10 原編連為一冊，尚存兩道編繩，楊小亮（2014A，303 頁）又補充編綴簡 73EJT21：18。

　　關於該冊書的年代和稱謂，甘肅居延考古隊（1978，9 頁）將其稱之為地皇三年「勞邊使者過界中費」。永田英正（1989，244～245 頁）則認為將這一冊書的年代確定為地皇三年（22），把冊書中所見到的使者作為王莽的使者，其根據是不清楚的。張俊民（2014C，49 頁）亦指出：「本冊書如果是伴隨地皇三年之物一同出土的，那麼我們認為其應該是地皇三年以前的文書。這裏的『以前』二字非常重要，雖然會對該冊的價值有所降低，但不應該將其直接定為是地皇三年的冊子。」現據楊小亮（2014A，303 頁）所補充編綴的簡 18 來看，將該簡冊的年代定為地皇三年是不正確的。楊小亮（2014A，303 頁）認為原冊書應由「地皇三年《勞邊使者過界中費》冊」更名為「元平元年《勞邊使者過界中費》冊。」這一看法應當是可信的。

【集注】

〔1〕勞邊使者：永田英正（1989，245～255 頁）：不僅知道簡 1 的標題中所見到的「勞」，不單純是作為抽象意義上的使者，而是具體的供給酒食，以犒勞和款待使者的意義上使用的；而且也得知犒勞這些使者的酒食費，不是使用公共財源，而是由負責接待的官吏平均負擔來供給這一非常有趣的事實，也可以說是一個收穫。

　　中國簡牘集成編輯委員會（2001H，112 頁）：勞，慰問。勞邊使者即中央派往邊防慰問士卒的使者。

　　今按，「勞」即慰勞。《漢書・谷永傳》：「存恤孤寡，問民所苦，勞二千石。」顏師古注：「勞，慰勉也。」勞邊使者指慰勞邊境吏卒的使者。永田英正認為「勞」在犒勞和款待使者的意義上使用的看法恐不妥。

〔2〕界中：永田英正（1989，248 頁）：歸根到底，這一冊書是在肩水候官填造的，恐怕是報告從肩水候官到金關的支出明細賬簿。因此，這一冊書中所見到的「界中」，是指肩水候官所管轄的區域內，但這只是我個人的見解。

今按，其說是。由後面肩水現有官吏共同出資來看，該簡「界中」無疑指肩水候官所轄區域。

〔3〕粱米：中國簡牘集成編輯委員會（2001G，181 頁）：亦即粱粟，精細的小米。《禮記·曲禮下》：「歲凶，年穀不登，君膳不祭肺……大夫不食粱，士飲酒不樂。」鄭玄注：「大夫不粱者，大夫食黍稷，以粱為加，故凶年去之也。」

今按，說是。「粱米」即精米，好米。《漢書·食貨志上》：「衣必文采，食必粱肉。」顏師古注曰：「粱，好粟也，即今粱米。」

〔4〕即米：劉國勝（2019，166 頁）：「即米」似當讀為「稷米」或「粢米」。

今按，說或是。

〔5〕豉：中國簡牘集成編輯委員會（2001G，43 頁）：豆豉。用煮熟的大豆發酵製成。《釋名·釋飲食》：「豉，嗜也。五味調和，須之而成，乃可甘嗜也。」

今按，說是。《急就篇》：「蕪荑鹽豉醯酢醬。」顏師古注：「豉者，幽豆而為之也。」

〔6〕肩水見吏：張俊民（2014C，50 頁）：指的是肩水候官的吏。就肩水候官而言，本身所具有的官吏有：候、令史、士吏、塞尉、尉史、障候和丞之類。下轄可考的部有：肩水部、右前部、右後部、左前部、左後部、東部部和北部部 7 個。「部」作為候官的下一級單位，有吏員 2 人，即候長與候史，共有吏員 14 人。金關又有「關候」、「關佐」和「關嗇夫」等吏員。合之者可考之數，與肩水見吏 27 數字則相差不多矣。

今按，其說是。肩水見吏即肩水現有之吏。

〔7〕率人五十五：永田英正（1989，245 頁）：「率人五十五錢」，是平均每人五十五錢的意思。現在，因為食品支出合計一千四百七十錢，吏的現有人員是二十七名，平均每人五四、四錢，將零數升上去變成每人五十五錢。

今按，說是。率人五十五即平均每人五十五錢。

〔8〕元平元年十二月：楊小亮（2014A，309 頁）：推測上端殘缺年份為元平元年後一年之本始元年：較早的「元平元年十二月」為「勞邊費」時間發生時間。本始元年（很可能是年初）當為後書，為冊書的製作時間。由於昭帝在元平元年

四月崩於未央宮，而此後繼位的昌邑王未立年號即被廢黜，所以此冊書當為同年七月即位的漢宣帝元平元年十二月之物。

今按，其說或是。元平元年即公元前 74 年。

止虜〔1〕隧卒王不信〔2〕，革甲、鞮瞀各一　　　　　　　　　73EJT21：11

止虜隧卒孫赤〔3〕，革甲、鞮瞀各一　　　　　　　　　　　　73EJT21：12

止虜隧卒石定〔4〕，革甲、鞮瞀各一　　　　　　　　　　　　73EJT21：13

禁姦〔5〕隧卒李絠〔6〕，革甲、鞮瞀各一　　　　　　　　　　73EJT21：14

【校釋】

以上四簡原編連在一起，屬同一簡冊，尚可見上部一道編繩。

【集注】

〔1〕止虜：隧名。

〔2〕王不信：人名，為戍卒。

〔3〕孫赤：人名，為戍卒。

〔4〕石定：人名，為戍卒。

〔5〕禁姦：隧名。

〔6〕李絠：人名，為戍卒。

橐他令觻得常利〔1〕里王福〔2〕　　子男王未央〔3〕，年十五歲　　73EJT21：15

【集注】

〔1〕常利：里名，屬觻得縣。

〔2〕王福：人名，為橐他令。

〔3〕王未央：人名，為王福兒子。

河南郡雒陽充魚〔1〕里張寬〔2〕　　牛車一兩　弩一、矢廿四、劍一　　☐
　　　　　　　　　　　　　　　　　　　　　　　　　73EJT21：16

【集注】

〔1〕充魚：里名，屬雒陽縣。

〔2〕張寬：人名。

出麥一石四斗　以食喜山〔1〕卒姚賜〔2〕七月廿一日食　　　　73EJT21：17

【集注】

〔1〕喜山：當為隧名。

〔2〕姚賜：人名，為戍卒。

□□□子春

　　　　　　范順〔1〕字

□　　　　　　　　　　　　　　　　　　　　　　　　73EJT21：20

【校釋】

　　第一行「春」字原未釋，該字作 形，此從何茂活（2018A，116 頁）釋。

【集注】

〔1〕范順：當為人名。

河南匽師〔1〕西信〔2〕里蘇解怒〔3〕（上）

車一兩，為轢得騎士利成〔4〕里留安國〔5〕鄴載肩水倉麥小石卌五石，輸居延

弓一、矢□二枚、劍一（下）　　　　　　　　　　　　73EJT21：21

【校釋】

　　下欄第一行「鄴」林獻忠（2014）、（2016，133 頁）釋作「鄡」。今按，該字圖

版作 形，其左半顯非「枭」，釋「鄡」恐非，整理者釋讀當不誤。

【集注】

〔1〕匽師：即偃師，河南郡屬縣。

〔2〕西信：里名，屬偃師縣。

〔3〕蘇解怒：人名。

〔4〕利成：里名。

〔5〕留安國：當為人名，為騎士。

假馬一匹，案勒　　　　　　　　　　　　　　　　　73EJT21：23

卪　　　　　　　　　　　　　　　　　　　　　　　73EJT21：25

眾……居延……安　　　　　　　　　　　　　　　　73EJT21：30

□□□□　　　　　　　　　　　　　　　　　　　　73EJT21：34

梁國虞〔1〕北函〔2〕里士五皇路人〔3〕，年廿八　　　　　　73EJT21：37

【集注】

〔1〕虞：梁國屬縣。《漢書・地理志下》：「虞，莽曰陳定亭。」

〔2〕北函：里名，屬虞縣。

〔3〕皇路人：人名。

　　　　　　　　　鐵甲、鞮瞀，各二□□□幣

平樂〔1〕隧長莊延年〔2〕

　　　　　　　　　革甲、鞮瞀，各四，完　　　　73EJT21：40

【集注】

〔1〕平樂：隧名。

〔2〕莊延年：人名，為平樂隧長。

陳留郡平丘〔1〕君里〔2〕江蓋之〔3〕（竹簡）　　　　　73EJT21：44

【集注】

〔1〕平丘：陳留郡屬縣。

〔2〕君里：里名，屬平丘縣。

〔3〕江蓋之：人名。

□之陳常（竹簡）　　　　　　　　　　　　　　　　73EJT21：45

　　　　　　　七石具弩一，傷二角　　槀矢五百五十

驛北亭長王禹〔1〕　六石具弩一，傷三角　陷堅矢〔2〕百五十

士史　　　　　　六石具弩三，完　　　蚩矢四百

候長　　　　　　四石具弩二，傷二角　……□

候史□□　　　　四石具弩一，完　　　……□

　　　　　　　　四石具弩二，傷二角　弩辟二☑（上）

服一　　　　　　　犢丸三　　　　梟長弦〔3〕二

蘭二完四　　　　　大黃〔4〕承弦二

□□張鐵把弦〔5〕各一　槍〔6〕一□檻各三（下）

　　　　　　　　　　　　　　73EJT21：46+73EJT23：1062

【校釋】

姚磊（2020C2）綴合。上欄第六行「弩辟二」原未釋，姚磊（2020C2）據張俊民告知補釋。下欄末行「把」原作「𢪒」，黃艷萍、張再興（2018，218頁）釋。

又上欄第五行「……」姚磊（2020C2）據張俊民告知作「承弦□」。今按，該簡文已磨滅不可辨識，暫從整理者釋。

【集注】

〔1〕王禹：人名，為騂北亭長。

〔2〕陷堅矢：中國簡牘集成編輯委員會（2001F，161頁）：陷堅，指矢鏃能穿透堅硬物。

李天虹（2003，104頁）：陷堅羊頭銅鏃，「陷堅」形容鏃的鋒利，「羊頭」指鏃的形狀。《方言》卷九：「箭鏃……三鐮者謂之羊頭。」

今按，諸說是。陷堅矢居延漢簡128·1又作「陷堅羊頭銅鏃箭」，即三棱箭頭穿透力較強的箭矢。

〔3〕枲長弦：勞榦（1960，49頁）：又《尚書·禹貢》「岱畎絲枲」，《正義》「枲，麻也。」故枲弦即麻弦……其枲長絃應亦為備用者，蓋以其為未裁定之絃料，故曰長也。

今按，說是。《爾雅·釋草》：「枲，麻也。」《說苑·談叢》：「蓬生枲中，不扶自直。」枲長弦即以麻作的長弦。

〔4〕大黃：羅振玉、王國維（1993，174頁）：大黃，弩名。《史記·李廣傳》：「廣身自以大黃射其裨將。」孟康曰「大公《六韜》：陷堅敗強敵，用大黃連弩」是也。

宋傑（1992，94頁）：李善注張衡《南都賦》「黃間機張」句時，引鄭氏曰：「黃間，弩淵中黃牙。」《釋名·釋兵》「弩」條曰：「鉤弦者曰牙，似齒牙也。」是說「間」乃弩機中鉤弦的部件——牙……因為弩牙的形狀是露出兩片直立的機齒，中間有空際，所以又被稱為「間」。至於弩名為什麼冠以某種顏色，前引李善注《南都賦》說「黃弩，弩淵中大黃」，是指弩牙、即弩機的顏色。而《史記索隱·李將軍列傳》則曰：「大黃、黃間，弩名也。故韋昭曰：『角弩也，色黃體大』。」是指弩身的顏色，其說不同。按「間」的本義是弩牙，當以李善之說為確。

今按，諸說是。大黃為弓弩的名稱。

〔5〕把弦：中國簡牘集成編輯委員會（2001F，76頁）：他簡或作「把弦」，用於張
　　　弦的鈎，引之以絲或麻繩。」

　　　　　張麗萍、侯建科（2016，123頁）：「把弦」包括兩個部分：「張弦用的
　　　鈎」和「引鈎用的線」；也就是說張弦的鈎和引鈎的線配套起來才稱為「把
　　　弦」。

　　　　　今按，諸說是。把弦即張弦的鈎，上繫以絲繩。

〔6〕槍：初師賓（1984A，174頁）：漢時守禦器之槍，實為擂木、木標之屬，與後
　　　世稱「槍」的鐵矛不同。槍是一端或兩頭削尖的木棒。

　　　　　李均明（2007，79頁）：槍，類今運動用的標槍，兩頭削尖，從上往下投
　　　擲，無疑能充分發揮其勢能，有一定殺傷力，守禦器簿所見，每隧常備四十支
　　　槍。

　　　　　今按，諸說是。槍為兩頭削尖的木棍。《玉篇・木部》：「槍，岠也。木兩
　　　頭銳也。」

馬一匹，驪牡、齒十歲、高六尺　　　　　　　　　　　　　73EJT21：48

河南郡雒陽邸里〔1〕趙世〔2〕　　牛車一兩，十二月壬子入　劍一
　　　　　　　　　　　　　　　　　　　　　　　　　　　73EJT21：49

【集注】

〔1〕邸里：里名，屬雒陽縣。

〔2〕趙世：人名。

☑　　字子勢，輨車一乘，用馬一匹　二月壬戌出　　　　73EJT21：50

濟陰郡廩丘〔1〕石壽〔2〕里左德〔3〕　　　　　　　　　73EJT21：51

【集注】

〔1〕廩丘：周振鶴（2017，64頁）：廩丘於《漢志》屬東郡。不知是先屬濟陰，後
　　　改隸東郡，抑或反之？觀廩丘以東有梁山，即梁孝王狩獵之良山（《梁孝王世
　　　家》），本屬梁，於《漢志》亦屬東郡。因此大體推斷東郡之壽良至廩丘一帶應
　　　當原屬梁地，亦即廩丘先為濟陰郡屬，後方改隸東郡。

　　　　　于豪亮（1981A，104頁）：按《漢書・地理志》濟陰郡無廩丘，廩丘在東
　　　郡。根據居延漢簡，廩丘曾屬濟陰郡。

何雙全（1989，202 頁）：《地理志》中廩丘縣屬東郡、非濟陰郡。而簡文
註明屬濟陰郡。從位置看，廩丘地處濟陰、東郡、山陽三郡交界之地。考之武
帝天漢四年更山陽為昌邑國，此時將廩丘劃歸濟陰郡。宣帝時改濟陰為定陶，
此時又將廩丘劃歸東郡。故簡文可能是宣帝未改動行政建置之前的行政區劃，
當屬濟陰郡所轄。

今按，諸說是。廩丘《漢書·地理志》屬於東郡，據漢簡則其曾屬濟陰郡。

〔2〕石壽：里名，屬廩丘縣。

〔3〕左德：人名。

綠綈〔1〕一丈二尺，直二百六十八，率尺廿四　絮一斤，直百七十

73EJT21：52A

青韋舀〔2〕一兩，直百冊　　　　　　　　　　　　　73EJT21：52B

【集注】

〔1〕綠綈：綈為厚繒，是一種較粗厚的絲織品。綠綈則為綠色的厚繒。

〔2〕青韋舀：所指不明，待考。

……延年〔1〕里大夫莊賢〔2〕，年五十、長七尺二寸、黑色　輂車一乘、馬一匹

73EJT21：53

【校釋】

「色」字原未釋，該字作　形，當為「色」字。

【集注】

〔1〕延年：里名。

〔2〕莊賢：人名。

□車一兩……

河南雒陽西成〔1〕里左世〔2〕　　　　　　　　　　　73EJT21：55

【集注】

〔1〕西成：里名，屬雒陽縣。

〔2〕左世：人名。

☑驛北亭長歐〔1〕，稾矢銅鏃百　☑　　　　　　　　73EJT21：61

【集注】

〔1〕歐：人名，為駅北亭長。

張掖肩水候官塞有秩候長〔1〕公乘殷禹〔2〕　元康三年秋以令射〔3〕，發矢十二中□◿　　　　　　　　　　　　　　　　　　　　　73EJT21：62+78

【校釋】

伊強（2016F）綴。

【集注】

〔1〕有秩候長：羅振玉、王國維（1993，119 頁）：有秩候長者，候長之秩百石者也。《禮記》注有秩嗇夫，《漢書‧百官公卿表》鄉有三老、有秩嗇夫，《續漢志》有鄉有秩、秩百石，李翕《西狹頌》有衡官有秩，此簡有有秩候長。漢制計秩，自百石始，百石以下謂之斗食，至百石則稱有秩矣。

今按，說是。秩百石為有秩。

〔2〕殷禹：人名，為候長。

〔3〕秋以令射：陳槃（2009，4～6 頁）：「秋射」，即《漢書》所謂「都試」，歲秋大會試騎射之謂（漢書燕刺旦王傳注：都，大也，謂大會試之）……秋射省試有定程，程以六；過六則署「功勞」（簡文每云：「賜勞，矢十五日」。夏氏曰：言以六為程，過六則每矢賜勞十五日也）。署試有如未允，則與試者可以「爰書」「自證」，故有「秋射爰書」之目。

吳昌廉（1985C）：漢簡所見之「秋射」，雖有人認為那是內郡「都試」之同義詞，但愚意以為「秋射」與「都試」之異同有下列幾點：（一）參與者不同：秋射之主試者為障候、塞尉；受試為士吏、候長、隧長。都試之主試者為太守、都尉；受試者為縣令長、丞、尉。（二）舉行地點不同：秋射在候官（城）舉行；都試則在太守府（城）舉行。（三）軍容之壯盛不同：秋射之軍容，在參與者方面，只有障候、塞尉、士吏、候長、隧長，在兵器方面亦只有「具弩」而已；反觀都試之參與者，除太守、都尉、縣令長、丞、尉等郡縣長吏均須參加外，猶集合全部精銳，以便加以點校；在兵器方面，則彙集各式各類之兵器及軍騎，斧鉞旌旗，異常壯盛。此與秋射之軍容相較，形成顯著對比。（四）受測內容不同：秋射只是弩測；而都試則在試騎射及考課殿最。（五）舉行時間略同：秋射、都試大都在七、八、九月舉行，時間上較一致。是故「秋射」似乎僅是「都試」之一部分而已。

大庭脩（1991，507頁）：所謂「秋射」，就是每年九月，太守都尉以下郡的高官參加的「都試」檢閱時，候長、士吏、隧長等根據命令行射，接受武藝考核，是一項重要的年度儀式。

中國簡牘集成編輯委員會（2001C，16頁）：秋射，據漢代兵制軍令，邊塞候長、士吏、烽燧長皆需於每年秋天參加射箭考試。

中國簡牘集成編輯委員會（2001H，177頁）：秋射，「都試」，歲秋大會試騎射之謂。但史書不言「秋射」，而「都試」一詞則習見。《漢書‧燕刺王旦傳》：「將軍都郎羽林。」《翟方進附翟義傳》：「九月都試。」

劉鳴（2020，262頁）：居延簡中不僅有「秋射」的內容，還同時出現「都試」。按《漢書》顏師古注引漢《光祿挈令》，未能參加都試者會受到處罰，但居延簡中有未參加秋射而補試的例證。都試與秋射的考核方式與根本作用不同，一個重選拔，一個重測試。都試一年僅一次，而簡牘材料證明在秦及漢初存在着春秋兩季的試射。因此，都試與秋射並不是一回事。

今按，諸說多是。秋以令射即所謂秋射，為秋天對邊塞官吏進行射箭考課的制度。秋射和都試有所不同。

☐寸‧承弦四，其一黑，弦狠靡解〔1〕　　卒張安定〔2〕弩幦〔3〕一，草〔4〕
☐枲長弦一，古絕〔5〕　　　　　　　　　表幣
☐緹紺胡〔6〕一，緹長三丈五尺　　　　卒陳遂〔7〕弩幦一，草
☐九尺九寸　　　　　　　　　　　　　表幣
☐兵　　　　　　　　　　　　　　　　　73EJT21：66

【集注】

〔1〕弦狠靡解：「靡」為損壞，磨損義。《說苑‧正諫》：「泰山之溜穿石，引繩久之，乃以挈木，水非石之鑽，繩非木之鋸也，而漸靡使之然。」「解」當義為破裂，分離，如《後漢書‧仲長統傳》：「中國擾攘，四夷侵叛，土崩瓦解，一朝而去。」則「靡解」是說弓弦損壞破裂。「弦狠」意不明，待考。

〔2〕張安定：人名，為戍卒。

〔3〕弩幦：賀昌群（2003A，111頁）：幦即盾之或作，盾為漢時五兵之一，《續漢志補註》引《漢官儀》云：游徼亭長，皆習設備五兵。五兵：弓、弩、盾、刀、劍之屬。《陳湯傳》：鹵盾為前，戟弩為後，是也。

勞榦（1960，49頁）：幍字據《說文》云「幍載米齡也。」《廣雅・釋器》云：「幍齡也。」故幍為收藏之器。又幍字從巾，《廣韻》：「布貯曰幍。」或猶本於切韻原文。今據居延簡……一簡內，弩之後即弩幍，矢之後即服與蘭，服與蘭俱為盛矢之器，則弩幍應即盛弩之器矣。況弩架曰錡，原為平時所用，行時負弩，自不能負錡而趨，則亦必當有貯弩之囊若幍者矣。

中國簡牘集成編輯委員會（2001G，52頁）：盛弩之器。《說文》：「幍，載米齡也，從巾盾聲。」《正字通・巾部》：「幍，猶今米布袋。」居延簡中「幍」常與「蘭」「服」並用。蘭、服為裝矢之物，而幍當為盛弩之物。

張國艷（2002，87頁）：「弩」是一種箭，「幍」是盛米的布袋。《說文・巾部》：「載米齡也。」《正字通・巾部》：「猶今盛米布袋。」後泛指布袋，「弩幍」即盛箭的布袋。

李天虹（2003，94頁）：幍，《說文》：「幍，載米齡也。」《繫傳》：「齡，音寧，亦囊。」《正字通》：「幍，猶今盛米布袋。」簡文「幍」與弩並存，是盛弩之囊。

今按，諸說多是，唯賀昌群以幍為盾非是。弩幍即裝弩的袋子。

〔4〕草：意為粗糙，粗劣。《戰國策・齊策四》：「左右以君賤之也，食以草具。」鮑彪注：「草，不精也。」此處大概是說弩幍粗糙，不精細。

〔5〕古絕：「古」通「盬」，義為粗糙，不堅固。《周禮・天官・典婦功》：「及秋獻功，辨其良苦。」鄭玄注引鄭司農：「苦讀為盬。」《史記・五帝本紀》：「河濱器皆不苦窳。」張守節《正義》：「苦，讀如盬。盬，麤也。」《漢書・息夫躬傳》：「器用盬惡，孰當督之。」顏師古注引鄧展曰：「盬，不堅牢也。」參簡73EJT29：88「古惡」集注。又「絕」義為斷，《說文・糸部》：「絕，斷絲也。」《呂氏春秋・本味》：「鍾子期死，伯牙破琴絕弦，終身不復鼓琴。」則簡文古絕是指梟長弦粗糙斷裂。

〔6〕緹紺胡：羅振玉、王國維（1993，184～185頁）：胡者，旂幅之下垂者也。《說文》：「旛，幅胡也。」（葉石君影印宋本作「旛，旛胡也」。）《吳語》「建肥胡文犀之渠」，韋昭注：「肥胡，幡也。」謂之胡者，《說文》：「胡，牛頷垂也。」古人於下垂之物皆以胡譬之。旂，幅之下垂者，形似牛胡，故有肥胡、旛胡、幅胡之名。或單言旛，或單言胡，則語之略也。緹者，帛赤黃色。紺，帛深青而揚赤色也。二色不能相兼，則「緹紺」殆一色之名也。

于豪亮（1981B，44～45頁）：胡的本來的涵義是頸下的垂肉。《說文・肉部》：「胡，牛頷垂也。」……因為胡系頸下垂肉，於是凡是與之類似之物均得名之為胡……靬干上飄起的部分是幡，幡的下面窄而長的部分便是胡。

中國簡牘集成編輯委員會（2001C，3頁）：紺，天青色，深青帶紅的顏色；胡，本義為項下垂肉，引申為器物上下垂如胡的東西。此處或指垂於旗幡下之胡狀物。

中國簡牘集成編輯委員會（2001F，3頁）：緹，丹黃色；紺，青色。胡，此指旗幟外側周圍的邊緣裝飾部分。

李天虹（2003，95頁）：簡文常以「緹紺」修飾胡，記的是胡的顏色。紺，《說文》「紺，帛深青揚赤色」，段玉裁注引《釋名》：「紺，含也，青而含赤色也。」緹，《急就篇》顏師古注：「黃赤色也。」《說文》：「緹，帛丹黃色。」「緹紺」合稱，應當是一種顏色的稱謂。

初昉、世賓（2013，249頁）：胡，即漢簡「緹紺胡」，為懸掛之長條幡幟，乃官吏駐節標誌，與靬干幡無涉。

尉侯凱（2016D）：「緹紺胡」表示的應該是用「緹」「紺」（據「緹」以顏色指代實物例，「紺」當為青色縑帛）等絲織物捆纏包裹的一種戟類兵器。

尉侯凱（2017A，36頁）：「緹長三丈五尺」明顯是對前面「緹紺胡」的進一步說明，那麼「緹」表示的應該不只是顏色，而應當是一種赤色縑帛。《後漢書・應劭傳》：「緹紹十重。」李賢注：「緹，赤色繒也。」相應地，據「緹」是以顏色指代實物例，「紺」當為一種青色縑帛。「緹紺胡」應當是指由緹、紺兩種不同顏色的縑帛製成的旗幟。

王貴元（2018，86～87頁）：「緹紺胡」常與「曲旃」對列，類比「靬干、靬幡」，則「緹紺胡」是曲柄旗的旗幅是無疑的……緹有厚繒義，緹紺胡的緹釋為厚繒應當是正確的……「紺胡」已不是一個詞組，而是曲旃旗幅的專用名詞，所以才可以單獨使用，而「緹紺胡」則是表明了紺胡的用材。

今按，王貴元所說當是。「緹紺胡」應指旗幅而非旗幅下面垂著的長條。「緹紺」此前諸家多認為是顏色的名稱，但該簡明言「緹長三丈五尺」者，則緹應當是胡的組成部分。又《史記・滑稽列傳》：「為治齋宮河上，張緹絳帷。」張守節《正義》引顧野王曰：「黃赤色也。又音啼，厚繒也。」《列女傳・辯通傳》：「以緹竿為幟。」王照圓補註：「緹，赤色帛也。」則緹可指一種赤色的繒帛。因此緹紺胡或如尉侯凱所言，是由緹和紺兩種顏色的

絲織品組成的旗幅。初昉、世賓認為「胡」乃官吏駐節標誌，與旗幟無關
則不妥。

〔7〕陳遂：人名，為戍卒。

　　　　　大車一兩
☑□里□充　……
　　　　　……
　　　　　……　　　　　　　　　　　　　　　73EJT21：67
☑　槀八斤　　　　　　　　　　　　　　　　　73EJT21：70
☑　其三石六斗九升二分□　☑
☑　卅二石八斗二升粟　☑　　　　　　　　　73EJT21：76

☑　槀矢五十　　靳□☑
☑　蘭一　　　　靳□☑
☑　蘭冠〔1〕一　☑　　　　　　　　　　　　73EJT21：77

【集注】

〔1〕蘭冠：陳直（2009，384 頁）：《漢書・韓延壽傳》云：「抱弩負蘭。」顏師
　　古注：「蘭盛弩矢者也，其形如木桶。」蘭冠在居延簡中常見之，疑為蘭器
　　之蓋。
　　　　中國簡牘集成編輯委員會（2001G，95 頁）：蘭，即闌假借字。闌，古代
　　背在身上盛弩箭的器具……漢簡中蘭冠常連用，或以為乃蘭器之蓋。
　　　　今按，諸說是。「蘭」通「闌」，為木桶形裝弩矢之器，蘭冠當即蘭之冠
　　蓋。

十二日積七十一人，人六升　☑　　　　　　　73EJT21：81

徐翁仲〔1〕貸穀小石☑　　　　　　　　　　　73EJT21：82

【集注】

〔1〕徐翁仲：人名。

☑　官韋皮裘一領　　　　　　　　　　　　　　73EJT21：84

☑出麥六斗，五月乙亥以食亭故吏偃〔1〕，乙亥盡甲申十日，積十人，人日□☑
　　　　　　　　　　　　　　　　　　　　　　　　73EJT22：75+73EJT21：88

【校釋】

　　姚磊（2017B6）、（2018E，35 頁）綴。

【集注】

〔1〕偃：人名。

上大□　長壽長財　　　　　　　　　　　　　　　73EJT21：90
☑□三人　☑（削衣）　　　　　　　　　　　　　73EJT21：93
☑　已得□□　☑（削衣）　　　　　　　　　　　73EJT21：94

戍卒巍郡巍〔1〕利陽〔2〕里不更孫樂成〔3〕，年廿八（竹簡）　　73EJT21：95

【校釋】

　　兩「巍」字原均作「魏」，黃艷萍（2016B，128 頁）、（2018，137 頁）釋。

【集注】

〔1〕巍：通「魏」，魏郡屬縣。《漢書‧地理志上》：「魏，都尉治。莽曰魏城亭。」
〔2〕利陽：里名，屬魏縣。
〔3〕孫樂成：人名，為戍卒。

河平元年十月丁酉，斗食輸給執適〔1〕隧長華章〔2〕九月奉　　73EJT21：96

【校釋】

　　「華」原作「業」，伊強（2014C）釋。又「章」字何茂活釋作「南」。今按，該字作 **章** 形，為漢簡中「章」字常見寫法，釋「南」恐非。
　　「河平元年十月丁酉」胡永鵬（2014B，274 頁）、（2016A，319 頁）認為原簡屬書誤，十月必為丁卯朔，且無丁酉。黃艷萍（2014B，191 頁）認為該月三十天，無「丁酉」日。疑原簡脫「一」字，和平元年十一月丁酉，即十一月初一。今按，諸說多是。但從後面「九月奉」來看，十月不誤。當為日期書寫錯誤。

【集注】

〔1〕執適：隧名。
〔2〕華章：人名，為執適隧長。

　　　　　其二人養〔1〕

壬申卒廿二人

　　　　　廿人運校盡戌寅積七日，致校五百八十丈，率出致五十八丈，
　　　　　其一日沐治準　　　　　　　　　　　　　　　73EJT21：97

【集注】

〔1〕養：羅振玉、王國維（1993，149頁）：《公羊・宣十二年傳》「廝役扈養」，何
　　　注：「炊烹者曰養。」《史記・張耳陳餘列傳》有「廝養卒謝其舍中」，《集解》
　　　引韋昭曰：「析薪為廝，炊烹為養。」《儒林傳》「兒寬家貧無資，用常為弟子
　　　都養」，《索隱》曰「為弟子造食也。」《後漢書・劉玄傳》「竈下養，中郎將」，
　　　是古人皆謂造食為養。

　　　　于豪亮（1961，452頁）：《漢書・陳餘傳》「有廝養卒」，注：「養，養人
　　　者也。」《兒寬傳》「嘗為弟子都養」，注：「主給炊烹者也。」是知所謂養，就
　　　是從事炊事工作的人。

　　　　李天虹（2003，134頁）：集體省作的戍卒，大致十人左右抽調一人作「養」，
　　　又稱「卒養」；人數較多時，還會選取一人作「長」。「養」就是作飯，「卒養」
　　　即為省卒作飯。「養」是戍卒省作的內容之一，故記入省卒作簿。部卒作簿也
　　　記有養，但均稱「吏養」。候官治所內吏員較多，而部卒平時的工作大抵就是
　　　勤務，所以可能每天都有一名部卒專為吏員作飯，即所謂「吏養」。

　　　　李均明（2009，337頁）：從日作簿亦可看出，團體勞作時，大約每十人
　　　抽出一人從事炊事工作，簡文稱作「養」或「吏養」。

　　　　今按，諸說多是。養為炊事員，即做飯的人。一般十人中一人為養。

戍卒鉅鹿郡南䜌西始〔1〕里孫義〔2〕，年卅四　長七尺三寸、黑色，大刀一　有
方一　∫　　　　　　　　　　　　　　　　　　　　73EJT21：99

【校釋】

　　　「卅」字周艷濤（2013）認為釋「卌」較合理。今按，該字圖版作　　　形，
顯為「卅」字，不當為「卌」。

【集注】

〔1〕西始：里名，屬南䜌縣。
〔2〕孫義：人名，為戍卒。

出粟二石　稟禁姦〔1〕隧長王誼〔2〕十二月食　弓　　　　　73EJT21：100

【校釋】

「稟」原作「廩」，黃艷萍（2016B，123 頁）、（2018，135 頁）釋。

【集注】

〔1〕禁姦：隧名。

〔2〕王誼：人名，為禁姦隧長。

關佐觻得定國〔1〕里李信成〔2〕　元平元年正月壬子除　將漕　73EJT21：101

【集注】

〔1〕定國：里名，屬觻得縣。

〔2〕李信成：人名，為關佐。

□□□□成里上造薛廣〔1〕，年廿四　庸同縣武成〔2〕里陳外〔3〕，年卅八　乚
　　　　　　　　　　　　　　　　　　　　　　　　　　　　　73EJT21：105

【校釋】

簡首未釋第三字姚磊（2019G3）作「邑」。今按，釋或可從，但字多磨滅，不可辨識，暫從整理者釋。

【集注】

〔1〕薛廣：人名。

〔2〕武成：里名。

〔3〕陳外：人名。

戍卒東郡東阿高丘〔1〕里程畢〔2〕　蚤矢百五十　蘭冠各一
　　　　　　　　　　　　　　　承弦二　　　靳干幡各一
　　　　　　　　　　　　　　　枲長弦一　　　　　　73EJT21：107

【集注】

〔1〕高丘：里名，屬東阿縣。

〔2〕程畢：人名，為戍卒。

□□候長，居延西道〔1〕里叔□，年卅□　始元二年五月辛未，除見

73EJT21：111

【校釋】

「辛未」黃艷萍（2014B，192 頁）認為或是「辛亥」誤釋。胡永鵬（2014B，275 頁）、（2016A，485 頁）指出五月無辛未，該簡所載吏除時間屬於追記，如釋文無誤，則為當事者誤記或記錄者書誤。今按，「辛」後一字圖版漫漶不清，整理者釋讀當有誤。

【集注】

〔1〕西道：里名，屬居延縣。

始元七年二月癸酉朔壬寅〔1〕……直二百□□□□孫子，約六月畢入直平石一斗，即有物故，知責家中見在者，趙季〔2〕任。　73EJT21：112

【集注】

〔1〕始元七年二月癸酉朔壬寅：始元，漢昭帝劉弗陵年號。據徐錫祺（1997，1523頁），始元七年二月癸酉朔，三十日壬寅，為公曆公元前 80 年 3 月 27 日。

〔2〕趙季：人名。

……⊿

木木……⊿　73EJT21：116

□□出　73EJT21：118

平中〔1〕里宋充〔2〕　73EJT21：119

【集注】

〔1〕平中：里名。

〔2〕宋充：人名。

河南郡穀成〔1〕陵里〔2〕長奉親〔3〕（竹簡）　73EJT21：120

【集注】

〔1〕穀成：河南郡屬縣。

〔2〕陵里：里名，屬穀成縣。

〔3〕長奉親：人名。

田卒淮陽郡固始成安〔1〕里上造陳外〔2〕，年廿五　　∫　　　　　73EJT21：121

【集注】

〔1〕成安：里名，屬固始縣。

〔2〕陳外：人名，為田卒。

出麥二斛二斗　以食右農田卒魏謁〔1〕正月廿七日□☑　　　　73EJT21：122

【集注】

〔1〕魏謁：人名，為田卒。

關樓內戶〔1〕一　　用板廣尺、長七尺，用四上下式長六尺，用四兩彭式長八尺，
用三枚　　　　　　　　　　　　　　　　　　　　　　　　　73EJT21：124

【集注】

〔1〕關樓內戶：關樓似指肩水金關關城之上的城樓，內戶為內裏之門。

杼秋北陽〔1〕里閻生……　　　　　　　　　　　　　　　　　73EJT21：126

【集注】

〔1〕北陽：里名，屬杼秋縣。

☑橐佗吏奉五百　……
☑……　　　　　　　三百……
☑其卅六　　　　　　……
☑五十　　　　　　　……　　　　　　　　　　　　　　　　73EJT21：128

出糜〔1〕廿六石大石〔2〕　為小石卅三石。出糜小石十石
出麥小石廿六石　　　　　　　·三斗六升，六月食盡正月，為穀小石廿三石七斗
出麥小石十五石（上）
·凡出穀小石百一十八石六升
元鳳五年十二月中付城尉李□□（下）　　　　　　　　　　73EJT21：129

【校釋】

下欄第一行末「升」字原作「斗」，胡永鵬（2013）、（2014A，236頁）、（2016A，161頁）釋。

【集注】

〔1〕穈：羅振玉、王國維（1993，153～155頁）：「床」字不見古書，日本大谷伯爵在新疆所得《唐韻》斷片「穈」字下注：「□，或作床。」又《集韻》：「音忙皮切。」乃「穈」之俗字也。釋玄應《一切經音義》卷二云：「床，字體作穈，禾穄也。關西謂之床，冀州謂之穄也。」卷十六復引《呂氏春秋》高誘注云：「關西謂之床，冀州謂之穄。」今本《呂氏春秋》注作：「穄，關西謂之穈，冀州謂之臣縻。」玄應所引蓋別本也。又案，《說文》：「穈，穄也。」「穄，穈也。」二字互訓。《玉燭寶典》引《蒼頡篇》則云：「麤，穄也。」蓋本字作「麤」，由「麤」而省為「穈」……若《詩・生民》之「維穈維芑」，則借「穈」為赤苗之「虋」，非訓穄之「穈」也。《周禮・士訓》鄭注：「荊揚地宜稻，幽并地宜麻。」《釋文》云：「麻如字，一本作穈，李及聶氏忙皮反，劉、沈皆作穈，音紀倫反。」又云，「案，注荊、揚皆言穀，幽、并不應言獸，紀倫之音恐非」云云。近世程氏瑤田《九穀考》、段氏玉裁《周禮漢讀考》，始由李、聶忙皮反之音，以「麻」字為「穈」字之訛，是也。其實鄭注「麻」字，本蓋作「穈」，故或訛為「麻」，或訛為「穈」。則漢人「穈」字固多從「禾」作，而不從「黍」作。由「麤」而省為「穈」，復由「穈」省為「床」，而其本字幾不可復識矣。穈、穄者，北方之穀。《蒼頡篇》：「穄，大黍也，似黍而不黏，關西謂之穈。」《玉篇》：「穄，關西曰穈。」穈，本關西之名，故《元豐九域志》《宋史・地理志》「秦州」下皆有「床壤堡」，蓋以產穈得名也。至於塞外亦產此穀，《穆天子傳》：「赤烏之人獻穄麥百載，曹奴之國、文山之國獻穄米千車，鴞韓氏穄麥之所草。」《後漢書・烏丸傳》「其土地宜穄」，《三國志・烏丸傳》注引王沈《魏書》「烏丸地宜青穄」，《唐書・北狄傳》「奚稼多穄」，又《回鶻傳》「黠戛斯國穈穄以三月種，九月穫」，則塞外諸國大抵產之。戴侗《六書故》引鄭剛中之說曰，「岐山之陽種穈尤盛，俗書『穈』為『床』，米類稷，可麨，可餅。西人飽食麨，非床猶飢。將家云出戰，糗糧乾不可食，嚼床咈匊則津液生，餘物皆下咽。士卒用小囊盛置馬上，遇水漬之尤美」云云。則穈之為物，不獨為塞外嘉穀，且尤宜軍中之用，故屯田多種之。至其物當今何穀，則宋人皆以為稷，近世程氏瑤田始以為黍，吾儕未嘗目驗，蓋不能論定之矣。

陳公柔、徐蘋芳（1982，54～55頁）：可以知道穈即麤，即穄，應屬於黍類……《齊民要術》卷二、黍穄第四云：「凡黍、穄田，新開荒為上，大豆底

為次，穀底為下。」可知河西地方之所以以穈為日常主食者，是由於穈易於新開荒地；並且播種期晚，收穫期早，適應北地風土。

李天虹（2003，79 頁）：穈，同𪎭，即穄，一種不黏的黍。《說文》：「𪎭，穄也。」

韓華（2014，380 頁）：穈，同𪎭，即穄。《說文》：「𪎭，穄也」，穄子，黍的一個變種，其子實不黏者，

今按，諸說多是。穈又作𪎭，即𪎭、稷，為不黏的黍。

〔2〕大石：勞榦（1950）：小石當為國家制定，而大石則為民間所常用，凡漢簡中未言大小石者，以每人每月小石一斗之數計之，大率皆小石，則從故宮所藏莽量測出之數，亦皆小石也。然大石卒不可廢。

高自強（1962，94 頁）：在戰國時代，就已經存在著兩種不同系統的量制，它們之間在容量上的比率是 5：3；秦漢以後，仍然繼續相並而行，成為南北朝隋唐之大小量的濫觴。漢之一大斛約當今 20000 毫升，一小斛約當今 12000 毫升。

陳夢家（1980，149 頁）：一石是人可擔起的一擔重量（百廿斤），故石亦稱擔。一石重的粟，去了皮以後所得的米實，稍輕於百廿斤粟的重量，仍由一人擔起，所以有小石之名。此小石之米實，不是大石粟的重量的十分之六，而是大石粟的容量的十分之六，故大小石之稱起於粟米的比率，而大小石不代表重量，只代表一種容量的「大單位」；大石容十斗，小石容六斗。大小石是一種容量單位，雖其產生由於粟米的比率，但不能說大小石分指米與粟。

陳公柔、徐蘋芳（1982，54 頁）：大石與小石確為同時並存的兩種量器，當時的法定比率為 10：6。官廩出入，須按當時規定的小石斛量……而邊郡民間計量，尚沿用戰國以來的舊慣，仍以大斗為準。

冨谷至（1998，215 頁）：大石、小石不是兩種量具，小石是測定帶殼的穀物時的單位，大石是測定脫去殼的米的容量單位，他們之間的比率定為 10 比 6。也就是說，把帶殼的粟裝進一升的量具時，測量的叫小石×石×斗×升，裝入脫粒的米測量時叫大石×石×斗×升。而且，它不受穀物名稱的限制。即雖然有「出穀××石」「入粟××石」，但「穀」「粟」本身並不決定大石、小石。

馬彪（2014，86 頁）：所謂大小石現象的產生，來自於從重量單位向容量單位的轉化過程，這個過程至遲也在漢承秦制的西漢初年已經完成，正式隨著

這一過程的完成而產生了「大石」「小石」兩種並用於實際中的「石」的量器和容量單位。因為「大石」大於法定的「石」，所以亦稱法定的「石」為「小石」。

馬彪、林力娜（2018，58頁）：漢簡所見「大石」「小石」，不僅來自於1石粟與1石米之間5：3的大小單位之比例關係，而且在秦及西漢官糧管理中確實存在著大石、小石之兩種量器。

鄒大海（2019，75～76頁）：大石、小石都有對應的容器，前者多用於未春的糧食。大石、小石制最後又向單一的斛制發展。在整個過程中，10斗這一標準總是居於核心的地位。

代國璽（2019，116頁）：漢代河西地區計量糧食使用兩個大石和一個小石。小石為統一的，兩個大石分別用來量禾黍類原糧與麥類原糧。量粟之大石與小石之比為5：3，而量麥之大石與小石之比為3：2。

今按，關於大小石的問題，或說大石與小石為同時並存的兩種量器，或認為其並非量具，而只是一種容量單位。就目前來看，其為容量單位且大石與小石之間的比率為10比6這一點是確定的。

周長孫五斗　　盧長卿五斗　　孟卿五斗　　☑
爰長卿五斗　　唐子文五斗　　胡長卿五斗　　☑
樂長子五斗　　朱長子五斗　　孫宏叔五斗　　☑　　　　　　　73EJT21：130A
……☑
☑鄉錢十萬三千三百五十四　　孫子孟☑
☑鄉錢十九萬八千八百九錢，游幸調☑里慶次公第八車漕轉出☑☑
・凡錢九十七萬一千八百七錢　　☑　　　　　　　73EJT21：130B

【校釋】

B面第三行「里」字原作「出」，該字圖版作 形，其上部尚存有「田」字墨色，當為「里」字。

☑……
☑□□塞吏□二人，以付□□輜車一乘　　　　　　　73EJT21：133

本始四年二月甲辰〔1〕，萬福〔2〕隧長通光〔3〕受司馬米二石二斗，以稟平樂〔4〕以南到如意〔5〕　　　　　　　73EJT21：137

【校釋】

「稟」原作「廩」，黃艷萍（2016B，123 頁）、（2018，135 頁）釋。

【集注】

〔1〕本始四年二月甲辰：本始，漢宣帝劉詢年號。據徐錫祺（1997，1543 頁），本
始四年二月乙亥朔，三十日甲辰，為公曆公元前 70 年 4 月 6 日。

〔2〕萬福：隧名。

〔3〕通光：人名，為萬福隧長。

〔4〕平樂：隧名。

〔5〕如意：隧名。

積百廿人侶渠〔1〕，往來百廿里，率人侶一里   73EJT21：142

【集注】

〔1〕侶渠：似指疏通溝渠一類意思，但不可解，待考。

  其十三兩牛車 ☑

宬

  十五乘輺車□☑   73EJT21：144

【校釋】

「宬」原作「取」，該字作 ⸝ 形，其上部當還有「宀」部，且這種用法漢簡習見，
故其當釋作「宬」。

☑ 車馬一乘，劍一、弩一、矢□☑   73EJT21：147

從……☑   73EJT21：148A

□□□□☑   73EJT21：148B

稟執適〔1〕隧卒龍千秋〔2〕，二年十月己巳☑ 73EJT21：149

【校釋】

「稟」原作「廩」，黃艷萍（2016B，123 頁）、（2018，135 頁）釋。

【集注】

〔1〕執適：隧名。

〔2〕龍千秋：人名，為戍卒。

▨墼〔1〕千六百卅，率人百卌八奇▨　　　　　　　73EJT21：150

【集注】

〔1〕墼：羅振玉、王國維（1993，149 頁）：墼者，《說文》：「墼，瓴適也。一曰未燒磚也。」案，《釋宮》「瓴適謂之甓」，《毛傳》從之，殆謂已燒之磚。唯顏師古注《急就篇》云：「墼者，抑泥土為之，令其堅激。」則謂未燒者也。塞上所作者，當為未燒之墼，漢時築城多用之。《隸續》錄漢永初官墼文曰：「永初七年作官墼。」洪氏云，數十年來，眉州人掘武陽故城，時或得之。范至能在蜀得其二，分其一相贈，二墼唯七字及「官」字文有反背不同，重十有八斤云云。以其輕重推，其面體當不甚小，故一人每日所作，少則六七十，多則百五十而已。

今按，說是。墼即土坯，未燒之磚。

▨　弓一、矢十六　刂　　　　　　　　　　　　73EJT21：151
▨二歲▨　　　　　　　　　　　　　　　　　　73EJT21：152

▨□金誠〔1〕里誠程霸〔2〕，年三十五▨　　　　73EJT21：153

【集注】

〔1〕金誠：里名。

〔2〕誠程霸：人名。

▨□□□加平石一斗，主人張小功〔1〕任　　　　　73EJT21：156

【集注】

〔1〕張小功：人名。

▨　弩一、矢十二、劍一　　　　　　　　　　　73EJT21：163
▨十一月己酉……十二月辛酉出金關，北

▨長孫……　　　　　　　　　　　　　　　　　73EJT21：164
▨□史　　▨　　　　　　　　　　　　　　　　73EJT21：165
出麥十石八斗　　▨　　　　　　　　　　　　73EJT21：166
▨　稾蚩矢銅鏃四百五十　　・右卒兵
▨　革甲鞮瞀各四

☑　有方一

☑　……　　　　　　　　　　　　　　　　　　73EJT21：167

☑弩一、矢十二　　☑　　　　　　　　　　　　73EJT21：171

食過客八斗一升‧凡☑　　　　　　　　　　　　73EJT21：172

☑……舍戶□卪☑

☑塢前垣不塗治〔1〕卪　　落端不離卪　　　　　河上舍□☑

☑垣北不除卪　　　　河中毋天田卪　　　　　蘭樓〔2〕幣☑

☑……壞卪　　　　塢南面庎呼〔3〕二所卪　……☑　　73EJT21：177

【校釋】

　　第四行「塢南面」原未釋，黃艷萍、張再興（2018，218頁）補釋。

【集注】

〔1〕塗治：陳直（2009，326頁）：塗謂塗塈及馬矢。

　　　　甘肅居延漢簡整理小組（1979，71頁）：按發掘的遺址，塢壁、烽臺，經常在維修，都有塗壁的現象。先敷一層薄泥，然後面上塗以白粉，殘存的塗壁曾有十數層之多。可見塗亭是有制度的，如不及時塗治，也為一大事故。

　　　　今按，諸說是。「塗」謂塗抹，粉刷。《漢書‧五行志上》：「先使火所未至徹小屋，塗大屋。」顏師古注：「大屋難徹，故以泥塗之，令火至不可焚。」

〔2〕蘭樓：義不明，待考。

〔3〕庎呼：羅振玉、王國維（1993，177～178頁）：「坼墲」之假借字。《說文》：「墲，坼也。坼，裂也。」然漢人多用「坼呼」字，李善《蜀都賦注》引鄭注《周易‧解卦》「百果草木皆甲宅」云：「皆，讀如人倦解之解，解謂墲呼，皮曰甲，根曰宅。宅，居也。呼，讀如墲。」是李善所見鄭注《周易》必作「墲呼」，故復釋之曰「呼，讀如墲」。《周禮音義》：「疊墲，劉火嫁反，又音呼坼之呼。」《漢書‧高帝紀》注應劭曰：「以血塗鼓，釁呼為釁。」師古曰：「呼，音火亞反。」是漢時多以「呼」為「墲」，古無麻韻之音，讀墲如呼。又《蜀都賦》「欂栗墲發」，劉逵注：「墲發，栗皮坼墲而發也。」是魏晉以後，尚有「坼墲」一語。塞上高燥，故矢幹或坼墲也。矢之為物，惟鏃最不易壞，幹羽則不然，故幹或坼墲、羽或敝也。

于豪亮（1961，451 頁）：㡿呼是漢晉人常用語，意為「坼裂」。㡿即坼字、拆字，呼即罅字，墟字，古籍中常寫作「坼罅」或「拆罅」。《說文》「坼，裂也」、又「㡿，拆也」，「罅，裂也」，是知㡿呼二字同意。

陳直（2009，315 頁）：居延簡見㡿呼二字極多，㡿為裂拆，呼為罅字假借，謂器物裂拆兼罅漏也。

李大虹（2003，96 頁）：簡文「㡿呼」大約指箭身有破損、破裂。

今按，諸說是。「庈」同「庲」，《龍龕手鑑・广部》：「庈，俗；庲，正。逐也，遠也。」「庲」又同「斥」，《說文・广部》：「庲，卻屋也。从广，屰聲。」朱駿聲《說文通訓定聲・豫部》：「庲，今字作斥。」而「斥」同「墢」「坼」，《集韻・陌韻》：「墢，《說文》：『裂也。』亦作斥。」《玉篇・土部》：「墢，《說文》坼。」因此「庈」即「坼」，義為裂開，漢簡中又常寫作「㡿」。「呼」通「罅」，義為破裂。因此「庈呼」即「坼罅」，同義連用，指器物等破裂。

☑都里□定橐佗
☑便里黃魁疾〔1〕
☑都里王倩〔2〕
☑里尹庚〔3〕　　　　　　　　　　　　　　　　　　73EJT21：178

【集注】

〔1〕黃魁疾：人名。

〔2〕王倩：人名。

〔3〕尹庚：人名。

☑	□□八	□□二	茹〔1〕十斤	馬矢六石	☑
☑	長椎〔2〕一	□□三	芳一斤	煙造〔3〕四	☑
☑	棓四	□□三	□四斗	沙造〔4〕二☑	
☑	連椎四	……	牛頭石〔5〕卅	破釜一所☑	
☑	□□□	☑			

73EJT21：182

【校釋】

姚磊（2017J2）釋第一行「□□八」為「長釜四」、「□□二」為「木□二」，第二行「長椎一」的「一」為「四」，第四行「破釜一所」為「破釜一」。今按，補

釋或可從，但所釋諸字均殘損磨滅嚴重，不能辨識，暫從整理者釋。又「芀」原作
「芀」，據字形及文義改。

【集注】

〔1〕茹：于豪亮（1983，101頁）：茹讀為絮。《周易·既濟》：「繻有衣袽。」《釋
文》云：「袽，子夏作茹，京作絮。」馬王堆漢墓帛書本《周易·既濟》作「繻
有衣茹」。《說文·糸部》：「絮，絜縕也。一曰敝絮。從糸奴聲。《易》『需有衣
絮』。」是茹、袽與絮相通假。此茹讀為絮之證。《說文》訓絮為「絜縕」。《漢
書·蒯通傳》：「即束縕請火於亡肉家，曰：昨暮夜，犬得肉，爭鬥相殺，請火
治之。」注：「縕，亂麻。」亂麻不能織衣，所以作為引火之物。《說文》又謂
絮「一曰敝絮」，敝絮也可以用來引火。

初師賓（1984A，163頁）：《說文》：「茹，飲馬也」，作動詞，或解作飲馬
草料。但茹列為守禦裝備，每每與火燧並列，其用途當相同，應是取火時所用
火信如艾蒲等絨團毛細之物……茹矢，即茹尖彙虿矢，是一種箭頭帶火的「火
箭」，在敵人圍攻亭障，守衛者不能出塢外點燃積薪時，可用茹箭遠射令其發
火。茹的成分，約是用艾蒲絮末一類植物，經乾燥、碾碎並焦焙而成，內中或
摻合某種易燃物品，燃點一定很低。我國民間常以麻、棉、艾絮加工成「火絨」
「火媒」等火信，有著豐富的傳統技藝。

中國簡牘集成編輯委員會（2001G，153頁）：在居延簡中，茹常與火燧並
列，當為發火信物。其成分或為艾蒲絮末一類植物，經乾燥、碾碎並焦焙而成，
內中或摻和某種易燃物品，燃點較低。

今按，于豪亮所說當是。「茹」當通「絮」，為舊絮，用以引火。

〔2〕長椎：初師賓（1984A，174頁）：長椎，為一端裝鐵首的長柄鬥具，用以擊殺。
《墨子·備城門篇》：「長椎，柄長六尺，頭長尺」；《備蛾傅篇》曰：「椎柄長
六尺，首長尺五寸」，相當於中人之高，而首部似裏鐵，類似鐵棒頭。

黃今言（1993，292頁）：「長椎」是一頭裝有鐵棒的長柄鬥具。《說文》
曰：「椎，擊也。」類似長柄鐵錘，屬擊殺工具。

李天虹（2003，114頁）：長椎是鐵首長柄的器具，椎又作槌。

今按，諸說是。長椎當為長柄鐵錘。

〔3〕煙造：初師賓（1984B，371～372頁）：漢簡舉煙必曰舉堠上、亭上煙，明證
出煙處在堠頂。如堠下竈膛內充塞薪柴糞草，燃火後，火煙藉抽吸之勢，拔高
十餘米，衝出囪口，故遠方得見堠頂孤煙直上。過去或以為放煙之竈、囪皆築

於堠頂；或以前述之竈為炊事竈；或襲舊說，以為煙柱聚而不散乃燃狼糞所致，皆非是。

吳礽驤（1984，242 頁）：這裏有一個現象值得注意，即「煙造」與「破釜」並列，因此使人懷疑這種煙竈是否即敦煌馬圈灣發掘出的、兼作炊事與取暖之用的竈。為了區別於存沙的「沙竈」和存火種的「籠竈」，故在守禦器簿中，將燃薪草以炊事的竈，稱作「煙造」。

程喜霖（1990，58 頁）：即煙竈，造為竈的假借字。王莽時統稱煙竈，其形制旁烽臺而築，竈在臺下，煙囪出臺上堠頂「埤堄」（女墻）二尺。

今按，「造」通「竈」，煙竈為用於放煙的竈。

〔4〕沙造：中國簡牘集成編輯委員會（2001J，159 頁）：漢代邊塞的守禦設施。《墨子・備城門》：「二十五步一竈，灶有鐵鐕容石以上者一，戒以為湯。及持沙，毋下千石。」居延漢簡中的沙竈往往同沙、釜配備一起，是防備別人攻城的守禦設施。

冨谷至（2018，）：用於給沙加熱的竈為「沙竈」，或者由於音通，被稱作「沙造」。

今按，諸說多是。「造」通「竈」，沙竈即用來加熱沙子的竈，上置釜，釜中盛沙。

〔5〕牛頭石：漢簡常見「羊頭石」，為大如羊頭的石頭，則牛頭石指大如牛頭的石頭，其比羊頭石更大一些。

丁丑日卒二人作礶百卅　一人　☒　　　　　　　　　　73EJT21：187

・凡出磨六十石　☒　　　　　　　　　　　　　　　　73EJT21：188

【校釋】

「磨」字張再興（2018，133～134 頁）認為應該是「歷」，其不應看作是訛字，而應處理成異體。在簡帛釋文中寫作「磨（歷）」。該簡中「歷」也許可以讀作「犞」。今按，其說當是。

☒受六月甲子餘穀，十石一斗七升二分　☒　　　　　73EJT21：189
☒□同，年卅七歲、長□□　　　　　　　　　　　　73EJT21：190
☒長郭奴　戶十□☒　　　　　　　　　　　　　　　73EJT21：191

巍郡厈丘臨豪〔1〕里大夫☑　　　　　　　　　　　　　　73EJT21：195

【校釋】

　　「巍」原作「魏」，黃艷萍（2016B，128 頁）、（2018，137 頁）釋。

【集注】

　〔1〕臨豪：里名，屬厈丘縣。

☑橐矢……少廿五　　☑　　　　　　　　　　　　　　　　73EJT21：196

田卒陳留郡濟陽〔1〕臨里〔2〕簪裹戎延年〔3〕，年廿五☑（竹簡）
　　　　　　　　　　　　　　　　　　　　　　　　　　　73EJT21：202

【集注】

　〔1〕濟陽：陳留郡屬縣。《漢書・地理志上》：「濟陽，莽曰濟前。」

　〔2〕臨里：里名，屬濟陽縣。

　〔3〕戎延年：人名，為田卒。

子小女徵君〔1〕，年三歲、黑色　　☑　　　　　　　　　　73EJT21：203

【集注】

　〔1〕徵君：人名。

出賦錢六百　給臨莫〔1〕隧長業☑☑　　　　　　　　　　73EJT21：204A
永鄉二永☑　　☑　　　　　　　　　　　　　　　　　　　73EJT21：204B

【集注】

　〔1〕臨莫：隧名。

☑卅一、長七尺二寸、黑色　色色色色色色色　六月丙戌入……
　　　　　　　　　　　　　　　　　　　　　　　　　　　73EJT21：205A

☑進進進……　　　　　　　　　　　　　　　　　　　　　73EJT21：205B

【校釋】

　　B 面未釋字周艷濤（2013），周艷濤、李黎（2014）補一「色」字，姚磊（2017D5）補「正月積」三字。今按，補釋或可從，該簡文字為習字之作，字多潦亂不能辨識，暫從整理者釋。

出麥一石七斗四升，以食……▨　　　　　　　　　　73EJT21：207

累下〔1〕隧長居延遮虜〔2〕里共藉▨　　　　　　　　73EJT21：208

【集注】

〔1〕累下：隧名。

〔2〕遮虜：里名，屬居延縣。

馬一匹，騢華〔1〕牡、齒八歲、高六尺　　▨　　　　73EJT21：209

【校釋】

　　「華」原未釋，伊強（2014C）釋。

【集注】

〔1〕騢華：伊強（2014C）：「騢華」即「桃花」，只是此處與馬有關，就將「桃」改
　　　為從馬而已。

　　　　　今按，其說恐不妥。參簡 73EJT8：63「桃華」集注。

稾矢四百卅六枚　　▨
……▨　　　　　　　　　　　　　　　　　　　　73EJT21：210A
卒承弦四　　▨
卒靳干、幡各三　　▨　　　　　　　　　　　　　　73EJT21：210B
▨建樂牛一，黑碩犗，車一兩▨▨　　　　　　　　　73EJT21：211
▨亭見卒一人四道▨▨　　　　　　　　　　　　　　73EJT21：214
▨吏三人　　　　　　　輜車七乘　　▨
　　　　　　　凡十人
▨□□人　　　　　　　馬八匹　　▨　　　　　　　73EJT21：215

▨　　□□乘馬一匹，驊牝、齒八歲　丿▨　　　　　73EJT21：216

【校釋】

　　「牝」原作「牡」，胡永鵬（2014A，237 頁）、黃艷萍（2016B，134 頁）釋。
「丿」原缺釋，姚磊（2017D6）補。又簡首姚磊（2017D6）補「車一」二字。今按，
簡首二字似明顯不為「車一」，補釋恐不確。

積卅人守園　　☑ 73EJT21：217

☑溫鄭武〔1〕里王恭〔2〕，年卅歲、長七尺五寸☑ 73EJT21：219

【集注】

〔1〕鄭武：里名，屬溫縣。

〔2〕王恭：人名。

☑年九月戊戌朔戊申，尉史陽〔1〕付佐前□☑ 73EJT21：220

【校釋】

該簡年代羅見今、關守義（2014）認為有神爵三年（前59）或河平元年（前28）兩解。今按，說或是。

【集注】

〔1〕陽：人名，為尉史。

圍樂成〔1〕里黃竟〔2〕，年廿四，公乘　　☑ 73EJT21：221

【集注】

〔1〕樂成：里名，屬圍縣。

〔2〕黃竟：人名。

居延市陽〔1〕里謝定國〔2〕，年廿五　　☑ 73EJT21：223

【集注】

〔1〕市陽：里名，屬居延縣。

〔2〕謝定國：人名。

會水未央〔1〕里張未央〔2〕　　牛☑ 73EJT21：224

【集注】

〔1〕未央：里名，屬會水縣。

〔2〕張未央：人名。

☑黑色　　△　軺車一乘、馬一匹，弓一、矢卅 73EJT21：225

【校釋】

「黑」原未釋，周艷濤（2013），周艷濤、李黎（2014）釋。

☑　劍一、大刀一　☑	73EJT21：226
・都尉舍器籍　☑	73EJT21：227A
■右所市　直四千二百五十三　付□☑	73EJT21：227B
☑　牛車一兩　☑	73EJT21：228

河內郡波縣〔1〕對里〔2〕宦順〔3〕，年廿五　大車☑　　　　73EJT21：229

【集注】

〔1〕波縣：河內郡屬縣。

〔2〕對里：里名。

〔3〕宦順：人名。

☑百八十　驛北卒百五十☑	73EJT21：230
☑□□四石☑	73EJT21：231
□□□錢　☑	
□□隧長□□大昌里□□□☑	73EJT21：232A
李德……☑	73EJT21：232B
出麥五石八斗三升　☑	73EJT21：233
☑　二月辛酉入	73EJT21：234

鱳得成漢〔1〕里張□，年卌六　牛車一兩　☑　　　　73EJT21：238

【集注】

〔1〕成漢：里名，屬鱳得縣。

☑　□□四，其二完、二幣	
☑　□□三，其二完、一幣	73EJT21：241

出錢千二百　以給士吏相〔1〕六月奉☑　　　　73EJT21：242

【集注】

〔1〕相：人名，為士吏。

☑元年七月戊午入 73EJT21：246

戍卒淮陽國陽☑ 73EJT21：248

☑ □□十四石丿☑
☑ 芀七斗 芮□十四石丿☑
☑ ⋯⋯ ☑ 73EJT21：250

【校釋】

　　兩個「丿」原缺釋，姚磊（2017J2）補。第二行「芮」字原未釋，姚磊（2017J2）、葛丹丹（2019，1577 頁）補釋。又第三行未釋字姚磊（2017J2）補「□馬矢七斗丿」，「芮」後一未釋字葛丹丹（2019，1577 頁）補「薪」。今按，補釋或可從，但所釋字多殘損模糊，不能辨識，暫從整理者釋。又「芀」原作「芀」，據字形及文義改釋。

☑□六副，劍一、循一 ☑ 73EJT21：252
⋯⋯☑
□渠當賣東門子□□⋯⋯☑ 73EJT21：253

·宬 ☑ 73EJT21：257

【校釋】

　　「宬」原釋文作「取」。字作形，當為「宬」。

☑□ 五月丙☑ 73EJT21：258
☑□縑十三匹□☑ 73EJT21：259

戍卒淮陽郡城父甯里〔1〕劉畢☑ 73EJT21：260

【集注】

　〔1〕甯里：里名，屬城父縣。

壙野〔1〕隧卒夏則〔2〕 △ ☑ 73EJT21：261

【集注】

　〔1〕壙野：隧名。

　〔2〕夏則：人名，為戍卒。

居延始至〔1〕里曹緩〔2〕，年廿、長七尺四寸、黑色　牛車一兩☑

　　　　　　　　　　　　　　　　　　　　　　　　　　　　73EJT21：262

【校釋】

　　「緩」字原作「緞」，該字作██形，當非「緞」字，此從何茂活（2018A，116頁）釋。

【集注】

〔1〕始至：里名，屬居延縣。

〔2〕曹緩：人名。

・肩水官候建昭元年十月旦□□□具簿☑　　　　　　　73EJT21：263

【校釋】

　　未釋字後兩字姚磊（2019G3）作「馬閔」。今按，釋或可從，但字多磨滅，不可辨識，暫從整理者釋。

淮陽郡甯平〔1〕高里〔2〕李弘〔3〕　　☑　　　　　73EJT21：265

【集注】

〔1〕甯平：淮陽郡屬縣。

〔2〕高里：里名，屬甯平縣。

〔3〕李弘：人名。

・前七百五十・後六百　　☑　　　　　　　　　　　73EJT21：266

☑□年二月奉用錢千二百

☑賦錢千二百　　　　　　　　　　　　　　　　　　73EJT21：267

居延始至〔1〕王成〔2〕，年卌□☑　　　　　　　　73EJT21：268

【集注】

〔1〕始至：里名，屬居延縣。

〔2〕王成：人名。

戍卒濟陰郡冤句〔1〕庠復〔2〕里□□　　　　　　　73EJT21：269

【校釋】

「庠」字原作「庠」，該字作 庠 形，為漢簡中「庠」字通常寫法，據改。

【集注】

〔1〕冤句：濟陰郡屬縣。《漢書・地理志上》：「冤句，莽改定陶曰濟平，冤句縣曰
　　濟平亭。」

〔2〕庠復：里名，屬冤句縣。

鰍得春奈〔1〕里王定國〔2〕　　　□　　　　　　73EJT21：272

【集注】

〔1〕春奈：里名，屬鰍得縣。

〔2〕王定國：人名。

☑有方一☑　　　　　　　　　　　　　　　　　73EJT21：273
☑出穀六石三斗少　　　　　　　　　　　　　　73EJT21：279
☑二完、卅七幣　　　　　　　　　　　　　　　73EJT21：280

五鳳二年三月廣地省卒名☑　　　　　　　　　　73EJT21：281

【校釋】

「名」原未釋，胡永鵬（2014A，237頁）、（2016A，219頁），何茂活（2015C）
補。

☑麥卅七石三斗　　偷廣地　　已移　　　☑　　73EJT21：282

【校釋】

「偷」字據文義當作「輸」，此處或為「輸」字書誤。

☑匹，匹日食一斗二升　　　　　　　　　　　　73EJT21：283
　　　　　　　其卅八石麥☑
☑□百四石四斗六升
　　　　　　　二百五十六石☑　　　　　　　73EJT21：284

☑　七月丙戌，嗇夫成〔1〕出　　　　　　　　　　73EJT21：287

【集注】

〔1〕成：人名，為關嗇夫。

■右故水門〔1〕隧長尹野〔2〕‧凡直三千☑　　　　73EJT21：288

【集注】

〔1〕水門：隧名。

〔2〕尹野：人名，為水門隧長。

　　　　　三月丁酉
☑九寸
　　　　　南入　　　　　　　　　　　　　　　　73EJT21：290

☑嗇夫豐〔1〕入

【集注】

〔1〕豐：人名，為關嗇夫。

☑夫豐　　　　　　　　　　　　　　　　　　　73EJT21：291
☑‧東部‧地節三年十☑☑☑☑☑☑　　　　　　73EJT21：292
☑年廿☑　　　　　　　　　　　　　　　　　　73EJT21：298

☑讎〔1〕襲二領七百六☑（削衣）　　　　　　　73EJT21：300

【集注】

〔1〕讎：售賣。《漢書‧高帝紀上》：「高祖每酤留飲，酒讎數倍。」顏師古注引如
　　淳曰：「讎，亦售也。」

☑見折傷牛車簿　　　　　　　　　　　　　　　73EJT21：304

‧本始四年五月吏☑出府所☑罷卒帛及送兵計☑出名籍　73EJT21：305

【校釋】

　　「所」後一字圖版作　　形，或當為「少」字。

☑屬宋萬元〔1〕　☑　　　　　　　　　　　　　　　73EJT21：309

【集注】

〔1〕宋萬元：人名。

居延東鄉嗇夫陽里〔1〕王青〔2〕（上）

未得元鳳五年正月盡三月，積三月奉用錢，千四百冊

已得河內第十六輩〔3〕廿兩帛〔4〕三匹二丈六尺七寸，直九百六十（下）

　　　　　　　　　　　　　　　　　　73EJT21：310+314+325

【校釋】

　　簡73EJT21：310+314楊小亮（2013，280頁）綴合，姚磊（2016G7）又綴合
簡73EJT21：325。

【集注】

〔1〕陽里：里名，屬居延縣。

〔2〕王青：人名，為東鄉嗇夫。

〔3〕輩：楊小亮（2013，281頁）：將輩理解為相對固定的軍事「編隊」可能更為
　　確切。

　　　　今按，其說恐不妥。「輩」即批，第十六輩即第十六批。

〔4〕廿兩帛：楊振紅（2012，109頁）：帛在兩漢時期都不是一般的商品或財政物
　　資，而是具有價值尺度、支付和貯藏手段等貨幣職能的特殊商品。同時，它又
　　與銅錢有著一定的區別，當時商品流通以銅錢為主，而且，還以銅錢為價值尺
　　度，所有的物品包括黃金和帛的價值都是通過換算為錢來體現。

　　　　王子今（2017，38頁）：其中「廿兩帛」有可能與「河內廿兩帛」有關。

　　　　王子今（2018，251頁）：「河內廿兩帛」是產地標明為「河內」的織品……
　　「廿兩」，應是產品品質標誌。

　　　　今按，諸說是。河內廿兩帛即來自河內郡的帛，廿兩當為帛的一種稱呼。
　　該簡顯示用帛代替錢作為官吏的俸祿。

居延都田佐呂辟兵〔1〕，年卅五　☑　　　　　　　　　73EJT21：311

【集注】

〔1〕呂辟兵：人名，為都田佐。

淮陽郡圉宣里〔1〕宋樂▨　　　　　　　　　73EJT21：313

【集注】

〔1〕宣里：里名，屬圉縣。

長平舒里〔1〕牟霸〔2〕　　　　　　　　　　73EJT21：315

【集注】

〔1〕舒里：里名，屬長平縣。

〔2〕牟霸：人名。

▨要虜〔1〕卒徐強〔2〕　　　▨　　　　　　73EJT21：316

【集注】

〔1〕要虜：隧名。

〔2〕徐強：人名，為戍卒。

▨　臬長弦一　□□二　▨
▨　稾矢百　　曲斿〔1〕一　▨
▨　　　　　　緹紺胡各一　▨　　　　　　　73EJT21：318

【集注】

〔1〕曲斿：于豪亮（1981B，43 頁）：曲斿是有著彎曲的柄的旗，《漢書・田蚡傳》：
「前堂羅鐘鼓，立曲斿。」注：「蘇林曰：《禮》：『大夫建斿。』曲，柄上曲
也。」

中國簡牘集成編輯委員會（2001I，142 頁）：用整幅帛製成的曲柄長幡。
《漢書・田蚡傳》：「前堂羅鐘鼓、列曲斿。」注引如淳曰：「斿，旗之名也，
通帛曰斿。曲斿，偃也。」

王貴元（2018，85 頁）：西北漢簡中，「曲斿」僅指曲柄旗桿，並非指旗
幟全部。

今按，《說文・㫃部》：「斿，旗曲柄也，所以斿表士眾。」朱駿聲《說文
通訓定聲》：「斿，絳帛不畫，所謂周之大赤也。其柄上曲。從丹，亦意兼聲。」
則斿為赤色無飾的曲柄旗。但從漢簡中的用例來看，「曲斿」當如王貴元所說，
僅指曲柄旗桿。

弓一、矢廿
☑兩　　　　　　　Ｊ
　　劍一　　　　　　　　　　　　　　　73EJT21：319

出葵千束，付張子功〔1〕　☑　　　　　　73EJT21：320

【集注】

〔1〕張子功：人名。

■右第六車（竹簡）　　　　　　　　　73EJT21：321

戍卒東郡離狐邑〔1〕富聚〔2〕里不更孫千秋〔3〕，年□☑　73EJT21：323

【校釋】

田炳炳（2014E）綴合該簡和簡73EJT23：174。姚磊（2018E，44頁）指出不
能綴合。今按，兩簡屬不同探方出土，字體筆迹不同，荏口處不能吻合，顯然不能
綴合。

【集注】

〔1〕離狐邑：東郡所屬縣邑。《漢書・地理志上》：「離狐，莽曰瑞狐。」據漢簡則
　　　其曾為邑。

〔2〕富聚：里名，屬離狐邑。

〔3〕孫千秋：人名，為戍卒。

第七車卒張鑪☑　　　　　　　　　　　73EJT21：324

受降〔1〕隧有方一，用緹五寸　☑　　　　73EJT21：326

【集注】

〔1〕受降：隧名。

☑井東　☑　　　　　　　　　　　　　73EJT21：328

戍卒淮陽國陽夏……年廿八　長七尺二寸、黑色（竹簡）　73EJT21：329

☑□居延令脂錢直二百
☑□守令史臨〔1〕　□　　　　　　　　73EJT21：330

【集注】

〔1〕臨：人名，為守令史。

☑年廿五　　☑　　　　　　　　　　　　　　　　　　73EJT21：331

☑□人，年廿三　劍一　☑　　　　　　　　　　　　73EJT21：332

　　　　　　　　□□□□　革甲、鞮瞀，各一

☑蚩矢百五十

　　　　　　　服一　　　　　　　　　　　　　　　73EJT21：333

　　　　蘭、冠，各三

☑五十　服三

　　　　靳干、幡，各四

　　　　革甲、鞮瞀，各四　　　　　　　　　　73EJT21：380+334

【校釋】

　　姚磊（2016G7）綴。

☑　□☑　　　　　　　　　　　　　　　　　　　　73EJT21：335

杜長孟〔1〕　☑

王佻君〔1〕　☑　　　　　　　　　　　　　　　　　73EJT21：337

【集注】

〔1〕杜長孟：人名。

〔2〕王佻君：人名。

☑年廿六　Ｊ　　　　　　　　　　　　　　　　　　73EJT21：338

☑□七十四　☑　　　　　　　　　　　　　　　　　73EJT21：339

☑代張儵　　　　　　　　　　　　　　　　　　　　73EJT21：340

陽夏馬成〔1〕里周柱〔2〕，年卅三，公乘　長七尺二寸、黑色　Ｌ　☑

　　　　　　　　　　　　　　　　　　　　　73EJT21：396+343

【校釋】

　　姚磊（2016G8）綴。

【集注】

〔1〕馬成：里名，屬陽夏縣。

〔2〕周柱：人名。

☑臨界亭九里☑   73EJT21：344

☑三月辛未除見   73EJT21：346

☑糧糧之石百卅□□□☑

☑□□　☑   73EJT21：350A

☑　馬　☑   73EJT21：350B

☑□簪裏解事〔1〕，年卅五，不更   73EJT21：351

【集注】

〔1〕解事：人名。

☑　八月己卯出☑   73EJT21：352

☑　坐五斛　☑（竹簡）   73EJT21：353

☑迹到平樂〔1〕隧隧☑   73EJT21：356

【集注】

〔1〕平樂：隧名。

譙東里〔1〕徐霸〔2〕　☑   73EJT21：358

【集注】

〔1〕東里：里名，屬譙縣。

〔2〕徐霸：人名。

酒八　☑

□于　☑（削衣）   73EJT21：362

【校釋】

第二行未釋字何茂活（2015C，177 頁）補「爵」。今按，該字圖版作㸐形，左部略殘，其和「爵」字寫法似不類，當從整理者釋。

　　☑　酒一

　　☑　鹽二　　　　　　　　　　　　　　　　　　　73EJT21：365

☑戊申迹，毋越塞出入迹☑（削衣）　　　　　　　73EJT21：367

賁大里□□　　　　　　　　　　　　　　　　　　　73EJT21：372

田卒梁國睢陽朝里〔1〕寇遂〔2〕，年卅二　庸同縣丞全〔3〕里張遂〔4〕，年廿

八☑　　　　　　　　　　　　　　　　　　　　　　73EJT21：373

【校釋】

　　「全」字姚磊（2018A1）、（2018E，210頁）釋「筐」。今按，該字圖版作 ![字形]

形，似不為「筐」，此暫從整理者釋。

【集注】

〔1〕朝里：里名，屬睢陽縣。

〔2〕寇遂：人名，為田卒。

〔3〕丞全：里名，屬睢陽縣。

〔4〕張遂：人名。

出八月麥五石四斗，付時長兄　　☑　　　　　　　73EJT21：376

五升大米，為粟九升□☑　　　　　　　　　　　　73EJT21：378

☑絳蓮勺〔1〕嗇夫弘主（竹簡）　　　　　　　　　73EJT21：379

【集注】

〔1〕絳蓮勺：趙海龍（2014B）：筆者以為此處的「絳」應當釋為縣名，《漢書·地

　　理志》絳屬河東郡，蓮勺應當為絳縣之下的鄉名，如此才能完整地解釋此條簡

　　文的疑問。

　　　　今按，據《漢書·地理志》，左馮翊屬縣有蓮勺，因此該簡蓮勺或為縣名，

　　但絳字前殘斷，不能確知。

西鄉廣漢〔1〕里張光〔2〕，口一　　☑

□　　☑（削衣）　　　　　　　　　　　　　　　　73EJT21：381

【集注】

〔1〕廣漢：里名。

〔2〕張光：人名。

五石弩　　☑   73EJT21：382

☑夫陶里〔1〕張武〔2〕　　☑   73EJT21：383

【集注】

〔1〕陶里：里名。

〔2〕張武：人名。

臨之〔1〕隧卒郭帶〔2〕　　☑   73EJT21：384

【集注】

〔1〕臨之：隧名。

〔2〕郭帶：人名，為戍卒。

驪喜〔1〕隧卒黃小□☑   73EJT21：385

【集注】

〔1〕驪喜：隧名。

☑□長七尺二寸、黑色　牛車一兩，弩二、矢五十，粟☑   73EJT21：386
☑十人　☑   73EJT21：388

☑漢里呂道〔1〕，年卅五☑   73EJT21：389

【集注】

〔1〕呂道：人名。

☑傅□，年廿四   73EJT21：390
☑　直廿五　□☑   73EJT21：391
☑右濼薪居家使□　☑   73EJT21：394

☑宜春〔1〕里公☑   73EJT21：395

【集注】

〔1〕宜春：里名。

☑徐霸〔1〕，年卅二☑   73EJT21：397

【集注】

〔1〕徐霸：人名。

易為彊漢〔1〕隧長，從乘山〔2〕隧卒李朔〔3〕貰賣綺☑

73EJT21：401+459+451

【校釋】

　　簡 73EJT21：459+451 楊小亮（2013，281 頁）綴合，姚磊（2017B3）又綴合簡 73EJT21：401。

【集注】

〔1〕彊漢：隧名。

〔2〕乘山：隧名。

〔3〕李朔：人名，為戍卒。

☑□七尺二寸、黑色☑　　　　　　　　　　　73EJT21：402

【校釋】

　　簡首未釋字周艷濤（2013），周艷濤、李黎（2014）補釋「長」。今按，補釋可從，但簡牘殘斷，該字僅剩下部一點筆畫，當從整理者釋。

☑　馬一匹，劍一，弓一、矢卅　　☑　　　　73EJT21：407

☑　拓二斗二升　　　　　　　　　　　　　　73EJT21：408

【校釋】

　　「拓」字圖版作 形，或非「拓」字，當存疑待釋。

☑　見　　　　　　　　　　　　　　　　　　73EJT21：412

☑斗一升大　　☑　　　　　　　　　　　　　73EJT21：414

☑利里費賢〔1〕　　☑　　　　　　　　　　73EJT21：417

【集注】

〔1〕費賢：人名。

出菱萬二千四百五十束，以食騎士力牛六　　☑　　73EJT21：418

田卒梁國睢陽汴陽〔1〕里牛充〔2〕　　☑ 73EJT21：419

【集注】

〔1〕汴陽：里名，屬睢陽縣。

〔2〕牛充：人名，為田卒。

廣利〔1〕隧長妻大女夫　牛車一兩☑ 73EJT21：420

【集注】

〔1〕廣利：隧名。

☑朔辛亥，將濟令史勝〔1〕付第二丞　富 73EJT21：421

【集注】

〔1〕勝：人名，為令史。

……

始元五年三月丁巳〔1〕除　已得都內〔2〕賦錢千八十　☑ 73EJT21：422

【集注】

〔1〕始元五年三月丁巳：始元，漢昭帝劉弗陵年號。據徐錫祺（1997，1519頁），
始元五年三月甲寅朔，四日丁巳，為公曆公元前82年4月22日。

〔2〕都內：都內為大司農屬官，主管錢財收藏。《漢書·百官公卿表上》：「治粟內
史，秦官，掌穀貨，有兩丞。景帝後元年更名大農令，武帝太初元年更名大司
農。屬官有太倉、均輸、平準、都內、籍田五令丞。」《漢書·食貨志下》：「悉
巴蜀租賦不足以更之，乃募豪民田南夷，入粟縣官，而內受錢於都內。」顏師
古注引服虔曰：「入穀於外縣，而受粟錢於內府也。」顏師古曰：「此說非也，
都內，京師主臧者也。」

守令史得意〔1〕買脂廿四斤，為丞相掾王卿治兵簿 73EJT21：423+431

【校釋】

姚磊（2016G8）、（2018E，18頁）綴。

【集注】

〔1〕得意：人名，為守令史。

下邑〔1〕柏里〔2〕米實〔3〕　　　　　　　　　73EJT21：424

【集注】

〔1〕下邑：梁國屬縣。《漢書・地理志下》：「下邑，莽曰下洽。」

〔2〕柏里：里名，屬下邑縣。

〔3〕米實：人名。

田卒淮陽郡圉翟里〔1〕祁道〔2〕，年廿五　　☑　　73EJT21：425

【集注】

〔1〕翟里：里名，屬圉縣。

〔2〕祁道：人名，為田卒。

牛一，青牸、齒九歲、絜八尺五寸、左斬〔1〕肩上☑　73EJT21：426

【集注】

〔1〕左斬：中國簡牘集成編輯委員會（2001F，107 頁）：使用牛馬於耳部或臀部斬
烙印記，稱斬、剽等。左斬，當是在左側有記號。或說剽，截也，削也。作剽，
或為截削馬之左耳作為標誌。

劉釗（2011，349 頁）：「左斬」即斬割左耳。

凌文超（2013，191 頁）：「左斬」可能是「割耳」標識，即破損左耳以作
標識。

冨谷至（2018，135 頁）：「左斬」與其解釋為斬斷左角，倒不如應解釋為
在左耳上剪個豁口用來識別個體。

今按，諸說是。左斬即斬割左耳。

☑五十歲、姓田氏，為倉石候官塞有秩候長上□□☑　73EJT21：427

☑　庸高□里□□，年卅　∫　　　　　　　　　73EJT21：428

田卒梁國睢陽竹陽〔1〕里鄧延〔2〕，年廿四　☑　　73EJT21：430

【集注】

〔1〕竹陽：里名，屬睢陽縣。

〔2〕鄧延：人名，為田卒。

出昭武肩水其昭武道☑　　　　　　　　　　　　73EJT21：432

【校釋】

「其」原未釋，何茂活（2015C，177 頁）釋。

☑□斗三升　　　　　　　　　　　　　　　　　73EJT21：433
☑□五月食　卩　　　　　　　　　　　　　　　73EJT21：434

出菱千束，付垣翁君〔1〕　　☑　　　　　　　73EJT21：435

【集注】

〔1〕垣翁君：人名。

下邑宜秋〔1〕里朱野〔2〕　　☑　　　　　　73EJT21：437

【集注】

〔1〕宜秋：里名，屬下邑縣。

〔2〕朱野：人名。

魏郡揶悲〔1〕翟□里大夫田忠〔2〕，年☑　　73EJT21：438

【校釋】

「悲」馬孟龍（2014，88 頁）認為當釋「裴」。今按，該字圖版作 形，從字形來看，釋「悲」不誤。又未釋字黃浩波（2018A，140 頁）作「剛」。今按，該字作 形，據字形來看恐非「剛」字，暫從整理者釋。

【集注】

〔1〕揶悲：馬孟龍（2014，88～89 頁）：「揶裴」，即《漢志》魏郡即裴侯國。《漢志》寫作「即裴」，而《漢書·王子侯表》寫作「揶裴」，又《說文·手部》：「揶。捽也，從手即聲。魏郡有揶裴侯國」。段玉裁注曰：「《漢地理志》作即，《王子侯表》作揶，據此則今本《地理志》誤也。」段玉裁結合《說文》《漢書·王子侯表》的記載，懷疑《漢志》之「即」為誤字。清人瞿中溶《集古官印考》著錄有一方漢代官印摹本「揶裴國尉」。該印文字後為羅福頤 《漢印文字徵》收錄。陳直據此印文，稱《漢志》「即裴」有誤。不過，所謂「揶裴國尉」官印目前只見拓本，而未見實物，未免令人生疑。肩水金關 73EJT21：438 簡的發現，又提供了一條確鑿的出土文獻證據，完全驗證了段玉裁、陳直的說

法。今本《漢志》之「即裴」，可據出土文獻校改為「抑裴」。

今按，說是。「悲」通「裴」，「抑悲」即「即裴」，魏郡屬縣。《漢書・地理志上》：「即裴，侯國。莽曰即是。」據出土材料來看，《漢書》作「即裴」當有誤。

〔2〕田忠：人名。

陽夏惠陽〔1〕里張鋪〔2〕，年廿五□□　☑　　　　　　　　73EJT21：439

【集注】

〔1〕惠陽：里名，屬陽夏縣。

〔2〕張鋪：人名。

辛未徙二人　☑　　　　　　　　　　　　　　　　　　　73EJT21：440

河東定陽〔1〕馬邑〔2〕里郭財〔3〕　坐四斛　☑（竹簡）　　73EJT21：441

【集注】

〔1〕定陽：黃浩波（2014A，276〜277頁）：定陽，《漢書・地理志》屬上郡；而簡文所見屬河東郡……推斷此簡為新莽時期簡，且其年代當在始建國元年至始建國四年之間……定陽縣改屬河東郡當在元始四年「分界郡國所屬，罷、置、改易」之時。

今按，說是。定陽為上郡屬縣。據此簡則其曾屬河東郡。

〔2〕馬邑：里名，屬定陽縣。

〔3〕郭財：人名。

☑　革甲一，繩八札〔1〕十二孔　☑　　　　　　　　　　73EJT21：443

☑　鞻瞀一，繩四札八孔　　　　　　　　　　　　　　　73EJT21：444

【校釋】

以上兩簡形制、字體筆迹等一致，內容相關，當屬同一簡冊，或可編連。

【集注】

〔1〕札：李均明、劉軍（1999，6頁）：札，較窄之簡材，通常用於書寫一行文字。

中國簡牘集成編輯委員會（2001C，6頁）：較窄之簡材，通常能書一行文字。可綴編成冊，簡牘所見數量最多。

今按，諸說是。札即簡牒。《說文・木部》：「札，牒也。」《釋名・釋書契》：「札，櫛也，編之如櫛齒相比也。」

☑□石八斗　☑　　　　　　　　　　　　　　　　73EJT21：445

☑長七尺四寸　☑　　　　　　　　　　　　　　　73EJT21：446

☑受七月餘牛廿□☑　　　　　　　　　　　　　　73EJT21：447

☑曲里王萬〔1〕，年　☑　　　　　　　　　　　73EJT21：449

【集注】

〔1〕王萬：人名。

淮陽郡圉□久里鄧國☑　　　　　　　　　　　　　73EJT21：450

通道卒……　☑　　　　　　　　　　　　　　　　73EJT21：452

・凡吏卒□□☑　　　　　　　　　　　　　　　　73EJT21：456

☑□目　　　　　　　　　　　　　　　　　　　　73EJT21：457

☑□　易一具轅一具□☑　　　　　　　　73EJT21：464+458

【校釋】

林宏明（2017）綴。

☑□□□日除戊七日，定作〔1〕……☑　　　　　73EJT21：462

【集注】

〔1〕定作：胡平生、張德芳（2001，21頁）：正式參加役作的人數。

中國簡牘集成編輯委員會（2001I，37頁）：除做飯、養病者外，定作為實際承擔具體勞務者。

李振宏（2003，62頁）：對省卒每天的勞動量有嚴格的規定，定量勞作，即簡中所謂「定作」。

今按，諸說多是。定作為實際參加勞作的人數。李振宏謂其為定量勞作不妥。

淮陽郡贊〔1〕備成〔2〕里上造□腸，年卅　第卅車☑（竹簡）　73EJT21：468

【校釋】

「贊」原作「費」，周波（2013）、馬孟龍（2014，89頁）釋。

【集注】

〔1〕贊：周波（2013）：肩水金關漢簡淮陽郡之「贊」當即《漢書·地理志》沛郡之「酇」縣（今河南永城縣）。

馬孟龍（2014，90〜91頁）：「淮陽郡贊」，其實就是《漢志》沛郡酇縣……根據肩水金關漢簡、居延漢簡「淮陽郡贊」的記載，還可以附帶討論《漢志》沛郡贊縣的隸屬沿革。《漢志》贊縣隸屬沛郡管轄，反映的是漢成帝元延三年（前10）的行政建制。肩水金關漢簡、居延漢簡「淮陽郡贊」反映的是漢宣帝元康三年（前63）淮陽郡改置為淮陽國之前的行政建制。關於西漢初年贊縣的隸屬關係，譚其驤先生根據《史記·梁孝王世家》「吳楚齊趙七國反，吳楚先擊梁棘壁」的記載指出，漢初梁楚分界在「棘壁」，地處「棘壁」附近的贊縣漢初隸屬梁國，而周振鶴、晏昌貴二位先生認為漢初贊縣隸屬楚國。筆者曾撰文指出，漢初劉邦不在彭越之梁國境內封置侯國，而高帝六年（前201）劉邦封置蕭何為酇侯，故贊縣於漢初必不在梁國境內，當如周、晏二位先生所言地處楚國。而肩水金關漢簡、居延漢簡「淮陽郡贊」的記載表明，漢宣帝元康三年（前63）以前贊縣隸屬淮陽郡。

今按，諸說是。贊縣為沛郡酇縣，據漢簡其曾屬淮陽郡。

〔2〕備成：里名，屬贊縣。

☑☑，年卅六　　　　　　　　　　　　　　　　　73EJT21：474

……梁☑　　　　　　　　　　　　　　　　　　　73EJT21：478

☑☑里王☑，年十七☑　　　　　　　　　　　　　73EJT21：480

先登〔1〕卒高轉〔2〕　　☑　　　　　　　　　　73EJT21：483

【集注】

〔1〕先登：當為隧名。

〔2〕高轉：人名，為戍卒。

☑　子男良〔1〕，十月丁亥出　☑　　　　　　　73EJT21：484

【集注】

〔1〕良：人名。

☑□董定　　☑　　　　　　　　　　　　　　　　73EJT21：487

☑□□白粱三石，卒何□取舂　　☑　　　　　　　73EJT21：488

☑　黑色　☑　　　　　　　　　　　　　　　　　73EJT21：489

☑　卪　　　　　　　　　　　　　　　　　　　　73EJT21：492

☑　以食亭卒三人五月☑　　　　　　　　　　　　73EJT21：494

☑里里受相夫三石□□☑　　　　　　　　　　　　73EJT21：496